中国名村志文化工程
Culture Project of Local Records of China's Famous Villages

中洪村志

LOCAL RECORDS OF ZHONGHONG

上海市金山区枫泾镇中洪村志编纂委员会　编

方志出版社
Publishing House of Local Records

图书在版编目（CIP）数据

中洪村志 / 上海市金山区枫泾镇中洪村志编纂委员会编. -- 北京：方志出版社，2017.12

（中国名村志丛书）

ISBN 978-7-5144-2737-0

Ⅰ. ①中… Ⅱ. ①上… Ⅲ. ①村史—金山区 Ⅳ. ① K295.15

中国版本图书馆 CIP 数据核字（2017）第 290915 号

· 中国名村志丛书 ·

中洪村志

编　　者：上海市金山区枫泾镇中洪村志编纂委员会
责任编辑：刘　珊

出 版 人：冀祥德
出 版 者：方志出版社
地址　北京市朝阳区潘家园东里 9 号（国家方志馆 4 层）
邮编　100021
网址　http://www.fzph.org
发　　行：方志出版社图书经销中心
电话　（010）67110500
经　　销：各地新华书店
排　　版：北京纺印图文设计制作有限公司
印　　刷：北京中科印刷有限公司

开　　本：787 × 1092　1/16
印　　张：23
字　　数：416 千字
版　　次：2017 年 12 月第 1 版　2017 年 12 月第 1 次印刷

ISBN 978-7-5144-2737-0　　**定价**：139.00 元

◉ 序一

连绵不断地编修地方志是中国独有的优秀文化传统，承担着赓续文明、传承文化的重任。保存至今的8000余种、10万余卷历代方志，蕴含着传统文化基因和海量文化信息，既是中华优秀传统文化的重要组成部分，又是传承、彰显中华优秀传统文化的重要载体。

在各种类型的地方志编纂中，村志编纂古已有之，但从未进入国家层面的地方志编纂序列。新中国成立以来，党中央、国务院高度重视包括村志编纂在内的地方志工作，出台了重要文件。中央领导发表了重要讲话、作出了重要批示。习近平总书记高度重视包括村志编纂在内的地方志工作。2004年10月，他在担任浙江省委书记时到江山市凤林镇白沙村考察，看到村民编纂的《白沙村志》，鼓励村民把村志继续编纂下去。2014年4月，刘延东副总理在与第五次全国地方志工作会议部分会议代表座谈时指出："要结合发展的新形势，加强对地方志包括部门志、行业志、专题志、乡镇村志编纂的业务指导和服务。"2015年8月，国务院办公厅印发的《全国地方志事业发展规划纲要（2015—2020年）》，正式将中国名村志文化工程列为主要任务之一。2017年5月，中共中央办公厅、国务院办公厅印发的《国家"十三五"时期文化发展改革规划纲要》指出："完成省、市、县三级地方志书出版工作。开展旧志整理和部分有条件的镇志、村志编纂。"可以说，村志编纂迎来了历史上的最好时期。

农业、农村、农民"三农"问题，是数千年来影响中国社会发展最核心的问题。中共中央高度重视"三农"工作，从2004年起，连续13年，每年的中央1号文件都聚焦"三农"。中共十九大报告更是提出"农业农村农民问题是关系国计民生的根本性问题，必须始终把解决好'三农'问题作为全党工作重中之重"，特别是提出了"乡村振兴战略"，这是中国共产党在中国特色社会主义进入新时代后，对农村发展问题所做出的准确把握和与时俱进的战略应对，是建设中国特色社会主义强国战略的重要组成部分。改革开放近 40 年来，在党中央、国务院高度重视社会主义新农村建设的新形势下，各地涌现出一大批历史文化名村、经济强村、新农村建设示范（试点）村、美丽乡村和特色村，成为先进生产力和先进文化的代表。客观记录中国农村全面建成小康社会的进程，向后人展示在中国共产党领导下农村千年未有的巨变，是地方志工作者肩负的光荣而重大的历史使命。编纂中国名村志丛书，是记载当代中国农村发展变革的重要途径。

文化寻根，寻的是其发展的源头和根基。村落是中国传统文化的根基所在。农村的生产生活方式、社会规范、宗族文化、宗教文化、民风习俗、传统节日、民间艺术等，无不镌刻着中国人独特的民族性格，这就是家国情怀、文脉绵延、精神归属。在快速城镇化进程的冲击和开发性破坏下，大量传统村落面临消亡的危机，村落蕴含的历史文化信息也流失殆尽，抢救性保护刻不容缓。编纂中国名村志丛书，是保存村落历史文化信息，抢救、保护村落文化最好的方式。

一方水土养一方人。家乡的山水草木、村间小巷、乡俗民情会在每个人心头留下深刻的烙印，这就是故土情结。而村落的形成与发展离不开人的活动。编纂中国名村志丛书，通过记述村落建筑、名门望族来追溯村落的历史；通过记述村落规模、布局、人口、物产等反映人口来源、宗族兴衰、生活习惯、文化背景、宗教信仰、经济发展等，体现环境与人相互影响、相互作用、相互发展的既矛盾又统一的关系；通过记述戏剧、音乐、舞蹈、美术、文学、手工技艺等文化形式，展示百姓在长期的生产生活实践中摸索和总结出的智慧结晶，强化人们沟通感情的纽带。编纂中国名村志丛书，是传承乡俗、诉说乡音、记住乡愁、纾解乡思，激活历史传统、唤起共同文化记忆、塑造共同心灵认同的重要文化工程。

中国名村志文化工程以践行文化自信、传承中华文脉、彰显时代发展为己任，以打造全国地方志系统的重要品牌为目标，在体裁运用、篇目设置、资料选择等方面进行大量的创新，突出“名”和“特”，拣选各个名村中最值得记述、最具有代表性的人、事、物，予以浓墨重彩的描画，从而形成系列的、高质量的、可读性强、雅俗共赏的地方志读本，让地方志紧接地气、贴近百姓，让地方志成果进入寻常百姓家，让人民群众共享地方志成果，让越来越多的人从地方志中感知传统、历史和记忆，成为传统村落和传统文化的守护者，成为中华优秀文化的传承者。

是为序。

中国社会科学院院长
中国地方志指导小组组长　王伟光
2017 年 11 月

◉ 序二

习近平总书记指出：“让居民望得见山，看得见水，记得住乡愁。”这句富有诗意的重要论述不仅唤醒了中国人城镇化建设过程中对于人和自然关系、人和历史关系的思考，同时也引发了学界对“乡愁”进一步进行文化意义解读的兴趣。从本质上看，乡愁是一种源自主体体验的情感，隐含了一种人们带着乡愁追寻自我生存与生命意义、追寻诗意栖居的精神家园的美学思辨。同时，这种追寻自我生存的主体逐渐转向大众群体，乡愁也由传统单一的“文化乡愁”“爱国情怀”演变为对于“理想家园”的精神追求。

中国有近60万个村庄，约有5000个古村落，被住房城乡建设部和国家文物局界定的传统村落就有1561个。随着中国城镇化步伐的加快，乡村的版图日渐凋敝，大批农村青壮年劳动力走进城镇，融入了新的生活。然而，每逢传统佳节，那种挥之不去的离愁别绪挟裹着亿万农民工，又融入了返乡的滚滚洪流。这是乡愁的情愫牵动着他们，是故乡的山、故乡的水、故乡的老屋、故乡的小吃在牵动着他们，是故乡家家户户的楹联和口口相传的故事，以及只有在隆重的传统佳节才有的古老的民风习俗在牵动着他们。

文化可以体现一个民族、一个国家、一个社会的重量与体温，这是文化的力量之所在，而村落是传统中国的根脉所系，乡土社会是最能够体现中国传统文化特征的地方。梁漱溟曾指出：“中国文化是以乡村为本，以乡村为重，所以中国文化的根就是乡村。”我曾在《建设社会主义新农村的理论与实践》一书中指出，在新农村建设的过程中，必须“保护和发展有地方和民族特色的优秀传统文化，创新农村文化生活的载体和手段，满足农民群众多层次、多方面的精神文化需求”，而编纂村志尤其是实施中国名村志文化工程就是一个重要举措。实施中国名村志文化工程，编纂中国名村志丛书，以最基层的村落为研究对象，寻根传统村落的历史，梳理村落的发展脉络，以唤起人们的归属感和认同感，探索新型城镇化和社会主义新农村建设过程中，如何留住乡音、乡风、乡思，继承传统文化精华，挖掘丰富历史智慧，是贯彻落实中央城镇化工作会议精神和中共十九大提出的“乡村振兴战略”的重要举措，是当前和今后一个时期全国地方志工作者的重要工作。

虽然村落文化正在日益远离当下生活，但我们可以抓住诸如基本村情、文物胜迹、古村保护、特色文化、旅游名胜、村域经济、风土民情、村民生活、新农村建设、艺文杂记、名人与名村等关键内容，通过志书的手法来诠释乡村文化的精华。我们如实记录着村落里的人和事，以及青山绿水、小河大树、袅袅炊烟，力争以最完整、最原真的方式呈现村落的前世今生。我们要为“迷失”的人留住乡村文化的根脉，让人们难以割舍的乡愁得以慰藉和释放。

中国名村志文化工程将触角伸向那些极具代表性的村落，它们有的历史悠久、名人辈出，有的经济腾飞、重获新生，有的风景秀丽、景观独特，有的地处边陲、神秘莫测……我们挖掘中国不同类型村落的发展之路，为探索新型城镇化和社会主义新农村建设的发展经验、发展模式、前进道路提供历史智慧和现实借鉴。因此，打造以重在表现乡村嬗变为主旨的中国名村志丛书十分必要和迫切，这是一项功在当代、利在千秋的文化工程。

近年来，随着中国经济社会的发展和国际地位的提高，越来越多的人想要认识中国、了解中国、研究中国。在这样的形势下，乡村是不可或缺的一环，我们要集中讲好发生在乡村的故事，向世界呈现一个多元的、立体的中国。乡村历经岁月变迁的风雨，见证着改革开放的步伐，寄托着数代中国人的情感。发生在乡村的故事无疑是血肉丰满的、震撼人心的、引起共鸣的。我们应该有这个自信能够讲好乡村故事，讲好中国故事，描绘出中国的底色，“让每一个中国人都能在地方志中找到自己的位置”。

可喜的是，越来越多的有识之士认识到了这一点，加入到保护、传承、发展村落文化的队伍中来。仅就编纂中国名村志丛书来看，第一批的申报范围就涵盖包括香港特别行政区在内的32个地区，申报数量高达70余部。“直笔著信史，彰善引风气，为当代提供资政辅治之参考，为后世留下堪存堪鉴之记述”，这是我们的初心和使命。希望中国名村志文化工程的实施，能够带动更多的人关注中国乡村文化，为社会主义文化强国建设作出更大的贡献。也希望越来越多的名村都来融入继承中华文化传统、颂扬中华传统文化的活动中，让正能量更多地润泽温暖人们的心灵，让更多的人“记得住乡愁”！

是为序。

中国社会科学院副院长
中国地方志指导小组常务副组长 李培林
2017年11月

◉中国名村志文化工程专家委员会

名誉主任　徐匡迪

主　　任　王伟光

常务副主任　李培林

委　　员（按姓氏笔画排序）

毛其智　叶裕民　李　铁　李善同　杨保军　柳　拯

倪鹏飞　魏后凯

◉中国名村志文化工程学术委员会

主　　任　李培林

常务副主任　冀祥德

副 主 任　刘玉宏　邱新立

委　　员（按姓氏笔画排序）

于伟平　王　晖　王铁鹏　巴兆祥　田　嘉　苏炎灶

李　江　李孝聪　张大伟　张英聘　陈泽泓　陈　强

◉ 中国名村志丛书编纂委员会

◉ 中国名村志丛书编纂委员会办公室

◉ 上海市金山区枫泾镇中洪村志编纂委员会

顾　　问　程志强

主　　任　张　斌　赵　云　胡晓岚

常务副主任　顾学芳

副 主 任　朱春雷　彭旭东

委　　员　庄庆娟　李　萍

◉ 上海市金山区枫泾镇中洪村志编辑部

主　　编　戴桂云

执行主编　叶尔明

副 主 编　郁伟新

编　　辑　张京林　赵炎华　李　萍

编　　务　李　琼　顾秋杰　宋以青

摄　　影　赵炎华

鸟瞰画村

◉ 中国名村志丛书凡例

一、以马克思列宁主义、毛泽东思想、邓小平理论、“三个代表”重要思想、科学发展观、习近平新时代中国特色社会主义思想为指导，坚持辩证唯物主义和历史唯物主义的立场、观点和方法，存真求实，全面、客观、系统记述我国村落发展变化进程和改革开放成果，传承和抢救乡土历史文化，激发爱国爱乡情怀，为探索中国特色新型城镇化建设、社会主义新农村建设的发展经验、发展模式、前进道路提供历史智慧和现实借鉴。

二、为全面反映入志事物发展脉络，各志上限尽量追溯至事物发端；下限一般断至各村志启动编修年份，个别重大事项可延至搁笔。

三、记述地域范围以下限年份的行政辖区为主。为体现名村在更大区域内的意义，可以从更开阔的区域视野记述与该村相关的内容。

四、统一采用纲目体，设类目、分目、条目三个层次。横排门类，纵述史实。除《中国名村志丛书基本篇目》要求的必设类目外，其余类目根据各村实际，依照突出时代特色、地方特色的原则自行安排。

五、综合运用述、记、志、传、图、表、录等各种体裁，以志体为主。

六、除引用文字和附录文献资料外，统一使用规范汉字及现代语体文记述体。记事坚持秉笔直书、述而不作，只记事实，不作评论，寓观点于材料之中。行文力求朴实、严谨、简洁、流畅、优美，具有较强可读性。

七、人物部类遵循“生不立传”原则，人物传主按生年排序，只选录对本村发展有重大影响的人物，不面面俱到。

八、所需数据一般采用政府统计部门数据，无政府统计部门数据时选用主管部门正式提供的数据。

九、数字用法、标点符号、计量单位分别执行国家标准《出版物上数字用法》（GB/T 15835—2011）、《标点符号用法》（GB/T 15834—2011）、《国际单位制及其应用》（GB 3100—1993）和《有关量、单位、符号的一般原则》（GB 3101—1993）。历史上使用的计量单位，如斗、石、里、尺、磅、华氏度等，在引文时可照录。考虑到社会使用习惯，全书中亩不统一换算，1 公顷＝ 15 亩。

十、自中华民国成立后的纪年，均使用公元纪年。志中所称“解放前（后）”，以当地解放日为界；“新中国成立前（后）”，以中华人民共和国成立日 1949 年 10 月 1 日为界；“改革开放前（后）”，以中共十一届三中全会召开的 1978 年 12 月为界。本志“××年代”，凡未加世纪者，均指 20 世纪的年代。

十一、为节省篇幅，避免重复，本志采用条目互见法。参见条目的表示形式为：参见本志“××类目·××分目·××条目”。

十二、对旧志、古籍中的繁体字、冷僻字一般用简化字或通用字替换，易引起误解的则保留。

十三、记述各个历史时期的党派、机构、职务、地名等，均以当时的名称为准。对频繁使用的名称，首次用全称，其后用简称。

十四、各村志需要单独说明的事项，均在各自编纂始末中记述。

中洪村在中国的位置

图例

★ 北京	首都
○ 天津	省级行政中心
未定	国界
	省、自治区、直辖市界
	特别行政区界
	名村所在县级区域
	名村

1∶32 000 000

审图号：GS（2017）3697 号

中洪村在上海市的位置

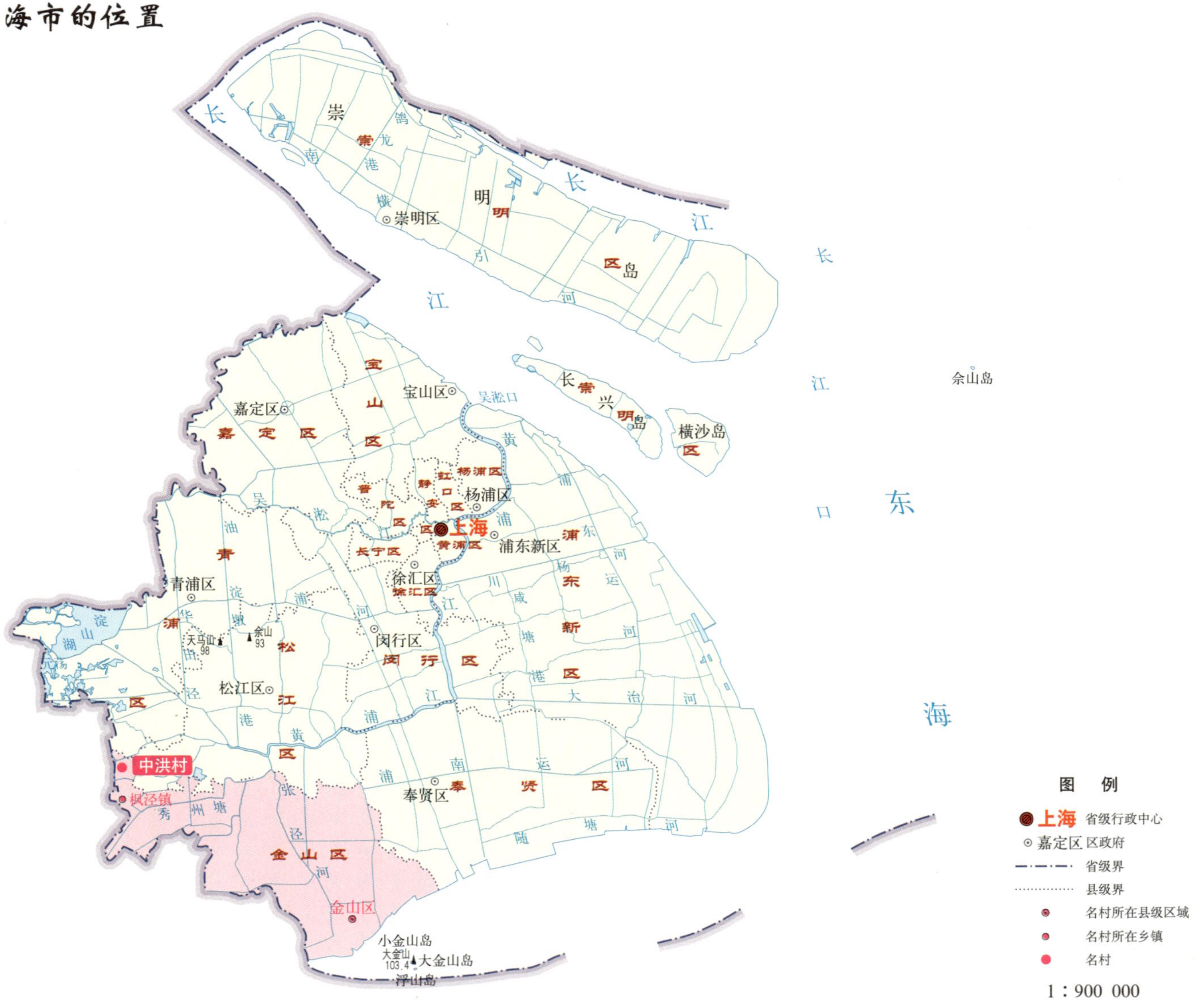

1：900 000

审图号：GS（2017）3697 号

中洪村平面示意图

青浦区练塘镇
青浦区
松江区
金山区
范
树
桑
塘
圩
后
沙
港
第10组
开太蟹田基地
第7组
第8组
第9组
周
水产养殖区
叶
新
公
路
开太小龙虾基地
朱
大热带赛舌木爪基地
字
第6组
第5组
白
千亩粮田示范区
彩色水稻
第20组
新元村
众望饲料
潮
港
第3组
枫
雨花庵
第18组
第19组
牛
第4组
松江区新浜镇
浙江省嘉善县姚庄镇
里
荷风嬉鱼
第17组
第12组
第11组
塘
径
村民委员会
中
洪
支
路
枫林湾
第16组
倒蓬屋
中洪大院酒店
房车营地
中国农民画村
第1组
阿林果蔬园
第13组
第14组
第15组
石
步
塘
俞汇村
枫叶国际学校
第2组

中国农民画村牌楼

中国特色
中洪大院
朱枫公路
8258弄
中国十大魅

荷风嬉鱼休闲园一景

中洪村 17、18、19、20 组鸟瞰

中洪村境内的上海枫叶国际学校

外国友人游览中国农民画村

稻香农家陈锦祥种植的彩色水稻画

◉ 目录

梦里画乡，金山农民画的发源地

上海市金山区枫泾镇中洪村，位于枫泾古镇北部4.5千米，东接上海市松江区新浜镇，西邻浙江省嘉善县姚庄镇，南与枫泾镇俞汇村接壤，北连上海市青浦区练塘镇及枫泾镇新元村。截至2016年，村域面积5.88平方千米，耕地面积240.6公顷，全村总户数981户，总人口3362人。

中洪村是金山农民画的发源地，中国农民画村坐落于该村荷英荡中国美丽休闲乡村（凫隐荡）。2003年以来，中洪村荣获“中国十大书画村”“中国绿色村庄”“中国特色村”“全国农业旅游示范点”“上海市文明村”等称号，荣膺“中国十大魅力乡村文化产业奖”，彰显着无穷魅力。

中洪村由步石、杨进浜（杨俊浜）、横埭佬、荷英荡、洪泾浜、中圩村6个自然村组成，其村名取自中圩村、洪泾浜两个自然村的首字。中洪村位于沪浙两省市四区县的交界处，长期受吴越文化与海派文化的熏陶，在中华文明的发展历程中贡献了独具特色的金山农民画。

中洪村地处太湖流域，数千年以前是泥淖之地，湖泊众多，河流纵横，先民们在此打鱼狩猎，锄月耕云，遍垦沼泽之地，终成鱼米之乡。明清至民国时期，中洪村以农耕经济为主，村民们过着日出而作、日落而息的生活。解放后，特别是改革开放以来，中洪村注入新的活力，农业、副业、工业及旅游、文化、社会各项事业全面发展。水魂增长灵光，文脉人脉相济，村民们亦工亦农，善画能文，丰衣足食，过上了小康生活。

中洪村四季分明。当春绿江南之时，这里“细雨鱼儿出，微风燕子斜”（唐杜甫《水槛遣心二首》），每一个角落都是一派烟柳笼翠的迷人景致；夏天，这里荷叶青翠欲滴，荷花淡淡的清香，淡淡的红，仪态万方，与宋代诗人杨万里诗句“接天莲叶无穷碧，映日荷花别样红”的描绘如出一辙；秋天，这里流淌的是渐渐成熟的高贵，稻田金黄耀眼；冬天，池塘结冰，野天鹅如约而至，偶尔下一场大雪，田野村庄粉妆玉砌，如梦如幻。

中洪村地处太湖流域，数千年以前是泥淖之地，湖泊众多，河流纵横，先民们在此打鱼狩猎，锄月耕云，遍垦沼泽之地，终成鱼米之乡。

金色的稻浪

中洪村晴日蓝天白云，雨天静动相宜，雾境飘缈隐约，夜晚皓月静谧，古往今来，令许多文人墨客对中洪村的四季田园风光，绿肥红瘦，云卷云舒，留下了众多诗文图画。最著名的有北宋名士陈舜俞的《骑牛歌》，清代枫泾词人陈祁和沈蓉城的《竹枝词》中亦有多首是写中洪村的。当代著名画家韩和平在散文《吴跟越角话流年》中感叹：“江南水乡独有的景观美不胜数，古人《桃花源记》也不过如此！”上海一些诗人到中洪村采风，以荷风嬉鱼中的荷为题材，写下了十几首诗词。中洪村的农民画画家们则以画寄乡情，用自己的笔描绘着家乡的一年四季风光。

中国历史文化名镇枫泾，是一个拥有千年文明历史的古镇。物华天宝，人杰地灵。下辖 23 个行政村，中洪村便是其中之一。中洪村虽地处古镇西北一隅，但这里乡贤名士辈出。早在北宋时期，就有在枫泾历史上极具影响力的陈舜俞，跨着牛犊往来于白牛塘上，播撒文明的种子。明代郁衮，在江南文坛享有较高的声誉，与江南四大才子

中国特色村铭牌

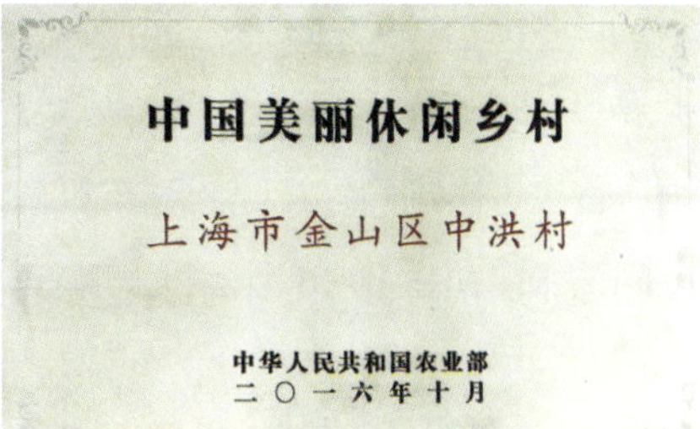

中国美丽休闲乡村铭牌

被誉为农民画坛“二乔”的陈修、陈惠芳姐妹花

之一的唐寅为好友。他应嘉善县令之邀，参与编纂嘉善第一部地方志书《正德嘉善县志》，并撰写了跋。之后又参与编修《嘉靖嘉善县志》。明代郁应元，嘉靖四十三年（1564）举人，学者、诗人，官至黟县（今安徽省黟县）县令。清代张定楷，一生酷爱书法，尤工楷书，80岁时还能书写蝇头小楷，入选《中国美术家人名辞典》①。清末民国初，陈求是在枫泾南镇创办枫泾义务初等小学，并担任北镇详通初等小学校长，为地方教育事业作出了贡献。朱辛岩在第二次国内革命战争时期曾为中共枫泾区委委员。当代，乡村名医唐栋梁荣获“中国优秀乡村医生”称号。农民画画家群星闪烁，有被誉为“金凤凰”的曹金英、陈芙蓉，被评为全国“十大优秀农民画家”的曹秀文，被称为农民画坛“二乔”的陈修、陈惠芳姐妹花及“陈氏之杰”陈富林、陈锦祥、陈卫雄兄弟三人，个个身手不凡……

在中洪村，乡土文化散发着泥土的芬芳，印染、刺绣、木雕、剪纸、灶壁画等古老艺术代代相传。20世纪中叶，中洪村一些美术爱好者，以江南水乡多姿多彩的生活、生产习俗和热火朝天的劳动场景为题材，进行美术创作。后经名家指导培养，在中洪这块土地上诞生了民间艺术奇葩——金山农民画，并涌现出了上百位农民画作者，成为金山农民画创作队伍中的“半壁江山”。

70年代，英籍华裔女作家韩素音预言：“金山农民画有着江南民间艺术的独特风味，也适合西方人返璞归真的审美情趣。如出国展览，定能成功！”历史的底片与现实的画面交叠，印证了这位国际名人的预言——金山农民画的高峰如期而至，不断走向全国，走向世界。1980年，上海金山农民画展在北京中国美术馆开幕，轰动京城。是年，金山农民画展首次走出国门，在比利时布鲁塞尔世界博览会展出，大获成功，被誉为中国最优秀的民间艺术。2015年10月4日，时任中共中央政治局常委、全国人大常务委员会委员长吴

① 俞剑华著，上海人民美术出版社1998年版。

中国农民画村全景

邦国考察中国农民画村时，欣然挥毫题词："金山农民画名扬天下"。2006 年 2 月，《党史信息报》将金山农民画与黄河、长城、大熊猫、兵马俑、皮影、京剧脸谱、剪纸、国画、杨柳青年画同列为十大"中国元素"。曹秀文的《渔家乐》，美国前国务卿基辛格称其"构图巧妙，一个小池塘就是地球村，一张渔网就是互联网，把全世界的人联在一起了"。是年 10 月，金山农民画在上海外滩 18 号举行盛大的精品回顾展，时任文化部部长孙家正参观了展会，赞誉金山农民画为"中国的毕加索"。是年 11 月，中洪村荣膺"中国十大魅力乡村文化产业奖"，其颁奖词写道："……一群农民，一个村庄，让世界为之惊叹！"

因金山农民画发源于中洪村，2006 年，枫泾镇在中洪村建立了集农民画创作交流、销售和旅游观光于一体的金山农民画村。农民画村由几十栋复古的江南老式民居组成，配以小桥流水、水车草棚、菜园、鱼塘、农家铺子、打谷场等典型的江南农村景物，颇显古朴幽静。中洪村拥有"海纳百川、追求卓越、开明睿智、大气谦和"的上海精神。金山农民画村升格为中国农民画村后，先后有吉林东丰、陕西户县、山东日照、云南腾冲、青海湟中、江西永丰、江苏邳州、湖北黄州、辽宁金州、天津杨柳青等地农民画家入驻，使农民画村一跃成为全国农民画重要的创作交流和展览中心。2006 年 7 月，金山农民画村被国家旅游局评为国家 AAA 级旅游景区，成为上海市乡村游十条精品线中的第一条、上海市民喜爱的乡村旅游景点，被国家旅游局命名为"全国农业旅游示范点"。

荷风嬉鱼休闲园

中洪村村民勤劳、朴实、聪慧，许多优秀的家庭脱颖而出，特色农家名不虚传。书香农家的典范是庄庆娟家庭，在这个小家庭里，书籍、报刊、电脑已经成为其重要财富，读书、写作是一家人最重要的业余生活，家中到处弥漫着浓浓的书香气；丹青农家最著名的是陈富林家庭，四代同画，作品众多；稻香农家最有名的是陈锦祥家庭，陈锦祥 40 多年来一直研究水稻栽培技术，并以农田作纸，水稻作笔，画就了彩色的中国地图，中央电视台、上海东方卫视及许多媒体予以报道；工匠农家李林根家庭，几十年如一日地刻苦钻研装裱修画技术，一幅幅名家名画由于年代久远，破损严重，经其抢救，恢复昔日的异彩……

现代农场引领着中洪村的家庭农场科学发展。占地 100 多公顷的上海阿林果业专业合作社，坚持绿色可持续发展的理念，种植经济林果、优质西甜瓜和中高档蔬菜等特色产品，深受消费者欢迎；上海荷风嬉鱼生态园是 2008 年组建的股份制合作农场，主要从事淡水鱼、虾、蟹的养殖、销售和种植荷花等水生植物，兼营休闲垂钓、餐饮、住宿等；上海开太鱼文化发展有限公司成立于 2012 年，是一家集养殖、种植、销售、农业休闲观光旅游为一体的新型农场，秉承以德为本、道法自然的理念，其各类水产品、有机蔬菜、热带水果、大米等深受消费者的欢迎。在中洪村，还有众多的家庭农场在健康地发展，村民们科学种田，越种越甜。农场增效、农民增收、生态改善，为乡村发展起到了示范作用。

旅游事业方兴未艾，美丽乡村建设以科学规划为龙头，精神文明、物质文明、生态文明建设和村庄改造如火如荼。至 2016 年，村庄改建计划已完成。在中洪村，“路平、桥稳、水清、宅洁、村美、人和”，再现了一派江南水乡田园风光。虽然中洪村村民物质生活有了保障，但村民们追求卓越、公平、和谐、积极向上的步伐没有停止。村民自治，有章可循，民主选举、民主决策、民主管理、民主监督蔚然成风，社区安宁，村民热情好客，传承着浓郁的吴越文化风情，洋溢着淳朴的民风。村里建有老年人活动室、村民健身点、篮球场、百姓戏台、数码电影放映室和农家书屋等设施。村民的文化业余

中洪村民居

生活丰富多彩，除金山农民画之外，还有场地高尔夫球和女子舞龙队等，在区内外享有盛誉。2016 年，中洪村农业、副业、工业、文化创意产业、旅游业等各业总产值达 2.2 亿元。

“山不在高，有仙则名。水不在深，有龙则灵。”（唐刘禹锡《陋室铭》）蓝图绘就，只争朝夕。中洪村将依托中国农民画村等特色，整合区域有效资源，完善农民画村—特色农业（农家）—休闲度假—古镇旅游联动新格局，成为“文化体验—农业观光—养生度假”一体化的市民乡村游览聚集地。中洪如梦、如画、如诗、如歌，必将创造出新的奇迹。

中洪村女子舞龙队风采

中洪览要

中洪村由原中洪村和步杨村合并而成，地处上海市金山区枫泾镇西北部，北纬30° 54′，东经121°，为上海市松江区、青浦区、金山区三个区和浙江省嘉善县交界之地。境内属太湖流域长江三角洲平原，地势低平，多为低洼田。截至2016年，全村总面积5.88平方千米，总户数981户，总人口3362人。辖20个村民小组，共有6个自然村。村治在第十七村民小组，南距镇治4.5千米。市级公路朱枫公路和区级公路叶新公路穿越境内，区级航道潮里泾、步石塘环绕村域。

中洪村是金山农民画的发源地。2006年，中洪村建立金山农民画村（后升格为中国农民画村）并正式对外开放，成为上海市乡村游十条精品线中的第一条。村域经济持续发展，村民可支配收入不断增加，村民安居乐业。

中洪村人杰地灵，物华天宝，是金山农民画的发源地，中国农民画村坐落于此。

◉ 历史沿革

隶属变迁 距今6000多年前，随着太湖东南平原区域陆地的初步形成，中洪村境内渐呈水陆交叉状。距今3000多年前，已有先民居此劳作。春秋时期，村境先后由吴、越两国交替管辖；战国时属楚国；秦代属会稽郡；三国时属禾兴县，东吴赤乌五年（242），因避太子孙和讳而改名嘉兴县；唐天宝十年（751）属吴郡华亭县；宋代属嘉禾郡秀州华亭县风泾乡；元代属江南浙西道嘉兴路华亭县风泾乡；明代属松江府华亭县风泾乡；清代属江南省松江府华亭县风泾乡一保一区十二图、二十三图和一保二区十四图；1935年，分属江苏省松江县枫泾区西杨乡和中南泾乡；1938年至1945年年初，隶属枫泾区中西乡；1945年，又分属枫泾区西杨乡和中南泾乡；1947年4月至1948年8月，先后分属天枫区新和乡、一鼎乡和枫泾镇（北镇）；1948年8月至1949年5月，分属枫泾区一新乡第七保和枫泾镇（北镇）第八保。

1949年5月，境内解放。同年8月，属江苏省松江县枫泾区范泾乡，有步杨、横埭、荷英、洪泾、中圩5个行政村。1956年，分属范泾乡中洪高级社和新农高级社。1957 年 8 月，撤区并乡，分属枫围乡中洪高级社和新农高级社。1958 年 9 月成立人民公社后，属火箭（后改枫围）人民公社范泾管理区中洪生产队和新农生产队。1958 年 11 月，松江县划归上海市，中洪村属上海市松江县火箭人民公社。至 1961 年，下辖 19 个生产小队。1962 年秋，属范泾大队，下辖 22 个生产队。1963—1966 年，分属中洪大队和新农大队，下辖 23 个生产队。1966 年 10 月，随枫围人民公社由松江县划归金山县（1997 年 5 月，撤县建区，名金山区）。1967 年至 1981 年 8 月，分属胜利大队和新农大队，下辖 24 个生产队。1981 年 8 月，胜利大队和新农大队分别易名为中洪大队和步杨大队，下辖生产队不变。中洪大队以中圩村、洪泾浜两个自然村首字而得名，步杨大队以步石、杨俊浜（后改为杨进浜）两个自然村首字而得名。1984 年，生产大队改置为行政村，分属中洪村和步杨村，下辖 27 个村民小组。2002 年 7 月，中洪村

洪泾浜自然村村貌

杨进浜自然村村貌

与步杨村合并，名中洪村，下辖20个村民小组。

自然村

中洪村由步石、杨进浜、横埭佬、荷英荡、洪泾浜和中圩村6个自然村组成。

步石 又名“竹小桥”“塔汇佬”，位于村境最南端，南濒步石塘（因此而得名），西邻朱枫公路，为第一、第二村民小组村民住地。2011年7月拆迁时，有村民90户。至2016年年底，有94户、325人，以唐姓居多。沿步石塘和羊毛湾，多为低洼田。1951年创办步石初级小学，1974年并入新农小学。已故全国优秀乡村医生唐栋梁是第一村民小组人。

已废的塔汇镇 位于步石塘北岸。明末清初，有一位江西人觅宝经过此地，在塘中挖东西时发现地下储存有一定量的白泥，是制造瓷器的原材料。该人抓住白泥可用作造窑烧瓷这一机会，开始制瓷，带动建筑业、运输业、商业发展。由于制瓷业发展兴盛，带来人口集聚。其中浙江乌镇东迁到这里的人最多，塔汇镇曾一度辉煌。随着白泥原料用尽，制造瓷器的官窑停业，导致其他行业衰落，人口外流。清末时，塔汇镇彻底消失。20世纪80年代所建朱枫（朱家角—枫泾）公路途经塔汇镇遗址，2014年在遗址处建上海枫叶国际学校。参见本志“村民生活・学校教育・名校落户”。

杨进浜 又名“杨俊浜”，有外浜和里浜之分。外浜位于村境东部，东濒白牛塘，

与松江区新浜镇交界，西邻朱枫公路，为第三、第四村民小组村民住地，原步杨村委会驻地。至 2016 年年底，有 103 户、373 人，以张姓居多。中洪村中心卫生室和上海众望饲料有限公司坐落于第三村民小组。1951 年建新农完全小学，1991 年并入枫围中心小学。据清《续修枫泾小志》记载，第四村民小组在清代时出过张定楷、张朝勋两位书法家。里浜位于村境东北部，为第五、第六村民小组村民住地，有 99 户、356 人，以张姓居多。上海市劳动模范张瑞康是第六村民小组人。

横埭佬 位于村境东北端，北濒后沙港（区级河道），与青浦区练塘镇为邻，朱枫公路和叶新公路穿越村域东西，为第七、第八、第九、第十村民小组村民住地。至 2016 年年底，有 223 户、778 人，以庄姓居多。1951 年建横埭初级小学，1975 年并入新农完全小学。古时，村民多以捕鱼谋生。20 世纪 70 年代前，该村成年村民不论男女，均能撑船摇橹，水性好。上海市劳动模范俞永芳为第九村民小组人。

横埭佬自然村村貌

荷英荡 又名“凫隐荡”，有前浜和后浜之分。因多河泊沼泽地，成群的野鸭在此栖息，故名“凫隐荡”。后因该地遍植荷花，称“荷英荡”。前浜位于村境东南部，南濒步石塘，东临朱枫公路，为第十三、第十四村民小组村民住地。至2016年年底，有76户、263人，以张姓和俞姓居多。2005年5月建金山农民画村，后升格为中国农民画村，为国家AAA级旅游景区。波兰倒置屋、房车露营地和中洪大院酒店均坐落于此。1967年，在境内西侧建初级中学一所，名为胜利中学，1992年并入枫围中学。后浜位于村境东北部，为第十一、第十二村民小组村民住地。至2016年年底，有83户、284人，以彭姓和李姓居多。“上海工匠”、裱画师李林根是第十一村民小组人。荷风嬉鱼休闲度假区坐落于此。

中圩村 又名“龚俞”，还有“小圩里”“荷花池”“西娄里”等别称。位于村境西北部，西濒潮里泾，北与枫泾镇新元村交界，为第十七、第十八、第十九、第二十村民小组村民住地，第十七村民小组为村委会驻地。1951年建中圩初级小学，1975年并入胜利完全小学。至2016年年底，有204户、652人，以陈姓和龚姓居多。农民画画家陈富林、彩色水稻种植户陈锦祥是第二十村民小组人，上海市劳动模范曹在高是第十八村民小组人。

洪泾浜 又名“冯金浜”，位于村境西部，西濒潮里泾，与浙江省嘉善县姚庄镇相望，为第十五、第十六村民小组村民住地。至2016年年底，有99户、331人，以唐姓、胡姓、郁姓为主。明代学者、诗人郁衮、郁应元是第十五村民小组人。

荷英荡自然村村貌

中圩村自然村村貌

◉ 合并前村简介

20 世纪 90 年代中洪村、步杨村区域图

2002 年 7 月，中洪村与步杨村合并，合并前中洪村（胜利大队）与步杨村（新农大队）情况如下。

原中洪村　位于枫泾镇北部。东与原步杨村为界，南隔步石塘，与俞汇村为邻，西隔潮里泾，与浙江省嘉善县姚庄镇利锋村相望，北与新元村相连。境内有荷英荡、中圩村、洪泾浜等自然村。村委会驻地中圩村，东南距镇治 4.5 千米。

清末民国初，分属风泾乡一保一区十二图、二十三图和一保二区十四图。1935 年，分属枫泾区西杨乡和中南泾乡。1938 年至 1945 年年初，隶枫泾区中西乡。1945 年，又分属枫泾区西杨乡和中南泾乡。1947 年 4 月至 1948 年 8 月，先后分属天枫区新和乡、一鼎乡和枫泾镇（北镇）。1948 年 8 月至 1949 年 5 月，分属枫泾区一新乡第七保和枫泾镇（北镇）第八保。1949 年 8 月，属枫泾区范泾乡，有洪泾、中圩、荷英 3 个行政村。1956 年，属范泾乡中洪高级社。1957 年 8 月，属枫围乡中洪高级社。1958 年 9 月，属范泾管理区中洪生产队。至 1961 年，下辖 9 个生产队。1962 年秋，属范泾大队，下辖 12 个生产队。1963—1966 年，属中洪大队，下辖 13 个生产队。1967 年至 1981 年 8 月，属胜利大队，其中 1967—1979 年下辖 13 个生产队，1980 年至 1981 年 8 月下辖 14 个生产队。1981 年 8 月，复名中洪大队，下辖 17 个生产队。1984 年年底，改建为中洪行政村。至 2001 年年底，下辖 17 个村民小组，有 494 户、1430 人，总面积 2.9 平方千米，其中耕地面积 160 公顷。

2001 年，全村农业、副业、工业及其他各业总收入 1498.68 万元，粮食每公顷产量 8340 千克，工业总产值 1310 万元，工业利润 262 万元，年人均收入 6213 元。

20 世纪 70 年代初，金山农民画在这里起源，涌现出了 10 多名农民画高手，不少作品在国内外展出，为国家赢得了荣誉、创造了外汇收入。全乡第一个百头养猪专业户曹在高为第六村民小组人，1987 年被评为上海市劳动模范。1990 年，该村创枫围乡夏粮、油菜籽每公顷出售数之最。

原步杨村 位于枫泾镇北部。东至白牛塘，与松江区新浜镇林建村、白牛塘村两村为界，南隔步石塘，与俞汇村相望，西与新元村、中洪村两村相邻，北与青浦区蒸淀镇（后改为练塘镇）新庄村交界。境内有步石、杨进浜、横埭佬等自然村。村委会驻地杨进浜，南距镇治 4.38 千米。

清末民国初，属风泾乡一保二区十四图。1935 年，属枫泾区西杨乡。1938 年至 1945 年年初，隶枫泾区中西乡。1945 年起，又属枫泾区西杨乡。1947 年 4 月至 1948 年 8 月，先隶属天枫区新和乡，后属天枫区一鼎乡。1948 年 8 月至 1949 年 5 月，属枫泾区一新乡第七保。1949 年 8 月以后，属枫泾区范泾乡，有步杨、横埭两个行政村。1956 年，属范泾乡新农高级社。1957 年 8 月以后，属枫围乡新农高级社。1958 年 9 月，属范泾管理区新农生产队。至 1961 年，辖有 10 个生产队。1962 年秋至 1981 年 8 月，属新农大队，下辖 10 个生产队。1981 年 8 月，易名为步杨大队，下辖队数不变。1984 年年底，改建为步杨行政村。至 2001 年年底，下辖 10 个村民小组，有 524 户、1656 人，总面积 2.95 平方千米，其中耕地面积 136.78 公顷。

杨进浜鸟瞰图

2001 年，全村农业、副业、工业及其他各业总收入 1536.27 万元，粮食每公顷产量 8250 千克，工业总产值 1347 万元，工业利润 269 万元，年人均收入 6354 元。

步杨村地势低洼。解放前常受涝灾，曾有“白牛荡、箬帽荡，九年三熟两头荒，穷人难喝薄粥汤”之说。解放后，通过改善生产条件，旱涝时仍能保丰收。1978 年，皮棉每公顷产量高达 1612 千克，名列金山县前茅。1988 年，开始大规模发展淡水鱼养殖。1990 年，全村精养鱼塘 23.72 公顷，总产值 151.11 万元，净收入 29.42 万元，创全乡渔业生产之最。村合作医疗卫生室创办于 1969 年 1 月，坚持走中西医结合的道路，在治疗腰酸背痛、坐骨神经痛等方面，积累了较为丰富的经验，先后收治了来自上海市松江区、青浦区、金山区，江苏省苏州市吴江区和浙江省嘉善县、平湖市等地数以千计的病人。1976 年，新农大队被评为上海市群众体育先进集体。1987 年，村卫生室被评为上海市模范集体。1990 年，步杨村渔场科普小组获上海市郊县科技兴农先进集体称号。

◉ 自然环境

区域位置 中洪村地处上海市金山区枫泾镇西北部，为上海市松江区、青浦区、金山区和浙江省嘉善县交界之地。东邻松江区新浜镇林建村；南隔步石塘与俞汇村相邻；西以潮里泾为界，与浙江省嘉善县姚庄镇利锋村相望；北与青浦区练塘镇新庄村、枫泾镇新元村毗邻。全村总面积 5.88 平方千米。村委会所在地为第十七村民小组，南距枫泾镇人民政府驻地 4.5 千米。朱枫公路和叶新公路穿越境内，可直达青浦区朱家角和松江区新浜、叶榭等地。朱枫公路北上 1 千米为申嘉湖高速朱枫公路出口处，向东直达上海浦东国际机场，向西直通浙江省嘉兴市和湖州市等地。潮里泾、步石塘环绕村域，水陆交通便捷。

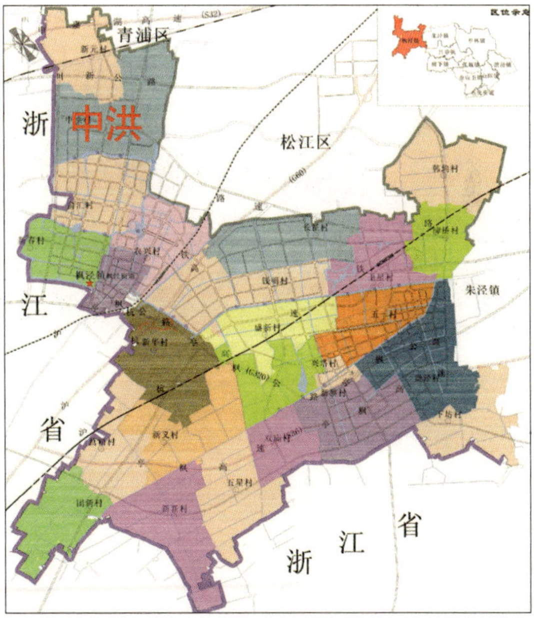

中洪村方位图

地形地貌　中洪村地处太湖流域，属长江三角洲平原。境内地势低平，南高北低，略有倾斜，地面平均海拔 2.4 ~ 3.5 米。早在 6000 多年前，受长江冲积，泥沙渐淤成陆，形成了陆地和湖泊相间的地貌。

河道湖泊田地

3000 多年前，已有先民在此劳作。约 2000 多年前，北方先民开始向南迁移，境内人类的生产活动增多。先民们在荡滩、河泊洼地劳动生息，以捕鱼、打猎、耕种为生。1500 多年前，先民们沿着白牛塘西岸陆续建起住屋，后逐步形成了步石、杨进浜、横埭佬等村。荷英荡中有一湖泊名箬帽荡，水域面积近 70 公顷，因形似箬帽而得名。当时，湖水碧波荡漾，水草茂盛，风光秀丽。中圩村、洪泾浜四面环河，与小圩里、荷花池、西娄里隔河相望。

河道湖泊　村境内主要河道有 19 条（段），其中区级河道 4 条，镇、村级河道 15 条（段），河道总长 29.9 千米。境内河水受黄浦江潮汐影响。

潮里泾　原九曲港（京杭大运河申杭线）。由于河道弯曲，浅滩多，九曲港通航能力逐年降低，农田排灌不畅，低洼田常受内涝威胁。1978 年，经上海市、浙江省有关部门批准，决定填没九曲港，在其西端开挖潮里泾。是年 1 月 15 日动工，2 月 4 日竣工。

20 世纪 90 年代末的箬帽荡

2016 年中洪村境内河道情况表

表 1

序号	河道名称	河道等级	河道长度（千米）	河口宽度（米）	起始位置	终止位置	备注
1	范塘	区级	1.450	55	和尚泾	张文塘	
2	潮里泾	区级	2.470	41	范塘	蒲泽塘	1978 年填没九曲港（市级）后开挖
3	后沙港	区级	1.595	40	范塘	青浦交界	
4	蒲泽塘	区级	2.570	38	潮里泾	向荡港	
5	周字港	镇级	2.360	18	后沙港	蒲泽塘	
6	新联河	镇级	2.520	18	蒲泽塘	范塘	
7	北片 11 号河	村级	0.890	16	周字港	杨进浜	
8	北片 12 号河	村级	1.430	16	后沙港	北片 11 号河	
9	杨进浜	村级	2.621	14	北片 11 号河	北片 8 号河	
10	步杨河	村级	1.450	8	蒲泽塘	叶新公路	
11	步杨东河	村级	1.216	8	蒲泽塘	叶新公路	
12	中国农民画村河	村级	0.240	8	北片 8 号河	北片 8 号河	
13	北片 8 号河	村级	2.490	14	蒲泽塘	洪泾浜	
14	洪泾浜	村级	0.948	14	蒲泽塘	北片 8 号河	
15	后荷英荡	村级	0.485	13	北片 9 号河	浜底	
16	北片 9 号河	村级	0.912	14	周字港	新联河	
17	北片 9 号河西段	村级	2.670	14	潮里泾	新联河	
18	北片 10 号河	村级	1.100	10	中洪渔场河	浜底	
19	中洪渔场河	村级	0.500	8	北片 9 号河	北片 10 号河	

河道（金山段）长 2.47 千米，面宽 41 米，河床标准宽 20 米，底深吴淞基点 −1 米，边坡坡率 1∶2.5，可通航百吨级船只。1981 年，全线建斜式干砌石水泥浆勾缝护坡。2016 年，上海市政府将潮里泾列入“实施上海西部地区泄洪通道防洪堤岸建设项目”，年内竣工。参见本志“大事纪略 · 开挖潮里泾”。

步石塘 又名“蒲泽塘”，开挖年代失考，至早清代已有记载。南岸为俞汇村。东至白牛塘，西接潮里泾。全长 2.57 千米，面宽 35 ~ 40 米，河床标准宽 20 ~ 30 米，边坡坡率 1∶2.5，可通航百吨级船只。古时，南北两岸人们通行，以渡船为主。1986 年，

步石塘

朱枫公路建成，横跨步石塘，结束了渡船通行的历史。2016 年，步石塘被列入“实施上海西部地区泄洪通道防洪堤岸建设项目”，年内竣工。

淤积填没的“三荡” 白牛荡（塘），相传湖中曾出现白色神牛，故名。清代末期，白牛塘南达枫泾古镇，北抵青浦县大蒸塘，途径原步杨村第一、二、三、四、五、九村民小组，延伸出的一片河荡，为白牛荡。后水面缩小，解放后只存羊毛湾河，荡深 5 米多，有“一篙撑不到底”之说。20 世纪 70 年代，在羊毛湾筑岸填塘造田，白牛塘随之消失。

箬帽荡，位于中洪村第六、八、十一、十二村民小组，是历史上有名的低洼地，因形似箬帽，故称箬帽荡。70 年代，围圩筑水闸，地下水位降低后，开始种植粮食作物。80 年代后，养鱼放鸭。2008 年，在 40 多公顷水域建起上海荷风嬉鱼休闲园。

凫隐荡（荷英荡），位于中洪村第十一、十二、十三、十四村民小组，古时为一片沼泽水面，大量绿头野鸭落隐于芦苇荡中，故名凫隐荡。清末民国初湮灭后，有人迁居此地，形成自然村落，延用“凫隐荡”名。2006 年，在此建金山农民画村。

田地 村境地势平坦，多为低洼田。解放前，因无排涝设施，若遇台风、暴雨，浙江客水下泄，黄浦江潮水顶托，极易造成泄洪不畅，河水漫涨，粮田受淹。境内白牛荡、箬帽荡受涝最严重。解放后，当地政府高度重视兴修水利，不断改善排灌设施，实

改造后的箬帽荡风貌

现了旱涝保丰收。村境总面积5.88平方千米，其中耕地面积240.6公顷，占总面积的40.92%。

土壤有潜育型、潴育型、沼育型3个水稻土亚类。其中潜育型水稻土壤面积最大，村东部白牛荡、中部箬帽荡田地系沼育型土壤。

气候

中洪村地处亚热带季风地区，受冷暖气流的交替影响，故四季分明，雨水充沛，日照充足，无霜期较长，农业气候条件优越。但年与年之间气候有差异，时有超出一般气候规律的异常天气。

田野春色

四季 春季一般初日为4月3日，终日为6月18日，持续77天。气温变化快，冷暖变化大，时有低温、晚霜和连绵阴雨。夏季一般初日为 6 月 19 日，终日为 9 月 19 日，持续 93 天。气温高，闷热潮湿，多雷雨、大雨和暴雨。秋季一般初日为 9 月 20 日，终日为 11 月 20 日，持续 62 天。昼夜温差大，多台风，前期秋高气爽，后期有秋雨和早霜天气。冬季一般初日为 11 月21 日，终日为翌年 4 月2 日，持续 133 天。气温低，降水量少，光照时间短，有冰霜。

日照 年平均太阳辐射总量为 112.74 千卡 / 平方厘米，年平均日照时数为 2050 小时左右。日照时数分布以 8 月最多，该月年平均日照时数 270 小时左右；2 月最少，该月年平均日照时数 120 小时左右。

气温 历年年平均气温 15.5℃，每年 7 月最热，该月年平均气温 27.8℃；1 月最冷，该月年平均气温 3℃。每年 10 月至翌年 4 月是寒潮活动时节，年平均出现 4 次左右。寒潮入侵时，常伴有西北风，24 小时之内降温 10℃以上，同时最低气温达 5℃以下。

降水 历年年平均雨日为 123 天左右，年平均降水量 1090 毫米左右。每年降水主要集中在春、夏、秋季，4—9 月（6 个月）降水量约占全年降水量的 70% 左右。

季风 常年年平均风速为 3.6 米 / 秒，通常也称风力 3 ～ 4 级。每年 11 月至翌年 2 月盛行西北风，气候寒冷干燥。4—8 月盛行东南风，暖热湿润。7—8 月刮西南风时，高温，闷热，干燥。3 月、9 月和 10 月是季风转换的过渡期，一般以东北风和南风为主。

台风 出现在夏秋之间。年平均发生 1 ～ 3 次，有记载以来最多达 5 次。最早出现在 5 月，最晚出现于 11 月。

霜 初霜期一般为 11 月 14 日左右，终霜期通常是翌年 3 月 30 日左右。历年年平均无霜期 228 天，最长 268 天，出现于 1984 年；最短为 199 天，出现于 1962 年。

雾 全年每月有雾，以每年 10 月至翌年 1 月居多，4 个月中平均每月雾日达 5 天以上。农谚有“春雾雨，夏雾热，秋雾阴，冬雾霜”。年平均大雾天气 40 天左右。

潮汛 中洪村属平原感潮河网地区，境内河道水位均受潮汐影响，同时又随上游来水及风向、风力、雨量的变化而变化。一天（24 小时）出现两个高潮、两个低潮，属半日潮型。涨潮历时 1 ～ 5 个小时，落潮历时 7 ～ 8 个小时。平均潮差 0.6 米左右。1987 年 10 月 16 日，受第八号台风影响，加上降雨和大潮，全天出现全涨潮。民间流传的有关潮汐的俗语有“初一月半点心（子午）潮”“初十潮，呒没（不可）摇”“二十、廿一潮，早一潮，夜一潮”“廿五六，干巴巴”“初八、廿三尽来潮”“十三、廿七起汛潮”“农历八月横港潮”。境内河道常年水位在 2.55 米左右。1954 年 8 月出现高达 3.65 米水位，2013 年 1 月 9 日出现历史最高水位 4.1 米，60 年间最高水位提升 0.45 米。

春江水暖鸭先知

四季物候

气象候 预兆晴天：东方起虹，鸡归宿早，蝼蛄鸣叫，癞蛤蟆向屋内爬等。

预兆刮风：太阳有晕，冬季连续三天有雾，草木灰结块，蚂蟥在水中游动等。

预兆下雨：石头还潮，地面潮湿，缸甏出汗，蚂蚁搬家，泥鳅翻滚，蜻蜓和燕子低飞，鸡归宿晚，月亮有晕，西方起虹，太阳出得早，乌云接太阳，鱼塘出现浮鱼，癞蛤蟆向屋外爬，深秋青蛙鸣叫，地上有霜，吹东南风等。

植物候 单季晚稻（晚粳）：5 月 15—20 日播种，6 月 20 日左右移栽，9 月 15—20 日齐穗，11 月 10 日左右成熟。

大麦：11 月 8—15 日播种，翌年 2 月下旬拔节，清明节前后齐穗，5 月中旬成熟。

小麦：10 月下旬至 11 月上旬播种，翌年 3 月初拔节，4 月下旬齐穗，5 月下旬成熟。

油菜：9 月中下旬播种，11 月 5—15 日移栽，3 月中旬开花，5 月下旬成熟。

油菜花

蚕豆花

蚕豆：10 月下旬播种，翌年 3 月下旬开花，5 月初青蚕豆上市，5 月下旬收获。

大豆（春）：3 月下旬播种，6 月中旬为鲜食期。

大豆（秋）：7 月下旬播种，11 月上旬为鲜食期。

雪菜（春雪）：9 月下旬播种，10 月底移栽，翌年 4 月上旬收获。

雪菜（寒雪）：8 月底播种，9 月中旬移栽，11 月中下旬收获。

花候 （农历）正月梅花，二月杏花，三月桃花，四月蔷薇花，五月石榴花，六月荷花，七月凤仙花，八月桂花，九月菊花，十月芙蓉花，十一月水仙花，十二月蜡梅花。

◉ 人口姓氏

人口

据全国第六次人口普查统计，2010 年 9 月 30 日，中洪村总户数 980 户，总人口 3414 人，其中男性 1687 人、女性 1727 人，性别比为 97.68。人口密度为 580.61 人 / 平方千米。至 2010 年，全村非农业人口 919 人，占总人口的 26.9%。60 岁以上老人 839 人，占总人口的 24.6%。大专以上学历 85 人；高中（含中专）学历 570 人；初中学历 1337 人；小学学历 990 人；文盲、半文盲 329 人，占总人口 9.64%。至 2016 年年底，全村总户数 981 户，总人口 3362 人。

中洪村村民民居一景

民族 1996年起，中洪村始有少数民族人口迁入。至2016年，村内常住人口中少数民族有8人，其中壮族2人、回族4人、土家族2人。

2016年中洪村各村民小组户数、人口数统计表

表2　　　　单位：户、人

组别	户数	人数	组别	户数	人数
1	49	172	11	42	148
2	45	153	12	41	136
3	43	163	13	37	136
4	60	210	14	39	127
5	44	162	15	43	154
6	55	194	16	56	177
7	41	146	17	56	174
8	70	245	18	57	176
9	47	163	19	36	108
10	65	224	20	55	194
小计	519	1832	小计	462	1530
			合计	981	3362

高寿老人 随着社会经济和医疗卫生事业的发展，人民生活水平不断提高，高寿老人也越来越多。至2016年年底，全村有80岁（含80岁）以上老人197人，其中90岁

（含 90 岁）以上老人有 21 人（男性 4 人，女性 17 人）。

2016 年中洪村 90 岁（含 90 岁）以上老人一览表

表 3

序号	组别	姓名	性别	年龄
1	1	胡金宝	女	90
2	2	唐治峰	男	90
3	3	谢阿全	女	92
4	4	杨明仙	男	91
5	6	张阿妹	女	93
6	7	庄阿小	女	90
7	7	张龙金	女	90
8	8	姚取英	女	93
9	8	钱梅珍	女	90
10	10	庄玉林	男	92
11	13	俞阿七	女	92
12	14	张玉珍	女	90
13	15	曹阿金	女	91
14	17	李海金	女	93
15	17	陈秀珍	女	94
16	18	李阿妹	女	91
17	18	王素芳	女	95
18	20	张四珍	女	90
19	20	陈芙蓉	女	91
20	20	陈琴夫	男	91
21	20	姚桂花	女	94

侨眷　改革开放以后，中洪村村民陆续出国留学、打工，一些村民在国外发展定居。至 2016 年，村内有 11 户侨眷。

姓氏　至 2016 年，全村有 107 个姓氏，其中 200 人以上的有张、陈、唐、李姓；100 ~ 199 人的有庄、俞、曹、钱、陆、徐姓；11 ~ 99 人的有王、蒋、胡、彭、沈、龚、

2016 年中洪村侨眷情况表

表 4

姓名	性别	民族	籍贯	组别	境外主要亲属					备注
					姓名	称谓	出国时间	国别	居住城市	境外其他亲属
陆阿琴	女	汉族	金山	2	唐宝贤	儿子	1994	美国		
徐贵青	男	汉族	金山	2	唐伟涛	儿子	2006	美国		儿媳、孙子
杨京辉	男	汉族	金山	3	杨利军	儿子	2008	美国	德州	
陆银玲	女	汉族	金山	4	张佳欢	女儿	2013	荷兰	埃因霍温	
唐喜珍	女	汉族	金山	4	杨升元	儿子	2008	新加坡		
庄静娟	女	汉族	金山	6	钟华元	儿子	2009	澳大利亚	墨尔本	儿媳、孙子
庄阿小	女	汉族	金山	7	俞韶辉	儿子	2001	新加坡		
李伟林	男	汉族	金山	11	李忠华	儿子	2007	新加坡		
李华明	男	汉族	金山	17	李伟	儿子	2005	澳大利亚		
曹其根	男	汉族	金山	18	曹维	儿子	2008	西班牙		
陈锦华	男	汉族	金山	20	陈光	儿子	2003	澳大利亚	悉尼	儿媳、两个孙子

杨、蔡、朱、顾、周、郁、金、姚、袁、孙、叶、范、吴、钟、盛、许、黄、高、夏、戴姓；10 人以下的有董、奚、方、卢、孟、丁、马、冯、赵、钮、施、富、刘、应、费、鲁、谢、尹、包、何、程、倪、薛、乐、邬、苏、余、杭、居、秦、宫、胥、梅、潘、干、万、戈、毛、计、左、石、付、吉、吕、安、江、汤、武、季、任、关、邵、林、欧、岳、庞、查、姜、娄、贾、郭、浦、陶、戚、梁、屠、储、蒲、褚、缪、黎姓。（以上按人数多少为序）

张、唐、俞、庄、钱、陆、徐等大姓集中于原步杨村，曹、陈、李、彭、胡、龚等大姓集中于原中洪村。

2016 年中洪村各姓氏人数统计表

表 5

姓氏	人数（人）	姓氏	人数（人）	姓氏	人数（人）	姓氏	人数（人）
张	543	庄	183	陆	126	胡	69
陈	311	俞	177	徐	110	彭	68
唐	308	曹	148	王	73	沈	64
李	223	钱	137	蒋	72	龚	65

续表 5

姓氏	人数（人）	姓氏	人数（人）	姓氏	人数（人）	姓氏	人数（人）
杨	59	卢	6	余	2	任	1
蔡	56	孟	6	杭	2	关	1
朱	49	丁	5	居	2	邵	1
顾	44	马	5	秦	2	林	1
周	36	冯	5	宫	2	欧	1
郁	29	赵	5	胥	2	岳	1
金	26	钮	5	梅	2	庞	1
姚	26	施	5	潘	2	查	1
袁	24	富	5	干	1	姜	1
孙	23	刘	4	万	1	娄	1
叶	20	应	4	戈	1	贾	1
范	20	费	4	毛	1	郭	1
吴	18	鲁	4	计	1	浦	1
钟	17	谢	4	左	1	陶	1
盛	15	尹	3	石	1	戚	1
许	13	包	3	付	1	梁	1
黄	12	何	3	吉	1	屠	1
高	11	程	3	吕	1	储	1
夏	10	倪	3	安	1	蒲	1
戴	10	薛	3	江	1	褚	1
董	8	乐	2	汤	1	缪	1
奚	8	邬	2	武	1	黎	1
方	6	苏	2	季	1		

◉ 经济发展

发展简述 魏晋南北朝时期，随着经济重心的南移，中洪村先民已陆续掌握水稻和麦种植技术。元末明初开始大批种植棉花，猪、牛、羊、鸡、鸭、鹅等家畜家禽饲养迅速推广。主要农作物是水稻、麦、棉花、油菜。旧时，因湖泊相间的荡田较多，水产品丰富，荷藕、茭白、慈姑、菱等水生作物众多。

明清时期，位于村境东部的塔汇镇建制造瓷器的官窑，商业较繁荣，至清末废。20世纪60年代，村内建起了两座土窑，既提供了生产队建仓库和饲养场的物资，又满足

水稻丰收

了一部分农民建房需要。70 年代起，村办企业逐步发展。80 年代初期，实行家庭联产承包责任制后，农业种养结构开始调整，在稳定粮食生产的基础上，扩大种植经济作物，发展水产品养殖，使农业增效、农民增收。2005 年后，随着旅游业的兴起，村经济进一步发展。至 2016 年，全村共有民营企业 26 家，职工 500 多人。2016 年，全村农业、副业、工业及其他各业总产值达 2.2 亿元，村集体可支配收入 373 万元。

特色经济

制坯业 20 世纪 50 年代中期至 70 年代，中洪村村民利用高亢地发展制坯业，掼泥坯，烧土砖，有 400 多户农民掼泥坯。为解决泥坯出路，1956 年，新农高级社在后沙港北岸建土窑两座，泥坯烧成青砖后，供建筑用。

建筑业 旧时，村内有泥瓦匠和木匠。20 世纪 70 年代，随着城镇建设和农民建房不断发展，有 100 多名男青年开始学泥瓦匠和木匠技艺。1960 年，枫围人民公社成立枫围建筑队（后改为枫围建筑工程公司），公司 20% 的建筑工人来自中洪村，分别在上海市区、上海石油化工总厂（中国石化上海石油化工股份有限公司）、朱泾、枫泾等地承接住宅建筑，还参加了上海华亭宾馆、上海希尔顿酒店、上海新锦江大酒店、雁荡大厦、上海华山医院住院部和上海石油化工总厂综合大楼的建设，工程全优率达 80% 以上。其中华亭宾馆工程获全国首届“建筑工程鲁班奖”。

农民画延伸产品——伞

农民画延伸产品——靠背枕

文创产业　20 世纪 70 年代初，著名画家韩和平等下放到中洪村体验生活，先后创作了许多画，并介绍上海裱装师傅到中洪村指导，创办裱画厂。其时，原新农大队、胜利大队均创办了裱画厂（集体企业），各有裱画工人 8 人。裱画厂专为上海及全国著名画院、美术出版社装裱名字名画。80 年代后期，裱画厂转为私营。中洪村农民画画家众多，农民画及其延伸产品远销海内外。

饲料加工　1995 年，四川省青年肖怀平到中洪村（原步杨村 3 组）投资兴建了一家大型饲料加工厂——上海众望饲料有限公司。年生产各种禽、畜、鱼类颗粒饲料 1.8 万吨，销往全国各地，年产值 4000 万元。参见本志“现代农场 · 荷风嬉鱼 · 主要特色”。

旅游业　2006 年 4 月 28 日，由上海市旅游事业管理委员会、上海市农业委员会、金山区人民政府主办，枫泾镇人民政府和金山区旅游局承办的“上海市乡村游十条精品线启动仪式暨金山农民画村开放仪式”在中洪村举行。金山农民画村成为上海市乡村游十条精品线中的第一条。农民画村内有全国 10 多个省市和中洪村的农民画家入驻作画，吸引了大批中外游客前往旅游和购买农民画。2014 年 4 月 25 日，建于中国农民画村北侧的波兰倒置屋对外开放。同时旅游配套服务较完善，荷风嬉鱼、中洪大院能吃能住，灶头屋里可以品尝到农家菜，倒置屋景点内设波兰花园美食餐厅，还有可容纳十多辆室内设施较完备的房车露营地，供游客住宿。至 2016 年年底，共接待游客 100 多万人次。

外国嘉宾购买金山农民画

现代农场 进入21世纪，中洪村先后成立了上海阿林果业专业合作社、上海荷风嬉鱼生态园、上海开太鱼文化发展有限公司3个现代农场。

◉ 村庄建设

农田建设

低洼田治理 中洪村低洼田大多在海拔2.4米以下，常年受洪涝灾害。20世纪60年代，开展以治理低洼田为主的小型圩田建设。70年代，以大规模改造低洼田为重点，开展"围起来、控得住、排得出"的水利工程建设。

步石塘水利圩田建设

基本农田建设 解放前，中洪村为单家独户的小农经济。村民的农田大小不一，高低不平，纵横交叉，给农田排灌和耕作带来不便。20

社员挑泥造田

世纪60年代末至70年代，生产队统一规划，调整田块，拉直田间小岸，平整沟渠，每块田调整为宽20米左右、长80～100米左右的“格子化”农田。

地下渠道建设 1970年起，中洪村改进农田输水方式，改明渠为暗渠。地下渠道比明渠输水速度快，省水节电又节省占地面积。全村共埋设暗渠8.5千米，至20世纪末废弃。其时，还埋设地下暗沟，用砖铺设。因大型拖拉机耕翻田块时，暗沟易受破坏，故没有长效推广。

基础设施

道路建设 随着电力灌溉的发展，20世纪70年代起，结合修建地下渠道，路渠并用，一般路面宽3米。80年代起，随着村级工业和交通运输业的发展，由村投资，对村级机耕道路进行拓宽延伸，以泥结碎石路面为主。同时以村、组共同投资或农户集资形式，修筑泥结碎石路，通往全村每家每户。2006年，枫泾镇政府实施白色路面户户通工程，投资比例，镇为60%，村为40%。至2008年年底，全村完成白色路面户户通工程，通往每户的路面宽3米，总长度21千米。市级公路朱枫公路1983年12月修建，1986年9月竣工，并于当年11月7日正式通车。中洪村境内公路自青浦区练塘镇和尚泾桥以南至步石塘桥，全长2千米，宽7米，沥青路面。2005年3月至2006年4月拓宽为四车道。（参见本志“大事纪略·境内建朱枫公路”）区级公路叶新公路1986年修建，2015年扩建为四车道。

通往 12 村民小组的道路

通往村委会的中洪支路

后沙港桥

桥梁建设　中洪村系平原水网地区，旧时桥梁以木桥为主，也有竹桥。步石塘和后沙港河面宽，水深流急，不易架桥，故渡船通行。历史上，村境内有三处渡口，即步石塘渡口、后沙港渡口、俞汇头渡口。解放后，当地政府组织人力、物力抢修危塌木桥。1964 年，松江县桥梁队采用双曲拱桥新技术，在村境内周字港与西泾港交叉口东侧建成长 18 米、宽 4 米的三梁拱桥，可通行大型拖拉机，为村境内第一座水泥桥。至 2016 年，共有钢筋混凝土桥梁 51 座，其中市、区级公路桥 7 座。

供电照明　1960 年春，中洪村首次架设 1 万伏高压输电线路，由新浜镇变电所输出，实现电力灌溉。1968 年起，380 伏、220 伏供电线路贯通各生产队，实现脱粒、扬谷（麦）电力化。1969 年，全村村民全部使用电力照明，每户装有 1 ～ 3 盏照明灯（15 ～ 25 瓦），实现了千百年来“点灯不用油”的夙愿。20 世纪 70 年代后期，全面进行农用照明线路的整顿及电网首次改造，实现照明用电线路规范化，并安装触电保护器，实现了“一户一表”，按耗电数计算电费。1983 年起实行家庭联产承包责任制，每户安装三相电表，供农户稻麦脱粒之用。2004 年，农村电网再次改造，户均按容量 3 千瓦的标准安装 20 安培电能表。2010 年后，由村民向电力部门申请安装 6：00—22：00、22：00—6：00 峰谷分时电表，从而减少了村民用电费用支出。

邮政电信　清末民国初，中洪村信件传递有两条途径：一是陆路通过茶馆、南杂店（即杂货店）、酒店老板转交常客传递；二是水路由航船（又称“栈船”）传递。中洪村属枫泾镇至范浜新镇航船邮线。1958 年起，由乡邮递员每天将信件、报刊送至村里。1966 年起，直接送至各生产队。1978 年 1 月 1 日起，邮电部决定在上海、江苏、辽宁等省市进行邮政编码试点，村境属枫泾地区，邮政编码为“201501”。

1957 年，中洪高级社和新农高级社各设手摇式电话机 1 台，后改为拨号按钮式电话机。1966 年，电话线由单线改成双线，线杆由木杆改为水泥杆。至 1985 年，电话线共进行了三次整修。1990 年起，农户家庭开始安装电话。至 2016 年年底，全村有 883 户安装了电话机。

20 世纪 90 年代末，随着移动通信的发展，少数村民拥有手机或“BB 机”。2003 年，周字港边建微波通信塔。至 2016 年，全村 90% 的成年村民拥有手机，平均每户有两部手机。

微波电信塔

供水排水 20 世纪 80 年代以前，境内生产和生活用水为河水和井水。1983 年，为改善村民饮水质量，在步杨大队建一座小型水厂，总投资 8.5 万元，日供水量 300 吨。村民自来水饮用率达 100%。1989 年冬，原中洪村组建安装自来水工程小组，由村委会一名干部具体负责整个工程施工，并由乡基建办抽调一名人员与枫泾水厂协调沟通，工程建设由集体投入和农户出资相结合，农户每户为 240 元，每户一表一龙头（一个水表、一个水龙头）。1990 年，步杨大队小型水厂废弃，农户饮用水均由枫泾水厂输送。2016 年，除了农业灌溉用河水外，其他生产用水普遍使用自来水。

污水处理 2008 年，在中国农民画村周边的两个村民小组实施污水纳管。至 2016 年，全村实现“污水管道化”。企业的生产污水按照环保部门的要求，建有污水处理系统。

水利围圩建设 参见本志“大事纪略 · 治理低洼地圩堤”。

村庄改造 参见本志“大事纪略 · 村庄改造”。

美丽乡村建设 2015 年，中洪村在美丽乡村建设中开展“十个一”行动 ：“一条路”，8 个村民小组的道路拓宽、村主干道亮化 ；“一条河”，建立河道保洁服务队，落实专人管理机制 ；“一个门头”，改造通往中国农民画村的门头 ；“一个宅基示范点”，确立第十四村民小组 39 户农户为示范点 ；“一个家庭”，通过新一届村民代表会议评选

村庄改造新风貌

出了一个模范家庭；“一个公共活动场所”，改善老年人活动室室内设施，完善保障机制；“一支文化活动队伍”，建立中洪村女子舞龙队；“一个乡村旅游点”，选择农民画大户人家和阿林果蔬园为旅游点；“一套环境整洁机制”，对村内卫生设施进行改造，完善保洁机制；制定一部村民自治共守行为规范——《中洪村村规民约》。

杨进浜村庄改造

上海市文明村铭牌

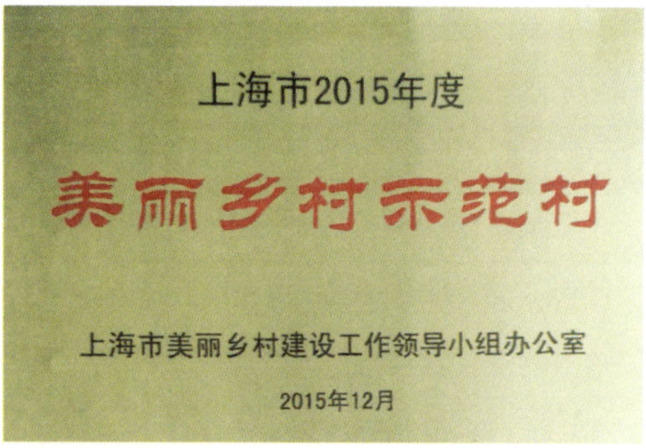

上海市美丽乡村示范村铭牌

◉ 精神文明建设

文明创建 中洪村在 20 世纪 60 年代掀起了“向雷锋同志学习”的热潮，争做好人好事。80 年代，提倡“五讲”（讲文明、讲礼貌、讲卫生、讲秩序、讲道德）、“四美”（心灵美、语言美、行为美、环境美）、“三热爱”（热爱祖国、热爱社会主义、热爱中国共产党），开展“文明礼貌月”、争创文明单位和“五好家庭”等活动。90 年代，制定村规民约和创建规划，增强村民创建意识，提高村民文明素质，引导村民积极参与“文明村”“五好家庭”“卫生村”等创建工作。进入 21 世纪，中洪村把社会主义精神文明创建工作纳入目标管理。具体要求是：热爱中国共产党，热爱社会主义，热爱祖国，热爱集体；遵守国家法制法规；自觉维护本村治安秩序；保护土地资源，严禁破坏耕地；提倡文明健康的生活方式，禁赌、禁毒，坚持移风易俗，厚养薄葬，丧事简办；反对邪教和封建迷信活动。至2016年，全村丧事简办率100%，有50多户家庭分别被评为区级、镇级“星级文明家庭”“五好家庭”“道德示范户”等。

创建成果 几十年来，中洪村在村党（总）支部的领导下，各方积极配合，精神文明建设硕果累累。

中洪村党（总）支部获区级及以上荣誉情况表

表 6

序号	荣誉名称	时间	荣誉级别
1	上海市五好村党组织	2004—2006 年	市级
2	金山区最佳共建奖 （百个机关党支部与百个农村党支部结对共建）	2005—2006 年	区级
3	金山区先进基层党组织（“六有”村党组织）	2006 年	区级

中洪村村委会（新农大队）获区级及以上荣誉情况表

表 7

序号	荣誉名称	时间	荣誉级别
1	新农大队被评为上海市群众体育先进集体	1976 年	市级
2	上海市文明村	2003—2004 年	市级
3	上海市安全小区	2004—2005 年	市级
4	金山区经济发展示范村	2005—2006 年	区级
5	获 CCTV“魅力乡村”推介和评选小组颁发的“中国十大魅力乡村文化产业奖”	2006 年	国家级
6	上海市村务公开民主管理示范村	2006 年	市级
7	金山区拥军优属模范单位	2007 年	区级
8	上海市文明村	2007—2008 年	市级
9	中国绿色村庄	2008 年	国家级
10	2007 年金山区“企村结对”优秀结对村民委员会	2008 年	区级
11	上海市绿色小康示范村	2009 年	市级
12	被中国村社发展促进会评为“中国十大书画村”	2010 年	国家级
13	被中国村社发展促进会评为“中国村庄名片”	2010 年	国家级
14	上海市美好家园示范村	2010 年	市级
15	上海市健康村	2011 年	市级
16	被金山区工商业联合会评为金山区“企村结对”感恩行动先进单位	2011 年	区级
17	上海市级整洁村（示范）	2012 年	市级
18	上海市平安小区	2012 年	市级
19	金山区环境保护先进集体	2012—2013 年	区级
20	我喜爱的乡村	2013 年	市级
21	上海市文明村	2013 年	市级
22	上海市 2015 年度美丽乡村示范村	2015 年	市级
23	被中国村社发展促进会评为“中国特色村”	2016 年	国家级
24	中国美丽休闲乡村	2016 年	国家级
25	金山区爱国拥军先进单位	2016 年	区级

中洪村有关单位获区级及以上单位先进荣誉情况表

表 8

序号	荣誉名称	时间	荣誉级别
1	步杨村卫生室获上海市模范集体称号	1987 年	市级
2	步杨村渔场科普小组获上海市郊县科技兴农先进集体称号	1990 年	市级
3	村团支部获金山区百家团建示范点称号	2007 年	区级
4	村综合服务站在金山区基层司法行政综合服务站工作考核评比中获三等奖	2009 年	区级
5	村文明监督协调组获金山区“志愿服务先进集体”称号	2010 年	区级
6	村团支部获金山区“五四”特色团组织称号	2012 年	区级
7	村团支部获全国“五四”红旗团支部称号	2013 年	国家级
8	村团支部获上海市“五四”红旗团支部称号	2013 年	市级
9	村团支部获金山区“团队员社区报到”优秀组织单位称号	2013 年	区级
10	村党（总）支部获金山区农家书屋“最佳组织奖”	2014 年	区级
11	村女子舞龙队获金山区社区业余文化团队骨干团队称号	2015 年	区级
12	村团支部获金山区“团队员社区报到”优秀组织单位称号	2016 年	区级

荷英荡一景

农民画村

20世纪70年代，中洪村的一些农民在下放到农村的著名画家和金山县文化馆美术老师的指导下，将古老的民间艺术巧妙地运用到绘画中，以江南农村多姿多彩的生活习俗和劳动场景为题材，用朴实的画法，创作出了水乡气息浓郁、艺术风格独特、散发着泥土芬芳的当代民间艺术奇葩——金山农民画，在海内外产生了广泛的影响。中洪村作为金山农民画的发源地，1988年被文化部命名为“现代民间绘画之乡”。

2006年4月28日，金山农民画村在中洪村建成并正式对外开放。2007年起，一批来自全国著名画乡的农民画家入驻金山农民画村。2008年，金山农民画村升格为中国农民画村。至此，在中洪村就能领略到全国各地农民画画家的魅力。中洪村成了名副其实的中国农民画之乡。

中洪村文化底蕴深厚，孕育了被誉为『世界艺术珍品』的金山农民画。一批来自全国著名画乡的农民画家入驻，成为名副其实的中国农民画村。

◉ 艺术起源

艺术根基　作为江南水乡，中洪村历史文化底蕴深厚，民间艺术丰富多

江南水乡风貌

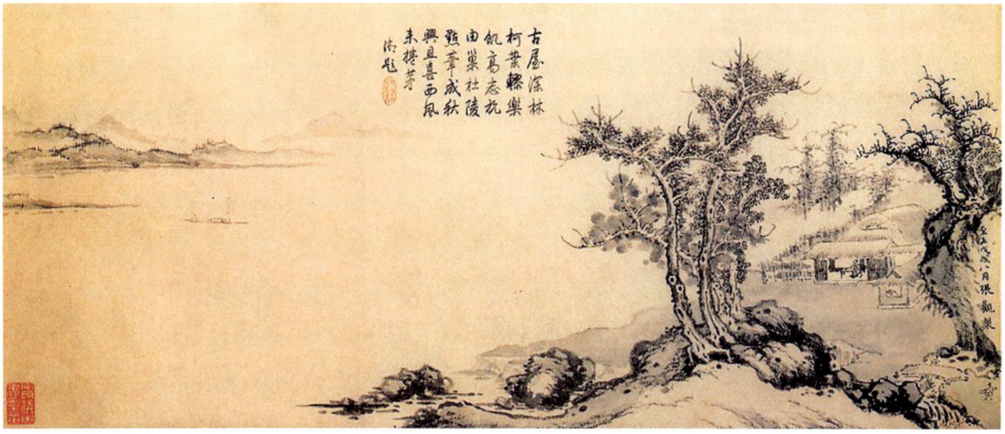

元代张观《疏林茅屋图》

彩，为金山农民画的孕育提供了肥沃的土壤。枫泾镇作为中国历史文化名镇，有文字记载的历史达 1500 多年，地接吴越文化之气，时承海派文化之灵。历史上出过状元 3 人、榜眼 1 人、进士 56 人、举人 122 人，其中任宰相 3 人，外任知县、知州、知府 111 人，可谓英才辈出。其中还产生了诸多闻名遐迩的大师级画家。如宋代画家李甲擅长花鸟画，灵秀生动，同时代的苏轼为其《喜鹊图》题诗："闻说神仙郭恕先，醉中狂笔势澜翻。百年寥落何人在？只有华亭李景元。"（《题李景元画》）元代画家张观传世作品《山林清趣图》卷和《疏林茅屋图》卷藏于故宫博物院，《月下人物图》册藏于美国纽约大都会博物馆。明代画家陈继儒《梅花图》轴藏于故宫博物院，《梅花图》册（四开）藏于辽宁省博物馆。除此之外，还有明末清初画家项圣谟、清道光年间（1821—1850 年）海派先驱画家黄鞠。现代又有国画大师程十发、漫画家丁聪等枫泾籍画家闻名海内外。中洪村自古人文荟萃，宋代白牛居士陈舜俞、清代白牛牧人柏古、近代革命烈士陆龙飞与中洪村白牛荡渊源深厚，明代诗人郁衮、郁应元、郁敦易，清代书法家张定楷、张朝勋，近现代唐在明、陈求是、朱辛岩等乡贤名人均出于此。

中洪村有着秀丽的江南水乡风光。历史上有白牛荡、箬帽荡、凫隐荡，河道纵横，水网密布，林木荫翳，农舍鳞次，小圩穿插，清流急湍，荷花遍植，清雅秀美。当代，建有复古的江南老式民居，与原生态村貌有机结合，小桥、流水、水车、草棚、菜园、鱼塘、农家铺子、打谷场等典型农村景物，多姿多彩的生活习俗和村民热火朝天的劳动场景浑然一体，加上农家房屋墙上画技精湛的农民画，搭起了一座民间艺术殿堂。1974 年，著名画家韩和平下放到中洪村体验生活，其第一印象是："河岸两侧尽是绿油油的稻田，田坎上紫色的蚕豆花在和风中摇曳，河边倒挂的柳枝仿佛是一只只小手在嬉水，江南水乡独有的景观美不胜收，古人《桃花源记》也不过如此！”

源远流长的历史文化，得天独厚的自然环境，孕育了中洪村质朴淳厚的民风和民间艺术。蓝印花布、灶壁画、雕刻、剪纸、刺绣、花灯、编织、漆器等民间艺术，以及舞龙、调狮、走马灯、打莲湘、踩高跷、摇艄船等民俗活动，都是农民画家取之不尽的灵感源泉。

2002 年 5 月，集中了 20 世纪 70 年代程十发、刘旦宅、汪观清、韩和平、郑家声等著名画家在枫泾镇和中洪村留下的 100 幅精美画作的大型画集《丹青蕴情——名家书画在枫泾》出版。程十发在该书中写道：“枫泾是江苏省和浙江省连系的一个小镇，可以证明两个‘母亲’同时喜欢这个孩子。一个小镇跨越吴越两地，一定有他的特点，所以使人留恋而神往。”

国画大师赞美故乡，让人回味不尽。他接着写道：“我的老家是枫泾，无形中哺育我成长的正是吴越文化，谢谢吴越文化的先辈们和现代文化的老师们，谢谢老乡们，山山水水，使我老去时更产生一种情怀。”点明了程十发的艺术根基正是家乡吴越文化的哺育和山山水水的培育。

无独有偶，哺育中洪村农民画家成长的艺术根基也正是吴越文化。中洪村的人文美和景观美浑然一体，成了日后崛起的金山农民画肥沃的艺术土壤和取之不尽、用之不竭的富矿。

艺术传承 中洪村民间工艺美术的传承，在金山农民画中找到了新的艺术承载

灶壁画

剪纸《植树》

主体。中洪村传统工艺美术丰富多彩，源远流长。妇女们热爱生活，心灵手巧，以刺绣为副业者众多。她们在刺绣中，时时要配色，因此，在色彩审美方面积累了很多经验。刺绣要画花样，对龙、凤、狮、虎、公鸡、鸳鸯、鱼、蝴蝶、牡丹，甚至云朵、山水等传统画法都很了解。著名农民画画家曹金英、陈芙蓉，当年就是村里有名的刺绣能手。村民喜爱剪纸，多欢庆内容，如“倒福”“双喜”“百寿”“鸳鸯”“双鱼”“吉祥”，图案简洁生动，技法变化多样，成了农民画创作不可多得的元素。村境内传统雕刻有浮雕、阴雕、透雕等，皆体现在建筑装饰和家具装饰上，那些雕刻在门楼、屋檐、花厅、亭阁上的花卉、鸟兽、人物，逼真传神，其形态、线条、纹饰生动清晰。村里有不少能工巧匠，除了建筑时能做细活外，木工师傅在八仙桌上雕刻几何图案，房屋门窗上雕刻飞禽走兽；泥瓦工匠在房屋移门头的方砖上雕刻传统戏文，屋脊上刻龙凤图案。清朝时，杨进浜（中洪村 5 组）张家厅屋由横埭村（中洪村 8 组）庄家木工师傅承建，为典型的江南园林建筑，其雕刻技艺对农民画有很大影响。村民每家每户都建有壁灶，灶面上画有灶壁画，从花卉、虫鸟到各类人物，均有佳作。“薛仁贵沙滩救驾”“张翼德夜战马超”等故事喜闻乐见，过目不忘。泥瓦匠中有不少是绘画能手。横埭村泥瓦匠庄龙明，对水彩画很有研究，除山水画、花鸟画外，其人物画亦栩栩如生，如灶壁画“刘海戏金蟾”。村民宅后遍植竹子，许多人喜爱竹编，竹编有平面和立体之分。平面竹编有对字画的再创作，讲究艺术性。立体竹编有提篮、饭篮、簸箕、椅子等生活用具，那些篾席上织出的飞禽走兽贴近生活，生动活泼。

中洪村美术爱好者早期绘画活动

农民画早期创作场景

中洪村最早从事金山农民画创作的是刺绣妇女和匠人，他们对各种民间美术工艺技艺十分了解，这使得金山农民画在形成之初就深深地扎根在民间工艺美术的土壤之中。曹金英《公社鱼塘》与蓝印花布一脉相承，曹秀文《采药姑娘》是对磨漆工艺的吸收，陈芙蓉作品色彩与刺绣颜色紧密关联，陈富林的画与灶壁画息息相关。他们“以笔代针，以色为线”，使金山农民画既扎根于传统乡土文化，又与现代社会生活并存发展，寻找到了传承与发展间的平衡，描绘出生活气息浓厚、活力沛然的画卷，体现了农民画家的质朴与自信。

金山农民画充分吸取了民间工艺美术养料，并将这些古老艺术巧妙地运用到绘画中，以当地多姿多彩的生活习俗和热火朝天的劳动场景为题材，采用朴实的手法，成为散发着泥土芬芳的当代民间艺术奇葩。

金山农民画初创 中洪村20组村民陈富林自幼喜爱画画，年少时经常跟着泥瓦匠帮乡邻们画灶壁画。1957—1963年，陆续创作了《农忙的早晨》《修水车》《打麦子》《深耕》《砻谷》《舂米》《踏水车》《乘凉》等农民画。1965年，参加由上海市美术家协会在松江县举办的群众美术座谈会，其作品《饲养场》入展本次美术观摩展。之后，在他的影响下，农民画创作逐渐在中洪村发展起来。1966年，陈富林又创作了《搡水草》《罱河泥》《积肥》等农民画。1968年秋，他尝试将其作品《罱河泥》寄到金山县文化馆，很快有了回应，县文化馆美术组吴人杰等人首次专程到中洪村了解、拍摄农民画创作情况并予以肯定。

1969年，农村普遍开展“讲村史”“讲家史”活动。中洪村陈富林、龚明华、曹国华、李祖尧等青年集体创作了一套村史、家史组画，共140多幅，反映了农民在旧社会

陈富林 1958 年作品《上镇》

陈富林 1963 年作品《牛打车》

受压迫剥削的血泪史和新社会的幸福生活，深受喜爱，引起金山县文化馆的关注。县文化馆在中洪村举办美术学习班，进行辅导。此后又在县文化馆举办类似的学习班，培养农民的绘画兴趣，教他们绘画知识。

中洪村这一时期的绘画作品，有的类似年画，有的类似漫画，还不是后来真正意义上的金山农民画。

◉ 培育辅导

著名画家到中洪　当中洪村农民画的艺术种子开始萌芽之际，其迎来了一个发展机遇。1974 年，著名画家韩和平下放到中洪村体验生活。不久，韩和平便吸引了不少村里的美术爱好者跟随其学习绘画。他在村里办起了美术学习班，学员以中洪村的美术爱好者为主，从速写、素描入手，手把手地辅导作画，使参加学习的农民逐步掌握绘画技巧。1975 年 1 月 5 日，邓小平主持中央日常工作，着手对许多方面的工作进行整顿，使形势有了明显好转，当时的口号是“抓革命，促生产”。为了造声势，韩和平与村美术组的青年们一起画壁画，由他起稿辅导，画的主题有农业机械化、丰收的欢乐等。各个生产队的墙壁上都被他们画上了画，村民们都说：“好看来！”后传到了金山县文化馆，县文化馆工作人员与枫围人民公社商量，要在枫泾办学习班，以胜利大队（中洪村）美术组人员为骨干，从全县抽调一批农村青年开展学习、创作。当时办了三期学习班，韩和平亲自挂帅，和县文化馆辅导员一起从速写、素描入手，进行精心辅导。在创作实践中，学员们因为没有经过专业学习，没有条条框框的束缚，所以画得很自由，百花齐放，画出了一批

韩和平（右一）在中洪村居住过的地方

20 世纪 70 年代末中洪村农民画画家参加创作活动（后排左三吴彤章，左六韩和平，前排右一郑家声）

面目一新的农民画。韩和平从中选了一批作品，在回上海休假期间带给当时分管美术创作的上海市文化局副局长沈柔坚看，他看后很兴奋，连说“好！好！”又从作品中挑出一幅，对韩和平说：“这幅画得特别好。”韩和平看是中洪村陈富林创作的《业余大学》，便应道：“这个作者是草窝里飞出的金凤凰，农民画作者中构图就数他，出手神速，色彩感觉好，创作任务紧时，他完成任务后，还能帮助多人完成构图。”后来，这批作品参加了 1976 年 2 月由上海市文化局、上海市美术创作办公室联合举办的“上海农民画展”，陈富林的《政治夜校》，龚明华的《团结战斗》，陈兴龙、范根娣的《朝阳河上运输忙》等 45 幅金山农民画入选展出。这是“文化大革命”以来农民走上文艺创作舞台而受到重视的一次创举，得到了社会各界的认可。

韩和平在中洪村居住一段时间后，后因枫围人民公社辅导美术爱好者等工作所需，被安排到枫泾镇居住。其间，上海一些著名画家程十发、刘旦宅、郑家声、汪观清等来到枫泾农村体验生活。

韩和平离开枫泾后，还经常通过信函，为陈富林、曹秀文等创作的画稿进行指导，这些初期作者，受到了著名画家的启蒙与教育，有几位后来成为著名的农民画画家，并带动了邻村其他农民学习绘画。

县（区）文化馆辅导 1977 年年初，金山县文化馆美术组吴彤章、阮章云到中洪村采风，采风组由曹秀文陪同，挨家挨户访问。其间，发现几位能织善绣的农村妇女，特别是曹金英，她的刺绣作品像雕刻的画，富有立体感，便邀请她参加农民画创作学习班。曹金英当时四十多岁，第一次参加学习班，非常紧张和害怕，甚至要“临阵脱逃”。但在吴彤章等辅导老师的鼓励和指导下，她开始大胆学画，把纸当布，以笔代针，将颜色当成有色的丝线，像绣花一样构图布局。最终，曹金英按照自己的心意，画出了一幅《庆丰收》的画，大红底色上一条巨龙跃然纸上，其下众多玩灯人姿态各异，色彩明快，形象生动。这幅画成了金山农民画艺术风格的雏形，曹金英也因此成为金山农民画的代表性人物。中国美术家协会会员、上海市文史研究馆馆员吴彤章在《吴彤章口述历史》一书中有这样一段话：“日后的发展证明，曹金英不仅是个优秀的农民画家，而且她的第一幅作品《庆丰收》（又名《举国欢庆》），就显示出她独特的、不同凡响的气质，造型夸张，色彩鲜艳浓重，富有江南民间艺术的魅力，充满浓厚的乡土气息。这也是金山农民画中第一幅与户县农民画迥然不同的作品，成了金山农民画走向成熟的标志。金山农民画由此显露出它的清晰的轮廓，形成独特的风格。曹金英也成为金山农民画家中最杰出的代表之一。”

曹金英的成功启发了辅导老师，具有刺绣、织布、剪纸、灶壁画、泥塑、木雕等技艺的人，有创作农民画的基础，能朴素地、得心应手地去表现他们所熟悉的生活，创作出风格独特的作品。于是，县文化馆美术组到处挖掘村内具有这类艺术素养的农民，将他们吸收到农民画创作队伍当中。在农民画创作学习班上，辅导老师根据学员所熟悉的民间艺术，因人而异地进行启发式的辅导，充分发挥作者的艺术个性和想象力。辅导过程实际上是对这些农民潜在的艺术创作力的开发过程，使其作品不断成熟，日趋完美。

曹金英作品《庆丰收》

县文化馆挑选出来的大多是年龄偏高、终生固守田园、无缘传统书画艺术的农村妇女，由于她们生活经验丰富，又有各自独特的艺术熏陶，因而能自然地培养她们欣赏艺术的独特视角和进行艺术创作的才能。吴彤章在辅导中倡导“揭瓶盖”方法，尽全力挖掘他们身上的艺术潜能，引导他们将民间审美特性作为农民画创作的资源，而不是灌输专业的艺术理念。他将曹金英、陈芙蓉等一批农村妇女看作是埋藏于泥窖中的陈酒，只需开启封泥倒出来即可，不是改造，而是要去发现，发现后去鼓励、启发。刺绣等民间艺术与绘画有着相通的艺术规律，但又不是相同的，曹金英她们不知道绘画的一些陈规旧法，反而便于发挥其艺术创造才能。她们开始把纸当布，以笔代针，将颜色当成有色的丝线，参照绣花样配色，像剪纸一样造型，但又不纯粹照搬。如曹金英的《庆丰收》运用了帐檐形式，《公社鱼塘》借鉴了蓝印花布的风格，但又不是帐檐、蓝印花布的设计，是从帐檐、蓝印花布中脱胎出来的另一种形式。

中洪村村民在刚学习绘画时就直接受到著名画家的启蒙与教育，而后又受到县文化部门的辅导。中洪村学习绘画蔚然成风，有夫妻双双、母女结伴学画，甚至全家齐上阵，他们共同挥画笔，把生活变成绘面，使农民作画并进入画坛成为现实。

金山农民画作者培训班

中小学生金山农民画培训班

镇村培育 早在20世纪70年代至90年代，中洪村有60多位美术爱好者参加了金山县文化馆、枫泾镇（枫围人民公社）联合举办的20多期农民画创作培训班。2006年起，枫泾镇文广中心与金山区文化广播电视局、金山农民画院联合举办了10多期农民画作者初级培训班和提高培训班。2007年，中洪村举办了3期农民画培训班，培养年轻作者，其中也有慕名到村拜师学画的在校大学生和社会人士，这支新生代的农民画队伍逐渐成为农民画创作的生力军。从2008年起，中洪村每年举办暑期农民画培训、创作大赛，截至2014年已连续举办了7期，吸引了368名学生参与。每年设定一个主题，通过创作比赛，让青少年进一步了解家乡传统文化，培养良好的兴趣爱好和健康向上的情操。其中，陈惠芳从2009年起义务为中洪村青少年暑期培训班辅导，编写40课时金山农民画课程教材，并长期授课于上海枫叶国际学校，国内大、中、小学生和社会人士上门学习金山农民画。至2016年，累计授课学生达1万多人次。

经过一期又一期的学习班辅导培训，中洪村农民画作者在民间艺术的土壤中茁壮成长，脱颖而出，形成了独特的艺术风格。一批从来没有受过正规美术教育的农民成了金山农民画创作队伍的主体，他们从田野里走来，走出金山，跨进世界艺术殿堂，取得了举世瞩目的艺术成就。

中洪村暑期农民画培训、创作大赛情况统计表

表 9　　单位：人、幅

时间	地点	参加人数	创作作品	得奖人数	农民画培训竞赛主题
2008 年 7 月	陈富林画室	62	62	30	为奥运添一色　你为中洪画一笔
2009 年 8 月	陈富林画室	52	52	37	小手牵大手，我为世博添一笔
2010 年 8 月	中洪大院	45	45	38	世博同心，小手画出绿色中洪
2012 年 8 月	灶头屋里	51	51	36	勤俭节约，从我做起
2013 年 8 月	中洪大院	54	54	37	“画廉洁”专场
2015 年 8 月	中洪大院	53	53	27	小小彩蛋画乾坤　巧手绘出家乡美
2016 年 8 月	中洪大院	51	51	39	我爱我家
合计		368	368	244	

◉ 走向世界

闻名全国　1977 年 1 月 3 日，由上海市美术创作办公室、金山县文化教育局主办的“金山农民画展览”在上海美术展览馆展出，展出作品 162 幅，观众达 1.17 万人次。这是金山农民画首次在上海举办展览。

曹金英作品《公社鱼塘》

1977 年金山农民画在上海办展

1980 年金山农民画展首次在中国美术馆举办专场展

1978 年 9 月 26 日至 10 月 28 日，由中国美术馆举办的“1978 年全国农民画展”在北京展出，金山农民画入选 9 幅，曹金英、曹秀文等 8 位农民画作者，应中国美术馆邀请，到北京参加开幕式并参观学习。曹金英的《公社鱼塘》被选入画展海报，这是她创作的第二幅农民画，采用蓝印花布的格调，鱼塘里布满了各种剪纸风格的游鱼、水草、荷花，一艘小船上两位姑娘正在喂鱼，天空中一只小鸟衔小鱼飞过，朴素淡雅，而又生趣盎然，充分反映了江南农村的特有风貌。大家看到海报后都很兴奋，没有想到金山农民画在全国初次露面，就引起美术界高度的关注。由于这 9 幅作品都是在枫泾镇林园场的养鸡场里创作出来的，在艰苦的环境里，一群怀着艺术梦想的人创作出了一批闻名全国的农民画，如曹金英的《公社鱼塘》、曹秀文的《采药姑娘》、陈芙蓉的《贺新年》、陈木云的《喧闹的早晨》、杨德良的《元宵灯节》等，被首都的评论家戏称为“鸡窝里飞出了金凤凰”。

1980 年 4 月 27 日，由中国美术馆和上海市美术家协会联合举办的“上海金山农民画展”在中国美术馆开幕。这是金山农民画首次登上国内最高美术殿堂，文化部、中国美术家协会的领导和专家，各国驻华使节参观了展览。中洪村农民画画家李翠英的作品《放羊山上笛声扬》作为画展海报上的主题画，张贴在美术馆门口，亮相于各大媒体。金山农民画被誉为“代表着新时代的艺术珍品”“创造了新的民间美术”“中国最优秀的民间艺术”。

曹秀文作品《采药姑娘》

陈芙蓉作品《贺新年》

1996 年 2 月 24 日，由中国美术家协会等主办的“中国农民画优秀作品展”在中国美术馆展出，金山农民画入选 44 幅，其中中洪村有 27 幅作品获奖，获奖作品全部入选《中国农民画优秀作品集》。

2000 年 10 月 15 日至 11 月 15 日，由文化部主办、金山区文化局承办的“中国农民画联展”在枫泾镇举行，11 个国家的 30 多位驻上海领事馆人员，国内 24 个省、自治区、直辖市 50 多个画乡的 100 多位民间绘画代表参展观摩，共展出全国 48 个画乡的 436 幅作品。参加展览的 100 多位画乡代表还举行了研讨会。会后出版了论文汇编。这次展览吸引了中外参观者 7 万余人次，参展作品之多、规模之大、参观者之众，在全国尚属首次。媒体报道称，这次活动是全国农民画的又一次大检阅，标志着中国农民画将迈入一个新的发展阶段。

2001 年 6 月，应“台北中山纪念馆”邀请，金山农民画访问团赴台湾进行为期半个月的访问交流，并在“台北中山纪念馆”逸仙画廊举办“上海金山农民画展”，共展出农民画 100 幅。这是金山农民画首次亮相台湾，意义深远。台湾《中国时报》《联合报》《民生报》等媒体，图文并茂地介绍了金山农民画的沿革、特色和艺术风格，引起了台湾各界的极大关注。“台北中山纪念馆”馆长张瑞滨盛赞这次画展是“沪台两地交流的一大喜事”。

2006 年 10 月 18 日起，由上海市金山区人民政府、上海市文化广播电视管理局、上海市美术家协会等单位主办的“泥土的芬芳——中国金山农民画三十周年回顾展”先后在上海和香港展出，中洪村农民画作者在历次美术大展中获奖的几十幅作品参加展出。包括中洪村曹金英、曹秀文、陈芙蓉、朱素珍、杨德良、张美玲在内的全区 18 位金山农民画作者在开幕式上被命名为“金山农民画画师”。金山农民画浓郁的乡土气息、朴实的生活写照，令中外宾客啧啧称赞。时任文化部部长的孙家正参观展览后，称赞金山农民画为“中国的毕加索”。

2007 年 11 月 16 日，由金山区人民政府主办，枫泾镇人民政府、金山区文化局、金山农民画院及金山区博物馆承办的以“建设大文化、迎接大发展”为主题的“中国农民画高峰论坛”在中洪村举行，时任上海市人大常委会副主任胡炜、中国美术家协会副主席施大畏、中国农民书画研究会会长徐静、中国民间文艺家协会秘书长向云驹等出席论坛。同时，在金山农民画村举行“中国农民画——金山、东丰、户县、綦江、湟中五地联展”首展活动。

2010 年 3 月 10 日至 9 月 15 日，由中国民间文艺家协会、中共上海市金山区委宣传部、东方网等主办的“迎世博盛会，展城乡风采——中国农民画原创作品展”在中国

在中国农民画村举办的中国农民画——金山、东丰、户县、綦江、湟中五地联展

外国嘉宾参观中国农民画村

农民画村正式启动。画展吸引了全国 20 多个农民画乡积极参与，并征集到 263 幅作品，来自全国 17 个省市数十个画乡 200 余位绘画作者参与，此展同步在东方网上线推出，网上点击率超过了 200 万人次，参与投票的网友达 2.1 万多人。

2010 年 4 月，金山农民画走进世博村艺萃馆，作为唯一一个以地区命名的展示馆，金山展示馆 40 余幅金山农民画作品和创意产品作为期 7 个月的展出，曹秀文等 22 位金山农民画画师及画家杰出代表在展览馆作表演交流。曹秀文的《春意》《渔家乐》两幅农民画还在上海世博会主题馆会宾厅展出，使金山农民画进一步走向国际舞台，向世界人民展示民间瑰宝的魅力风采。

金山农民画名扬全国，各类媒体做了大量宣传。1982 年 5 月，金山农民画在上海中国画院展出，院长程十发主持座谈会，邀请上海著名画家唐云、沈迈士、应野平等参加，推介金山农民画。座谈会上，中洪村陈芙蓉等几位农民画作者介绍了各自的创作体会。上海电视台播放了座谈会录像，上海各大报刊也发布消息。与此同时，《人民画报》《人民中国》《中国建设》《中国文学》《中国妇女》《北京周刊》《上海画报》《香港美术家》及其他报刊，陆续选刊金山农民画及有关专家学者的评论文章。继 1982 年《美术》月刊第八期特辟“上海金山农民画新作选”专刊后，1996 年中国世界语出版社出版的《中国农民画优秀作品集》，选收 44 幅金山农民画；1997 年湖南美术出版社出版的《中国现代美术全集・农民画》，选收 13 幅金山农民画；1998 年中国文联出版社出版的《中国当代民间文化集萃》，选收 12 幅金山农民画；1998 年 10 月，上海邮电管理局以曹秀文等创作的 10 幅农民画为图案，发行了 1 万套主题明信片。 2006 年 2 月 8 日，《党史

金山农民画与长城等被称为十大“中国元素”

信息报》将金山农民画列为与黄河、长城、大熊猫、兵马俑、皮影、京剧脸谱、剪纸、国画、杨柳青年画齐名的十大“中国元素”。

金山农民画还多次被拍摄成电影、电视专题片。1983 年，上海美术电影制片厂摄制首部金山农民画纪录片《画的歌》，并发往各驻外使馆，作为对外介绍中国民俗文化的宣传资料。1988 年，文化部授权上海市摄制一部反映新时代女性在各条战线上作出贡献的新闻纪录片，中洪村农民画画家陈芙蓉和曹金英、曹引玲母女等入选，她们作画和日常生活的镜头被搬上了银幕。1990 年，上海电视台拍摄金山农民画专题片《厚土》，向国内外发行。1994 年，中央电视台《文艺广角》栏目拍摄的《家庭奇趣大观》有中洪村农民画画家陈富林一家四代作画的场景。1996 年，上海电视台拍摄专题片《彩笔绘新图》，专门介绍陈富林一家的农民画创作。陈富林创作的巨幅农民画《安居乐业图》在中央电视台 2006 年中国十大魅力乡村颁奖晚会上展示，引起轰动。该画卷长达 26 米，绘有各种人物 1646 人，各式桥梁 15 座，舟楫 98 条，涉及行业 40 余种，真实、细腻地描绘了水乡的风土人情和农村的火热生活场景。对这幅“人间万象入笔端”的画卷，观者无不称奇，有人称之为现代版的《清明上河图》。在 2006 年 10 月中央电视台展播的电视专题片中，生动、形象地向全国的电视观众展示了金山农民画这一民间艺术奇葩在中洪村的起源、发展和成就，在 20 部专题片中脱颖而出，被评为其中最精彩的电视专题片。

蜚声国外 1977 年 9 月 24 日，著名英籍华裔女作家韩素音在上海美术馆负责人张云聘的陪同下，到枫泾镇专访农民画创作情况，金山县文化馆辅导老师吴彤章、阮章云和曹秀文等 10 余位农民画画家在枫泾镇礼堂接待并进行了交流。韩素音仔细观看金山

曹秀文（右二）在英国展出金山农民画

农民画作品，拿出陈富林的《罱河泥》《种子迷》说 :“这两幅画中的内容深深打动了我，以后有机会定要去看一看、划一划画中的小船。”在看完全部作品后，韩素音兴奋地说 :“金山农民画有着江南民间艺术的独特风味，也适合西方人返璞归真的审美情趣。如出国展览，定能成功! ”后来的事实验证了她的预言，金山农民画果真走出国门，先后到美国、英国、日本、法国、德国、加拿大、澳大利亚、比利时、荷兰、丹麦、挪威、芬兰、瑞典、瑞士、南斯拉夫、古巴、新加坡等国展出。所到之处，均受到热烈欢迎，专家、学者和各大媒体好评如潮。

1980 年 7 月 21 日至 11 月 3 日，美国洛杉矶艺术学院、史雷达尼克东方艺术公司举办“中国金山农民画展”，先后在洛杉矶、纽约、华盛顿和芝加哥四大城市巡展，展

斯里兰卡驻华大使参观中国农民画村

出作品 140 幅。中洪村农民画画家陈芙蓉的《贺新年》被选入展览海报。是年 9 月，应比利时—中国友好协会邀请，金山农民画在比利时布鲁塞尔世界博览会上展出，被誉为“中国最优秀的民间艺术”。1981 年 8 月，联合国粮农组织救济委员会联邦德国分会主席维·迪尔斯曼专程访问金山，实地考察金山农民画的发展过程以及一批农民画作者，称要把中洪村曹金英、曹秀文、钟德祥等介绍给联邦德国观众。他选购了 55 幅金山农民画，回去后分别在杜塞尔道夫城和波恩市展出，联邦德国外长哈姆·布吕歇尔夫人主持了波恩画展开幕式，并通过卫星向全世界播送画展实况。波恩媒体评论：“中国金山县的一些农村绣花妇女了不起的开拓了一个美术新领域”。同年底，在美国纽约华立·凡德莱国际画廊主办的“中华人民共和国当代画展”上，展出的 100 幅金山农民画三天内销售过半，美国之音转播了展出实况。1982 年 8 月，荷兰—中国友好协会主席黄敦品专程到金山，选购农民画。次年，在鹿特丹和荷兰其他城市巡回展出，获得广泛好评。

20 世纪 80 年代中期起，画展活动日趋频繁，交流不断扩大，金山农民画成为与国外交流的“友好使者”。1985 年，中国美术馆选购了曹金英的《村头渔市》、曹秀文的《采药姑娘》、陈卫雄的《扫雪》、陈芙蓉的《打菜籽》等一批金山农民画，赴挪威、瑞士、瑞典等国展出。中国美术馆组织 200 多幅金山农民画，先后到美国西雅图、波特兰、新奥尔良、旧金山等地展出，均满载盛誉而归。1997 年 11 月，应日本总理府本府及“蒲公英之家”邀请，金山农民画参加“亚洲、太平洋十年中间纪念艺术节国际大会”，并在神户市美术馆展出，受到与会各国专家的好评。

曹秀文（左二）在奥地利展出金山农民画

2011 年为中奥建交 40 周年，受奥地利—中国文化协会邀请，5 月，上海市金山区政府代表团出访奥地利，举办推介宣传金山农民画的系列活动。8 月 29 日，奥地利联邦议会议长苏珊娜 · 诺伊维特率奥地利—中国友好协会代表团到上海市金山区参观中国农民画村，并于 11 月 3 日起在奥地利萨尔斯堡市举办为期三个月的“中国金山农民画展”，展出金山农民画 36 幅。开幕式上，金山农民画传承人曹秀文等进行了绘画演示，这是金山农民画首次独立组团出国展览。

国际友人对金山农民画的喜爱，还表现在专门为金山农民画著书、出版画册、制作挂历和明信片。1981 年 2 月，日本美乃美社与上海人民美术出版社联合出版首部《中国金山农民画》大型画册，在日本发行。该画册由著名美术家张汀作序，以曹秀文的《采药姑娘》为封面，收录曹金英的《村头渔市》、陈芙蓉的《打菜籽》等 52 幅作品，深受日本民众喜爱。曹秀文的《采药姑娘》当年还登上了美国《时代周刊》封面。而联邦德国、比利时、日本等国，则用金山农民画制作挂历和明信片，广泛发行。

全国各地农民画家落户中洪村 2008 年 4 月 28 日，来自吉林东丰、陕西户县、山东日照、云南腾冲、青海湟中、江西永丰、江苏邳州、湖北黄州、辽宁金州、天津杨柳

中国农民画村一角

落户中国农民画村的各地农民画——左上山东日照农民画、右上云南腾冲农民画、左下陕西户县农民画、右下吉林东丰农民画

青的农民画画家集体入驻金山农民画村。具有代表性的“中国现代民间绘画画乡”画家成功入驻，不仅带来了当地农民画艺术，还带来了孕育当地农民画艺术的“土壤”和“营养”。2008 年 7 月 9—13 日，由《农民日报》主办的第三届“中国农民书画展”在北京中国军事博物馆举行。共展出 168 幅农民画作品，有 52 幅获奖作品来自中国农民画村，并入选《获奖作品集》。入驻中国农民画村的陕西农民画画家陶春燕创作的《领跑》获一等奖，并被选为《获奖作品集》的封面。这是中国农民画村开放后外地画家在画村创作的成果，为画村在农民画创作上增添了亮点。

丹青人家

农民画家

中洪村金山农民画创作队伍不断扩大。1979 年前共有 30 多人，至 2016 年达 100 多人，画村的农民画画家成了金山农民画创作队伍的“半壁江山”。其中，有 1 人被命名为上海市非物质文化遗产项目金山农民画艺术代表性传承人，有 4 人被命名为金山区非物质文化遗产代表性项目金山农民画艺术代表性传承人，有 11 人先后被金山区人民政府命名为“金山农民画画师”，有 11 位农民画画家分别成为中国美术家协会、中国民间文艺家协会、上海市美术家协会、上海民间文艺家协会会员。一些绘画作者已成了国内知名的农民画画家，还有许多作者正在茁壮成长。

画村的农民画画家是一个特殊的群体。他们中绝大多数是土生土长的农民，在绘画中享受着艺术创作的愉快。他们文化程度普遍不高甚至是文盲，却绘出了充满乡土气息的画作。他们的创作实践构成了农民生活中一道靓丽的风景线。

◉ 非物质文化遗产项目传承人

曹秀文

曹秀文 女，1956 年生，中洪村农民，1976 起参加金山农民画创作班，中国民间文艺家协会会员、上海市美术家协会会员、上海民间文艺家协会会员。2010 年，经上海市文化广播影视管理局组织专家评审，被评定为上海市非物质文化遗产代表性项目金山农民画艺术代表性传承人。2006 年 4 月起，入驻中国农民画村丹青人家。

曹秀文的父亲是木匠，同时又会雕刻。母亲除种田外，还有一手刺绣技艺。在父母的影响下，她将雕刻、刺绣艺术与农民画创作结合起来，作品朴素自然，风格多样，具有浓厚的生活气息和地域特色。代表作《采药姑娘》，青春的幻想和对美好事物的追求，在这幅画中表现得淋漓尽致。其绘画技艺具有中国传统漆绘特征。该作品及曹秀文生平被载入《世界稚拙艺术百科全书》，画作更是被日本美乃美社与上海人民美术出版社共同出版的《中国金

中洪村作为金山农民画的发源地，涌现了一批优秀的农民画画家，是金山农民画作者中的半壁江山，在国内外画展中频频『摘金夺银』，屡获大奖。

曹秀文作品《科技致富》

山农民画》大型画册采作封面。曹秀文从事农民画创作 40 余年，共创作了 300 余幅农民画，其中 30 多幅作品在国内外画展中获奖，60 多幅作品在国内外报刊上发表。《采药姑娘》《过年》等作品被中国美术馆、中国民族博物馆、中国民间艺术馆、上海图书馆、“台北中山纪念馆”等收藏。作品多次赴日本、美国、法国、英国、新加坡、比利时、加拿大等国展出。2008 年，她应邀赴英国牛津参加“艺术的行为”国际展览。2011 年，赴奥地利、法国、德国、瑞士参加展览及交流活动，得到了国际友人及美术界的好评。2006 年，被金山区人民政府命名为“金山农民画画师”。2010 年，被评为“全国十大优秀农民画家”。2011 年，被评为“全国推动社会进步十佳杰出贡献人物”。

陈卫雄

陈卫雄 1953 年生，原名陈小金，中洪村农民，1976 年起参加金山农民画创作班，中国民间文艺家协会会员、上海民间文艺家协会会员。2016 年，经金山区文化广播影视管理局组织专家评审，被评定为金山区非物质文化遗产代表性项目金山农民画艺术代表性传承人。2006 年 4 月起，入驻中国农民画村丹青人家。

陈卫雄作品《放牛》

陈卫雄代表作《风筝比赛》描绘的是江南水乡瑞雪初霁后，一群活泼可爱的孩子在村口放风筝的场景，朴素而又生动。该作品创意奇特，以满地皑皑白雪烘托“瑞雪兆丰年”的好前景，画面构图巧妙，形象生动传神，色彩关系处理得恰到好处，极具艺术魅力。40 多年来，他先后创作了 380 多幅农民画，其中 28 幅作品在国内外画展中获奖，50 多幅作品分别在《中国日报》《人民日报》《农民日报》《北京晚报》《解放日报》《文汇报》《上海日报》《新民晚报》《劳动报》《东方城乡报》等报刊发表。作品《斗牛》被美国前国务卿基辛格的夫人购买收藏。1990 年后 ，日本连续 12 年出版其个人农民画专集挂历，受到日本民众喜爱。《农家宝》被选为 2007 猪年“上海风采”中国福利彩票奖券画图发行，《放牛》被选为 2009 上海公共交通牛年纪念卡发行。2011 年，被金山区人民政府命名为“金山农民画画师”。

朱素珍

朱素珍　女，1942 年生，中洪村农民，1980 年起参加金山农民画创作班，上海民间文艺家协会会员、上海农民书画家协会会员。2016 年，经金山区文化广播影视管理局组织专家评审，被评定为金山区非物质文化遗产

朱素珍作品《草囤里的猫》

代表性项目金山农民画艺术代表性传承人。2006 年 4 月起，入驻中国农民画村丹青人家。

朱素珍善于从现实生活中撷取富有特色的小场景来表现江南水乡及其风物民情之美，并以巧妙的构思、简约的造型、典雅的色彩，将传统与现代、现实与梦想有机结合起来，赢得中外美术家的高度评价。代表作《草囤里的猫》色彩梦幻，给人恬静、温馨之感，体现了画家对美好生活和人性美的追求。该作品于 1983 年获全国农民画展二等奖，被中国美术馆收藏。《采葡萄》《竹林里的村庄》《上夜校》等作品分别被中国美术馆、上海图书馆收藏。作品还赴美国、德国、日本、比利时、丹麦、挪威、瑞典等国展览。《腊月堆雪猪》被选为 2007 猪年"上海风采"中国福利彩票票面图案发行。2006 年，被金山区人民政府命名为"金山农民画画师"。

龚勤芳

龚勤芳　女，1970 年生，中洪村农民，1990 年起参加金山农民画创作班，上海民间文艺家协会会员。2016 年，经金山区文化广播影视管理局组织专家评审，被评定为金山区非物质文化遗产代表性项目金山农民画艺术代表性传承人。2006 年 4 月起，入驻中国农民画村丹青人家。

龚勤芳作品《欢度除夕》

龚勤芳代表作《欢度除夕》，以欢快的画面，呈现除夕之夜的喜庆场景，家家感恩祈福，迎接新年的到来。人们放鞭炮，燃烟花，营造出了火树银花不夜天的热闹景象。为烘托出节日喜气的氛围，她在着色上大胆采用中国红为底色来渲染，具有民间风俗的独特气息。作品在造型处理和构图安排上都具有耐人寻味的意境和美感，先后多次获奖，被中国少数民族文化艺术基金会、上海图书馆收藏。《有机饲料喂猪好》被选为2007猪年“上海风采”中国福利彩票奖券画图发行。至2016年，共创作作品200多幅。2013年，被金山区人民政府命名为“金山农民画画师”。

◉ 知名农民画家

曹金英

曹金英 女，1935年生，中洪村农民，1978年起参加金山农民画创作班，上海民间文艺家协会会员。

曹金英原是民间刺绣能手，是较早被选中参加农民画创作学习班的农村妇女。其处女作《庆丰收》，为金山农民画艺术风格的雏形，被收入《世界稚拙艺术百科

曹金英作品《满月》

全书》。她的作品富有艺术假定性，原本隐于蔬菜大棚内的人物活动和水中的鱼，却都表现在画中。她说："看不到的东西，只要心里有，就可以画在纸上。""画画全靠心思巧，不比真的像，但比真的好看。"代表作《公社鱼塘》运用蓝印花布的表现形式，蓝白相间的色调与江南农村秀美的水乡生活相映成趣，透溢出一种清丽雅致的色调与韵味。该作品曾被选作"1978 年全国农民画展"海报，画在中国美术馆宣传墙上，成为金山农民画的代表作，曹金英也成了金山农民画的代表人物之一。《满月》获上海首届"江南之春"画展一等奖。《公社鱼塘》《满月》等十余幅作品被中国美术馆、中国国家画院、上海图书馆、中国长安民俗博物馆收藏。2006 年，被金山区人民政府命名为"金山农民画画师"。

陈芙蓉

陈芙蓉 女，1925 年生，中洪村农民，1978 年起参加金山农民画创作班，中国美术家协会会员、上海市美术家协会会员，曾任金山农民画协会副会长。

陈芙蓉是民间刺绣能手，解放前在上海一户富人家里当过保姆，经历丰富，为人热情，乐于参加村里的娱乐活动，村间邻里如有喜事她总是帮助打理，所以她的

陈芙蓉作品《盖新房》

画也常常洋溢着欢乐的气氛，画面热闹，色彩绚丽。代表作《贺新年》是她记忆中孩提时代过节时欢庆的场面，为营造出新年欢快的氛围，在瑞雪纷飞的画面中四季的鲜花同时绽放，这种异想天开的主观独创性使作品格外鲜活动人，显现了民间超时空的造型观和传统审美意识。1980 年“中国金山农民画展”在美国四大城市巡展时，该作品被主办方美国洛杉矶艺术学院选为展览海报，同时被中国国家画院收藏。《盖新房》于 1981 年入选中华人民共和国当代画展，在美国纽约展出，并被选为展览招贴画；1983 年获文化部、中国美术家协会主办的全国农民画展二等奖，被中国美术馆收藏。《雪天出嫁》《婚礼》等多幅作品被中国美术馆、中国国家画院、上海图书馆收藏。2006 年，被金山区人民政府命名为“金山农民画画师”。

陈富林

陈富林　1943 年生，中洪村农民，1957 年开始学习绘画，擅长灶壁画。1974 年起参加金山农民画创作班，1975 年夏至 1976 年秋曾跟随著名画家韩和平等参与创作连环画。2006 年 4 月起，入驻中国农

陈富林作品《江南人家》

民画村丹青人家。

陈富林创作的农民画带有灶壁画的特点，画面色彩斑斓，色调凝重。其 26 米长的《安居乐业图》，在中央电视台 2006 年中国十大魅力乡村颁奖晚会上展示，引起轰动。参见本志“特色农家 · 丹青农家 · 代表人物”。

陈修　女，1968 年生，中洪村农民，1988 年起参加金山农民画创作班，上海民间文艺家协会会员、上海工艺美术学会会员。

陈修

陈修代表作《多彩的六月》描绘的是孩子们捕蝉的趣事。画中的垂柳如绿帘一般随风飘荡，蝉儿鸣叫，一群孩子光着脚小心翼翼地用竹竿兜捕，那种既兴奋又紧张的神态，着实让人忍俊不禁，情不自禁地回忆起童年时的快乐。夏日的江南，烈日将土地炙烤成火红色，将荷塘曝晒成湛蓝色。作品呈现出迷人而耀眼的色彩，这种随“意”赋彩的表现手法，反映出画家把握色彩的能力，有着极高艺术魅力。参见本志“特色农家 · 丹青农家 · 一家四代人绘画简历”。

陈修作品《黄梅时节》

高风

高风　1962年生，陈修丈夫，毕业于上海市工艺美术学校，1983年起参加金山农民画创作班，上海民间文艺家协会会员。参见本志“特色农家·丹青农家·一家四代人绘画简历”。

陈惠芳

陈惠芳　女，1970年生，中洪村农民，1990年起参加金山农民画创作班。2006年4月起，入驻中国农民画村丹青人家。

陈惠芳代表作《江南小村》，勾勒出田园般美丽的水乡风景，静静流淌的小河，鸭子逐波戏水，放鸭的小舟似与鸭群争先后。村间翠竹摇曳，孩童上学，幼儿拨鼓，少妇洗晒，花狗欢奔，俨然是现代版的《桃花源记》。农家房顶那蓝、灰、红瓦在白、蓝墙的映衬下，显得格外柔媚。湛蓝的河水，金黄的稻穗，雪白的鸭子，秋天的江南，正当最美的季节。该作品与

高风作品《采红菱》

陈惠芳作品《江南小村》

《跳绳》于2000年被上海市人民政府三峡移民办公室选作宣传画。参见本志“特色农家·丹青农家·一家四代人绘画简历”。

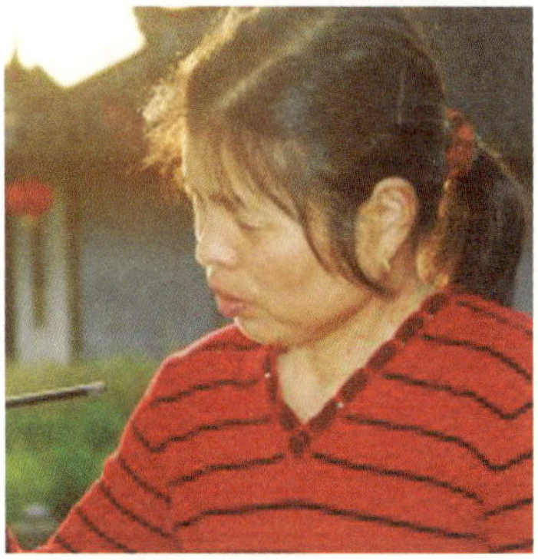

龚彩娟

龚彩娟　女，1957年生，中洪村农民，1989年起参加金山农民画创作班，上海民间文艺家协会会员。2006年4月起，入驻中国农民画村丹青人家。

龚彩娟代表作《五月农家插秧忙》俨然是一幅朴素的、充满泥土芳香、富有江南生活情趣的田园风景画。作品不在于劳作场景而在于情趣，风车打水，耕牛犁地，农夫挑肥，村妇插秧，将艰苦劳累的农事劳作理想化、色彩化、情趣化，渲染出田园欢乐的气氛，给人以美的享受。该作品于1996年获中国美术家协会主办的中国农民画优秀作品展优秀奖。《生孩子》被中国农民书画研究会收藏，《绿色蔬果》《五月农家插秧忙》分别被重庆美术馆、上海图书馆收藏。2011年，被金山区人民政府命名为“金山农民画画师”。

龚彩娟作品《五月农家插秧忙》

杨德良

杨德良 1931 年生，2015 年病故，中洪村农民，1979 年起参加金山农民画创作班。

情真意切、质朴纯真、凝练隽永而又雅俗共赏是杨德良作品的一大特点，他将自己对生活的理解和民间艺术的经历以独特的构思，融合于农民画创作中，夸张变形而又顺乎自然，纯真动人而又寓意深邃，具有非同他人的原创性和抒情性。代表作《月儿下》于 1992 年获第二届中国民族文化博览会民间美术大展佳作奖，被中国少数民族文化艺术基金会、上海图书馆收藏。《春雨濛濛》被中国日报社、“台北中山纪念馆”收藏。《良种猪》被选为 2007 猪年“上海风采”中国福利彩票奖券画图发行。1993 年 3 月，《元宵灯节》作为中国民间艺术珍品被上海市农业委员会考察团作为礼品赠送给马来西亚农业部部长。2006 年，被金山区人民政府命名为“金山农民画画师”。

杨德良作品《月儿下》

姚喜平 1970 年生，龚勤芳丈夫，1989 年起参加金山农民画创作班，上海民间文艺家协会会员。2006 年 4 月起，入驻中国农民画村丹青人家。

姚喜平

姚喜平善于捕捉生活中一些自然现象，通过提炼，使之富于神韵。代表作《雪莲图》，画中荷花亭亭，令人感受到夏日的生机。水中摆尾的游鱼于静态之中显动态之美，尤其是恋花的蜻蜓婉约而清秀，在莲花间翩翩起舞。荷叶与游鱼，荷花与蜻蜓，可谓静中有动、动静相宜，充满了大自然的情趣。画面色彩恬淡而生意盎然，粉白的荷花与靛青的荷叶相映成趣，相得益彰。《放鸭归来》《看灯》《放风筝》《清除水葫芦》《元宵节》等多次获奖。至 2016 年，共创作作品 200 多幅。2011 年，被金山区人民政府命名为“金山农民画画师”。

姚喜平作品《雪莲图》

李金华 女，1959 年生，中洪村农民，1989 年起参加金山农民画创作班，上海民间文艺家协会会员。2006 年 4 月起，入驻中国农民画村丹青人家。

李金华

李金华天资聪慧，心灵手巧，在纺纱织布中领悟到艺术创作的真谛。代表作《养牛蛙》，大胆借鉴藻井式的放射状构图，形成强烈的视觉冲击力。画的中间为圆形蛙塘，周边画有 4 位正在投食的妇女和 4 棵柳树，作品平稳均匀，富有装饰趣味和形式美，在金山农民画中堪称一绝。而其另一鲜明特点是平中见奇，塘中的蝌蚪沿逆时针方向旋转成 4 个圈状图案，妙趣横生，似乎在喻示中国传统文化周而复始、生生不息的哲学观，传递着画家热爱生活、创造生活的积极人生态度，给人以启迪。画面色彩以冷色为基调，米色的蛙塘，绿色的垂柳，湖蓝色的衣服，草帽和树干分别点缀土黄和棕色，在黑色背景的衬托下，平添一种雅致的情调，韵味十足。该画被“台北中山纪念馆”、金山区博物馆收藏，并被选为《泥土的芬芳——中国金山农民画三十周年回顾》大型画册封底图。至 2016

李金华作品《养牛蛙》

年，共创作作品160多幅，其中20多幅作品在国内外画展中获奖，30多幅作品在国内外报刊上发表，30多幅作品被国内外机构及收藏家收藏。2013年，被金山区人民政府命名为“金山农民画画师”。

张美玲 女，1957年生，中洪村农民，1980年起参加金山农民画创作班。

张美玲

作品《养鱼塘》以江南八月鱼正肥为意境，将水塘里争先游弋的鱼群、两位身姿绰约的姑娘欢快地向塘中投食喂鱼的情景生动地描绘在画中，展示了画家对生活的热爱和对劳动者的讴歌。为形象地表现水面的涟漪，画家运用了传统的晕染技法。该作品先后多次获奖。《撒网》《做团子》《喂鱼》《养鱼塘》《陶瓷店》分别被上海美术馆、上海图书馆、重庆美术馆、“台北中山纪念馆”收藏。《母猪喂奶》被选为2007猪年“上海风采”中国福利彩票奖券画图发行。2006年，被金山区人民政府命名为“金山农民画画师”。

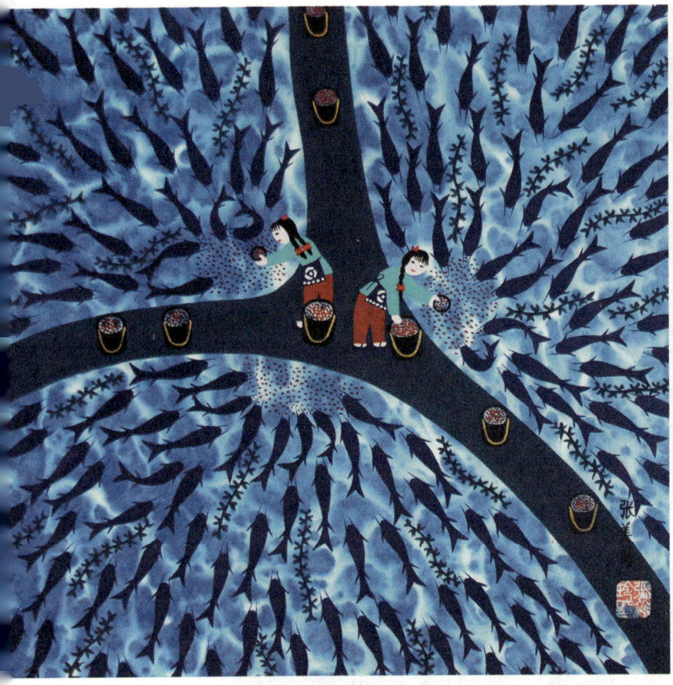
张美玲作品《养鱼塘》

李翠英作品《放羊山上笛声扬》

李翠英（潘翠英） 女，1933 年生，2010 年病故，中洪村农民，1978 年起参加金山农民画创作班。

李翠英

李翠英从小生活在农村，农业生产、生活经验丰富，为十里八乡有名的绣花、织布能手，这些为她日后绘画打下了扎实的基础。代表作《放羊山上笛声扬》，运用刺绣的配色方法与剪纸的造型手法进行创作，将传统民间美术元素融入农民画中。该画被选为 1980 年“上海金山农民画展”展览海报。《篱笆内外捕鱼忙》获上海市第三届“江南之春”画展二等奖。至 2016 年，共创作作品 200 多幅，其中 30 多幅作品在国内外画展中获奖，50 多幅作品在国内外报刊上发表，40 多幅作品被中国美术馆、中国少数民族文化艺术基金会、中国农民书画研究会、上海图书馆等收藏。

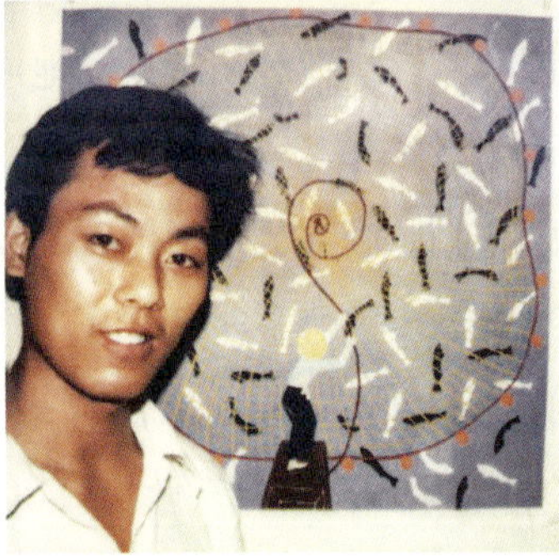
钟德祥

钟德祥 1955 年生，中洪村农民，1976 年起参加金山农民画创作班。

钟德祥作品《撒网》

钱引珍作品《黄梅插秧》

钟德祥的作品倾向于抒情，并具有浪漫的色彩。代表作《夜》，将江南水乡普通的景象简洁地展现在画面上，那些静态的竹排，装饰性的芦苇丛与黄昏时漫天飞翔、正在群集的野鸭形成了鲜明对照，一静一动，交相辉映，加之黝黑的天空与深蓝的湖水一直延伸到天际，给人以空灵深远的意境。该画及钟德祥生平被载入《世界稚拙艺术百科全书》。《撒网》于 1981 年获上海市第一届“江南之春”画展一等奖，1983 年获全国农民画展二等奖，被中国国家画院收藏。许多作品赴美国、比利时、德国、法国等欧美国家及国内各大城市展出。

钱引珍 女，1921 年生，2016 年病故，中洪村农民，1989 年起参加金山农民画创作班。

钱引珍

钱引珍作品风格受传统民间剪纸、刺绣艺术影响，造型简练概括，色彩明快。其创作不追求形象逼真，而是从自己的爱好、兴趣和对生活的真切感受出发，为情赋彩，以意取形，随心走笔，自由地表现自己的审美理想，天真而又自然。参见本志“特色农家 · 丹青农家 · 一家四代人绘画简历”。

王美英作品《六月里》

王美英

王美英　女，1947 年生，中洪村农民，1982 年开始创作农民画。2006 年 4 月起，入驻中国农民画村丹青人家。

王美英以刺绣、织染等传统民间美术为基础，创作了 80 多幅农民画作品。代表作《六月里》描绘的是江南传统习俗农历六月初六晒衣节。画中，妇女翻箱倒柜，拿出衣服、鞋帽、被褥晾晒，同时，3 位妇女正围在一匹半展开的土布前，充满赞美的神情，似在交流织布的成功经验，富有想象空间。这幅画感染人的还是作品中流露出的乡土情结，无论是晾晒的织染衣被，还是浓浓的民俗气息，都体现了画家追求“六月六，晒红绿”的生活情趣。参见本志“特色农家 · 丹青农家 · 一家四代人绘画简历”。

◉ 传艺与交流

家庭传艺　画村有夫妻、兄弟、姐妹、父女（子）、母子（女）、祖孙、妯娌间相互传艺的大量生动事迹，尤其是一家四代从事农民画创作的陈富林家庭，被传为佳话。（参见本志“特色农家·丹青农家”）同样，陈富林兄弟3人也相互传授画技。陈富林教二弟陈卫雄作画，又教大弟陈锦祥用创作农民画的技法创作彩色稻米画。曹秀文将农民画创作技艺教给其丈夫，后又传给其女儿。一些青年以画为媒，在相互切磋画技中增进爱慕之心，继而结为伉俪，如陈修与高风、陈娟红与陆永忠、龚勤芳与姚喜平等，婚后夫妻相互学习、取长补短，画技不断提高，创作出许多优秀作品。

带洋弟子 画村开放后，国际友人慕名而来，至2016年，已接待外宾近万人次。许多外宾成了曹秀文等农民画画家的学生，其中两名日本学生特地到曹秀文工作室拜师学艺，不定期前来学画，时间长达4年之久，回国之后还邀请曹秀文到其家乡大阪共同举办画展。不少日本朋友登门向陈惠芳学习绘画技艺，有位日本翻译家看了陈惠芳的农民画后，请陈惠芳为其创作的故事配画，陈惠芳精心创作了数十幅金山农民画连环画，编辑成金山农民画漫画集《缘分》，于2010年8月由日本文芸社出版发行，深受日本民众尤其是青少年欢迎。2006年以来，上海法国国际学校、上海美国学校、上海日本人学校、上海韩国学校等将画村设为课外活动基地，定期安排国外学生到画村学艺。曹秀文、陈惠芳等人的画室，几乎每个周末都会聚集一群外国学生到此学画农民画。上海法国国际学校还将陈卫雄的作品制作成教材授课。

陈惠芳在日本出版的农民画漫画集《缘分》封面

对外交流 1979年，南斯拉夫社会主义联邦共和国评论社社长、总编辑托马舍维奇准备编辑一部《世界稚拙艺术百科全书》，在代表中国的稚拙艺术中，他选中了金山农民画。是年10月的一天下午，托马舍维奇由吴彤章陪同，乘坐公社安排的一条小汽艇前往中洪村考察。时逢秋高气爽，托马舍维奇欣赏着两岸金黄色的田野。当汽艇到中洪村时，突然响起的鞭炮声吓到了托马舍维奇，他误以为这里有战事，神情紧张地对翻译说：“这里是不是不安全？”翻译告诉他，这里没有战争，这是中国人欢迎外宾的一种礼仪，并向他进行了解释。从大河进入小河，再到曹金英家，期间，村民们对托马舍维

曹秀文传艺洋弟子

1979 年南斯拉夫评论社社长托马舍维奇（右二）到曹金英家访问

奇的到来热烈欢迎。到曹金英家后，她拿出自己的刺绣作品和农民画作品给客人看。托马舍维奇看后，说："金山农民画非常好，我要把它编入世界农民画册，让世界都知道中国农民画。"1985 年 6 月，托马舍维奇主编的《世界稚拙艺术百科全书》出版，他于同年 6 月 6 日专程到金山，赠送了这部有 40 多个国家 1000 多位画家作品的巨著。他在赠送仪式上说："金山农民画具有浓厚的东方色彩，在本书中十分突出。"书中介绍了 12 位金山农民画画家和 14 幅金山农民画，分别是曹金英的《举国欢庆》、曹秀文的《采药姑娘》、钟德祥的《夜》等。

1982 年 10 月，美国前国务卿基辛格夫人南希·基辛格到上海市金山县购买农民画。事情的缘由是，1981 年 12 月"中华人民共和国当代画展"在纽约国际画廊开幕。在这

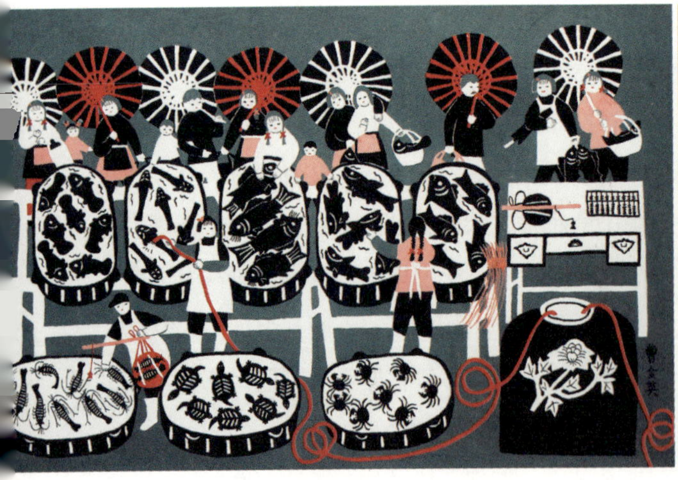

曹金英作品《村头鱼市》

1982 年 10 月基辛格夫人（右一）正在挑选金山农民画

个代表国家级水平的画展上，除了100余幅金山农民画之外，还有中央美术学院的教授、著名画家的作品。基辛格是这次画展的支持者，因此在画展开幕式上，不仅基辛格及其夫人出席，许多联合国的官员也前来参加。基辛格作为一名政治家，对中国的观察比常人更加深入，他从金山农民画中看到了中国农民的生活场景，看到了一个真实的中国，因此他与夫人对金山农民画有浓厚的兴趣。基辛格夫人此次到中国提出要去金山购买农民画，并想看望农民画家。有关部门考虑到金山县没有接待这么高级别外宾的条件，因此让金山县文化馆派代表带着画到上海与她见面。吴彤章与中洪村曹金英、陈芙蓉带着50多幅画去见基辛格夫人。基辛格夫人说，去年在纽约参观过金山农民画展，每一幅画都很吸引人，色彩特别漂亮。最后她选购了5幅：曹金英的《公社鱼塘》、陈芙蓉的《重阳节》、陈卫雄的《斗牛》、张新英的《迎新客》、阮章云的《福富》。

2008年7月，曹秀文应邀参加了在英国牛津举办的“艺术的行为”国际展览。作为唯一一个受邀请的地方农民画画派，金山农民画成了展厅亮点。在亚洲展厅，所有人的目光都被来自中国的农民画吸引。在画展中，亚洲展厅内一共有4个国家的展区，分别是中国、印度、韩国和保加利亚。在印度的油画、韩国的鼻烟壶雕刻、保加利亚的金器乃至中国的国画、油雕面前，金山农民画成了“第一眼美女”。红的红，蓝的蓝，绿的绿，比油画质朴，比国画艳丽，金山农民画显得尤其直爽浓烈。外国观看者不仅被鲜艳的颜色所吸引，对曹秀文的现场作画表演更是感兴趣。为了方便与国外艺术家和艺术爱好者交流，曹秀文专门请了一位翻译以解答人们提出的各种问题，包括农民画创作的技法、视角、题材等。曹秀文此次带去的100多幅农民画，共卖出了一

曹秀文（左二）为外国友人讲解金山农民画

大半。农民画延伸产品也大受欢迎。相对于挂在厅堂之上的画框，印在丝巾和手表上的农民画更显亲和力，受到前来观展的女士们的青睐。曹秀文这次带来的8条丝巾、6只表，在开展第一天，丝巾便被抢购一空。第二天，手表也全卖了出去。金山农民画打出“中国”牌，世界通过展会上的金山农民画了解了中国，特别是农民的生活现状。热闹的田间劳作、色彩缤纷的服饰、殷实的粮仓、兴旺的六畜，使言语不同、肤色不同的人可直观地看到中国农村和谐的生产生活场景，加深了他们对中国的认识。曹秀文还先后于2009年应邀赴新加坡参加“洋溢春城华夏情”画展。2001年，赴奥地利、法国、德国、瑞士参加展览和交流活动，金山农民画大受欢迎。

2011年11月24日下午，由上海市商务委员会主办、金山区人民政府协办的上海商务委各国驻上海领事馆答谢会在中国农民画村举行。包括14位驻上海总领事在内的来自30个国家的50位驻上海领事馆官员应邀出席。活动期间，各国驻上海领事馆官员参观了农民画展示中心、农民画室、乡村大舞台等极富特色的中国农民画村景点。在自由交流过程中，领事馆官员们纷纷表示，通过实地走访、现场观摩，使他们从一个全新的角度加深了对金山区的认识和了解，并以此为契机，推动本国与上海的经济文化交流，建立起更加紧密的交流合作关系。

2013年10月，曹秀文应邀到澳大利亚与土著部落的艺术家们共同生活、创作、交流，向他们展示中国文化与民间艺术。是年11月8日，澳大利亚土著部落艺术中心主席奥托·赛门（Otto Sim）等10位艺术家来到中国农民画村进行艺术交流。在曹秀文画

外国驻上海总领事馆女官员参观中国农民画村

澳大利亚土著部落艺术家在中国农民画村

龚勤芳（右二）等在意大利米兰展示金山农民画

室门前，澳大利亚的 6 位土著部落画家席地而坐，现场创作。奥托·赛门说，在中国农民画村进行创作，感到非常荣幸，这是一次非常好的经历。曹秀文在参加这次中澳艺术交流中深有感悟，创作了《中澳友谊长青》农民画。2014 年，她带着这幅作品及其他新作再一次参加了澳大利亚的艺术展览会。

2015 年 6 月，龚勤芳等应邀参加在意大利米兰举办的第 42 届世界博览会。在中国国家馆举办的上海周活动中，龚勤芳与来自邻村的农民画画家季芳一起拿起画笔，现场绘画演示，向世界友人展示了上海非物质文化遗产——金山农民画的魅力。

◉ 艺术风格特点

取材 中洪村的金山农民画是从田野村落间脱颖而出的民间艺术奇葩，作品往往取材于农村的景色或生产生活片断，如劳动场景、过年、新婚、养蜂、产犊和鱼塘、果园、鸡场、鸭群等，“所见所闻皆入画，鸡鸭蔬果竞争艳”。曹秀文的《采药姑娘》是她当赤脚医生时亲身经历的写照，画面以当地出产的中草药的花朵、枝叶为背景，吸收民间漆画技法，将采药姑娘画得真切感人。

构图 金山农民画有独特的空间理念、构图方法、布局思考和视觉构成。农民画的构图平视与俯视相融，直觉与意念交汇，笔触简洁，不按常规的空间透视作画，把一些立体的物象处理成平面。又往往在一幅画中出现仰视、平视、俯视、侧视、反视等现象。如画鱼塘，按传统西洋画技法，只能画出透视之下的边沿，但农民画却将塘底也画了出来，无形中暗合了西方现代画家的创新之处。画鸡，一般采用鸡的侧面形象来表现其完整性。画杯子、瓶罐之类的物体，会将口部画成圆形，底部则画成一条平线，说明底可平放。画船上的人也往往是一半画在船上，一半倒影在水里。钱引珍的《走马灯》将人与房子的相对空间关系引入画面，从整体看房屋歪倒了，但从局部看却其乐无穷，画面透出的灵动性清晰可见。

色彩 金山农民画继承了民间工艺的配色方法，尤其重视色彩的装饰性。其装饰性表现为色彩的选择以明亮为主，对比以醒目为上，结构以协调为优，基调以生活为依。

钱引珍作品《走马灯》

陈修作品《多彩的六月》

陈卫雄作品《风筝比赛》

农民画画家对色彩有着独特的审美习惯，色彩不依据所绘物象的固有色彩或以西方传统色彩理论为基础，而是服从审美要求或情感的需要。陈修的《多彩的六月》描绘的是夏日的江南，色彩遵照作者内心感受，将土地着色成火红色，荷塘绘成湛蓝色，呈现出迷人而耀眼的色彩，画面绚丽缤纷，色彩装饰性浓，随“意”赋彩。曹金英的《公社鱼塘》运用蓝印花布的表现形式，蓝白相间的色调与江南农村水乡生活相映成趣，透溢出一种清丽雅致的韵味。

艺术风格 金山农民画以外拙内巧的艺术风格见称于世。画家善于“以拙胜巧，以生胜熟”。他们十分熟悉自己的生活环境和艺术氛围，在作画中为追求美好，对所描绘的事物毫无掩饰而又符合情理，舍技巧而重神韵，笔随心走，彩由情敷，不注重形象的写实性，不着意追求物象的逼真，而是什么美就画什么，怎么美就怎么画。曹金英的《女儿出嫁》展示了农村新婚的喜庆景象，房屋、树林、彩船等在“生拙”中反衬出了“熟巧”。由于作者谙熟一土一木，一河一船，构图并不生疏，下笔并不犹豫，以“生拙”巧胜“熟巧”。陈卫雄的《风筝比赛》以“生拙”的视觉效果恰到好处地抒发了风筝比赛，即一群活泼可爱的孩子在村口放风筝的欢快场景。作品创意奇特，构图巧妙，形象生动传神，极具艺术魅力。

表现手法 金山农民画画家在表现手法上十分自然地使描绘对象显得夸张与变形，这种夸张与变形不是刻意而为，而是自然真实的。陈芙蓉的《贺新年》，在精致的笔触中将新春时节的树枝、篱笆、楼房、人物处理得夸张与变形，线条短细、繁密，画面在夸张中流露出朴实，在变形中追求新的形态表达与节奏把握。杨德良的《春雨濛濛》，

杨德良作品《春雨濛濛》

所画人、牛与草夸张、变形，但整个画面不失自然和真实，让人感受到农民画真实自然地表现夸张和变形的艺术魅力。

◉ 农民画成果

金山农民画已有近 10 万幅作品远销国内外，300 多幅作品在国内外画展中获奖，1200 多幅作品被中国美术馆、中国画研究院、中国民间艺术博物馆、上海市博物馆等机构及国内外收藏家收藏，还有数千幅作品在国内各大城市和欧美等国展出，被誉为“中国的毕加索”“中国最优秀的民间艺术”。

陈卫雄作品《农家宝》

龚勤芳作品《新女婿上门》

朱素珍作品《竹林里的村庄》

1979年，中国美术馆收藏了曹金英的《公社鱼塘》、曹秀文的《采药姑娘》。1982年，中国画研究院收藏了曹金英的《满月》《村头鱼市》《雕花工场》、陈芙蓉的《贺新年》、钟德祥的《撒网》。同年，中国美术馆、中国民间艺术博物馆收藏了朱素珍的《收西瓜》《竹林里的村庄》、曹金英的《走亲家》《出嫁》《布置新房》、陈芙蓉的《雪天出嫁》《盖新房》《织地毡》《打菜籽》《织丝带》、李翠英的《树和白鹭》《出嫁路上》《托儿所》、曹秀文的《搬鱼》。1983年，中国美术馆收藏了朱素珍的《草囤里的猫》。1985年，中国美术馆、中国民间艺术博物馆收藏了曹秀文的《过新年》、朱素珍的《梳妆台》、李翠英的《农忙季节》、陈卫雄的《耕牛渡河》等。同时，国外一些国家政要及名人也纷纷收藏金山农民画画家的作品。

金山农民画中洪村作者省、市级以上获奖作品一览表

表10

作品	作者	年份	获奖名称
《过年》	曹秀文	1978	上海农民画展一等奖
《村头渔市》	曹金英	1978	上海农民画展一等奖
《村头渔市》	曹金英	1979	建国30周年上海美术作品展二等奖
《满月》	曹金英	1981	上海市第一届“江南之春”画展一等奖
《撒网》	钟德祥	1981	上海市第一届“江南之春”画展一等奖
《重阳节》	陈芙蓉	1981	上海市第一届“江南之春”画展二等奖
《捉鱼》	朱素珍	1981	上海市第一届“江南之春”画展二等奖
《过年》	曹秀文	1983	上海市第二届“江南之春”画展一等奖
《鸭群》	钟德祥	1983	上海市第二届“江南之春”画展二等奖
《盖新房》	陈芙蓉	1983	全国农民画展二等奖
《草囤里的猫》	朱素珍	1983	全国农民画展二等奖
《撒网》	钟德祥	1983	全国农民画展二等奖
《篱笆内外捕鱼忙》	李翠英	1985	上海市第三届“江南之春”画展二等奖
《半坡随想》	高　风	1987	上海市第四届“江南之春”画展一等奖
《新年喜事多》	曹秀文	1987	上海市第四届“江南之春”画展二等奖
《密箱养鱼法》	李翠英	1987	上海市第四届“江南之春”画展二等奖
《风筝比赛》	陈卫雄	1993	“香港之窗杯”中国农民画大赛一等奖
《春雨》	杨德良	1993	全国现代民间绘画画乡作品展一等奖
《气象万千》	陈富林	1993	上海市企业文化艺术节大展一等奖
《春雨濛濛》	杨德良	1993	“香港之窗杯”中国农民画大赛三等奖
《小村冬运》	陈富林	1995	首届中国农民画大都会年奖赛三等奖

续表 10

作品	作者	年份	获奖名称
《解放军救灾》	陈卫雄	1995	首届中国农民画大都会年奖赛三等奖
《水乡庙会》	钱引珍	1995	首届中国农民画大都会年奖赛三等奖
《新娘提水》	龚彩娟	1995	联合国第四届世界妇女大会优秀奖
《牧羊》	陈　修	1995	首届中国农民画大都会年奖赛优秀奖
《沉静的夜》	曹秀文	1996	中国农民画优秀作品展优秀奖
《回娘家》	曹秀文	1996	中国农民画优秀作品展优秀奖
《春雨濛濛》	杨德良	1996	中国农民画优秀作品展优秀奖
《农民俱乐部》	陈富林	1996	中国农民画优秀作品展优秀奖
《卖余粮》	陈富林	1996	中国农民画优秀作品展优秀奖
《雪中小镇》	陈富林	1996	中国农民画优秀作品展优秀奖
《上夜校》	朱素珍	1996	中国农民画优秀作品展优秀奖
《新年喜事多》	陈卫雄	1996	中国农民画优秀作品展优秀奖
《风筝比赛》	陈卫雄	1996	中国农民画优秀作品展优秀奖
《飞船进村头》	陈卫雄	1996	中国农民画优秀作品展优秀奖
《五月农家插秧忙》	龚彩娟	1996	中国农民画优秀作品展优秀奖
《养牛蛙》	李金华	1996	中国农民画优秀作品展优秀奖
《鱼鹰》	李翠英	1996	中国农民画优秀作品展优秀奖
《打油菜》	王美英	1996	中国农民画优秀作品展优秀奖
《江南小村》	陈惠芳	1996	中国农民画优秀作品展优秀奖
《跳绳》	陈惠芳	1996	中国农民画优秀作品展优秀奖
《结婚》	钱引珍	1996	中国农民画优秀作品展优秀奖
《新娘出嫁》	钱引珍	1996	中国农民画优秀作品展优秀奖
《仲夏夜》	陈　修	1996	中国农民画优秀作品展优秀奖
《除夕》	陈　修	1996	中国农民画优秀作品展优秀奖
《采西瓜》	陈　修	1996	中国农民画优秀作品展优秀奖
《草原印象》	高　风	1996	中国农民画优秀作品展优秀奖
《闹元宵》	高　风	1996	中国农民画优秀作品展优秀奖
《做圆子》	张美玲	1996	中国农民画优秀作品展优秀奖
《欢度除夕》	龚勤芳	1996	中国农民画优秀作品展优秀奖
《村办窑业》	陈熹新	1996	中国农民画优秀作品展优秀奖
《秋日的私语》	高　风	1996	迎农运全国农民书画大赛三等奖
《睡鸭》	高　风	1996	中国书画人才审评交流一等奖
《水乡小村》	高　风	1996	中国书画人才艺术奖
《摘石榴》	高　风	1996	首届中日书画精英邀请赛二等奖
《草原印象》	高　风	1997	第二届中日书画精英邀请赛银奖

续表 10

作品	作者	年份	获奖名称
《采红菱》	高　风	1997	中国书画人才审评交流特别奖
《春之歌》	高　风	1997	中国书画人才艺术成就奖
《喜庆红军长征胜利 70 周年》	陈卫雄	1997	首届“环翠杯”全国农村书画大赛优秀奖
《家庭主妇》	龚彩娟	1997	首届“环翠杯”全国农村书画大赛优秀奖
《聚牛取乐》	陈熹新	1997	首届“环翠杯”全国农村书画大赛优秀奖
《春韵》	陈　修	1997	第二届中日书画精英邀请赛银奖
《耕耘图》	陈　修	1997	中国书画人才艺术成就奖
《结婚》	陈　修	1997	中国书画人才审评交流特别奖
《林中古塔》	高　风	1999	第三届国际“金鹅奖”书画大赛铜奖
《养鱼塘》	张美玲	2000	中国农民画联展二等奖
《采莲姑娘》	高　风	2000	世界华人艺术展铜奖
《赛龙舟》	陈　修	2000	世界华人艺术展铜奖
《救灾》	陈卫雄	2001	“世纪之春”全国农民书画展优秀奖
《童年》	曹秀文	2001	“世纪之春”全国农民书画展优秀奖
《风筝比赛》	陈卫雄	2002	全国亿万农民健康促进行动卫生美术作品展铜奖
《闹新年》	龚彩娟	2002	全国亿万农民健康促进行动卫生美术作品展铜奖
《放风筝》	姚喜平	2002	全国亿万农民健康促进行动卫生美术作品展铜奖
《晒草药》	李翠英	2002	全国亿万农民健康促进行动卫生美术作品展铜奖
《风筝比赛》	陈卫雄	2002	中国农民画联展优秀奖
《养鱼塘》	张美玲	2002	中国现代民间绘画精品展优秀奖
《鱼塘》	张美玲	2002	中国现代民间绘画精品展优秀奖
《风筝比赛》	陈卫雄	2003	中国现代民间绘画邀请展二等奖
《耕牛下池塘》	陈卫雄	2004	中国农民画联展优秀奖
《芦花塘》	龚勤芳	2005	全国现代民间绘画大展优秀奖
《雪莲图》	姚喜平	2005	全国现代民间绘画大展优秀奖
《鱼塘》	张美玲	2005	全国现代民间绘画大展优秀奖
《桃园迎来四方客》	王美英	2006	沪浙两地农民画家描绘新农村创作比赛一等奖
《黄桃丰收》	陈卫雄	2006	沪浙两地农民画家描绘新农村创作比赛二等奖
《黄桃大丰收》	龚彩娟	2006	沪浙两地农民画家描绘新农村创作比赛二等奖
《桃子丰收》	龚勤芳	2006	沪浙两地农民画家描绘新农村创作比赛三等奖
《桃子丰收》	朱素珍	2006	沪浙两地农民画家描绘新农村创作比赛三等奖
《硕果》	曹秀文	2006	上海国际科学与艺术展一等奖
《绿色蔬菜》	龚彩娟	2006	上海国际科学与艺术展三等奖
《桃子丰收》	朱素珍	2007	中国农民书画展优秀奖
《腊月堆雪猪》	朱素珍	2007	中国农民书画展优秀奖

续表 10

作品	作者	年份	获奖名称
《绿色喂猪》	龚勤芳	2008	第三届中国农民书画展三等奖
《桃园迎来四方客》	王美英	2008	第三届中国农民书画展三等奖
《江南小村》	陈惠芳	2008	第三届中国农民书画展三等奖
《元宵节》	姚喜平	2008	第三届中国农民书画展三等奖
《芦花塘》	龚勤芳	2008	第三届中国农民书画展优秀奖
《人工降雨》	陈卫雄	2008	第三届中国农民书画展优秀奖
《喜迎奥运会》	陈卫雄	2008	第三届中国农民书画展优秀奖
《迎世博——水乡篮球赛》	陈富林	2008	第三届中国农民书画展优秀奖
《送子参军》	龚彩娟	2008	第三届中国农民书画展优秀奖
《插秧忙》	李翠英	2008	第三届中国农民书画展优秀奖
《奔鹿》	李翠英	2008	第三届中国农民书画展优秀奖
《桃花节》	李金华	2008	第三届中国农民书画展优秀奖
《防疫》	龚勤芳	2009	第四届中国农民书画展三等奖
《江南小村》	陈惠芳	2010	首届中国农民艺术节优秀奖
《新女婿上门》	龚勤芳	2010	首届中国农民艺术节优秀奖
《欢庆的外滩》	陈卫雄	2010	中国农民画原创作品展二等奖
《菜园喜迎城里客》	曹秀文	2010	中国农民画原创作品展三等奖
《浦江迎世博》	陈卫雄	2010	第十二届中国上海国际艺术节优秀奖
《放风筝》	曹秀文	2010	第四届中国农民画艺术节“时代新风”——中国现代民间绘画新作金奖
《巧媳妇》	陈惠芳	2010	第四届中国农民画艺术节“时代新风”——中国现代民间绘画新作铜奖
《欢庆》	龚勤芳	2010	全国农民画展优秀奖
《迎世博》	姚喜平	2010	第十二届中国上海国际艺术节·2010 枫泾寻画比赛三等奖
《闹元宵》	陈卫雄	2012	第五届上海枫泾灯谜艺术节全国农民画创作大赛一等奖
《生态家园》	李金华	2012	南京大合·第二届全国农民画展优秀奖
《喜鹊登梅》	高　风	2013	国学文化艺术最高成就奖金奖
《农家花灶》	陈卫雄	2014	全国农民画展二等奖
《莲花童子》	高　风	2014	“孔子金像艺术奖”金奖
《撒网》	姚喜平	2015	“中国精神·中国梦”全国农民画展大赛优秀奖
《黄桃大丰收》	龚彩娟	2015	“中国精神·中国梦”全国农民画展大赛优秀奖

曹秀文 1979 年获奖证书

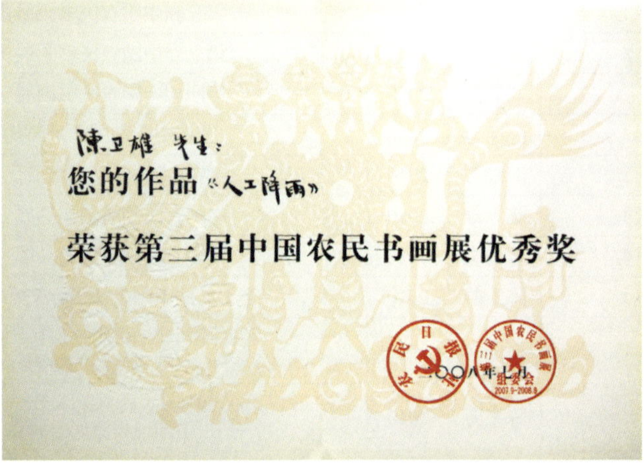

陈卫雄 2008 年获奖证书

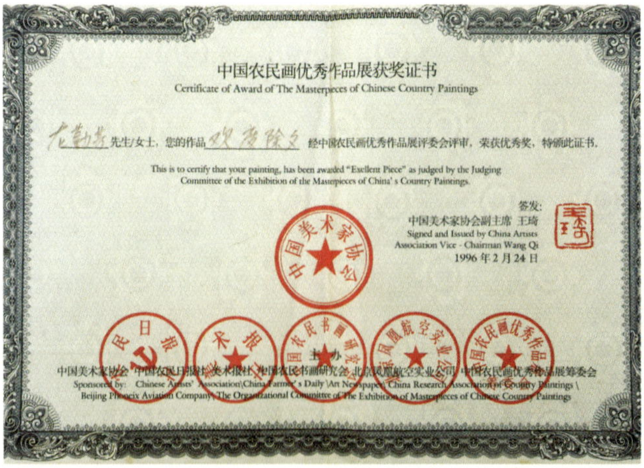

龚勤芳 1996 年获奖证书

乡村旅游

中洪村是典型的江南水乡，四季分明，春夏秋冬风光秀美，古朴与现代交相辉映。

2006年，地方政府在金山农民画发源地中洪村建起了一座集农民画创作交流、销售、旅游、观光于一体的农民画村，成为上海市乡村游十条精品线中的第一条。景区、景点日新月异，配套设施不断完善，旅游活动推陈出新。2008年7月9日，时任中共中央政治局委员、上海市委书记俞正声，市委副书记、市长韩正等考察中国农民画村。俞正声赞扬画村在旅游中融入了文化，文化有了载体，而旅游又有了内涵，中国农民画村充分体现了“海纳百川、追求卓越、开明睿智、大气谦和”的上海精神，并给予“大手笔、高起点、有气魄”的高度评价。2009年，中国农民画村被国家旅游局评定为国家AAA级旅游景区。国家主流媒体不断推介，国内外游客纷至沓来。

中洪村四季分明，风光秀美，中国农民画村成为上海市乡村游十条精品线中的第一条，为国家AAA级旅游景区。

◉ 四季风光

中洪村地处太湖流域，黄浦江上游，有着秀丽的江南水乡风光。境内湖泊众多，水域密布，林木荫翳，农舍鳞次，荷花遍植，清雅秀美。北宋至明清时期，村民以农耕经济为主。白牛荡、箬帽荡、凫隐荡水资源丰富，先民农闲时节，摇着小船到荡中捉鱼摸蟹，不少农家把水产品和自种果蔬拿到枫泾集镇上叫卖。清乾隆年间（1736—1796），村内杨进浜张家宅第有三个大厅，东厅中堂挂有御制“馀庆堂”匾额，西厅建有花园，南厅建在“龙尖”（又名“葫芦浜”）上。解放后，仍保留有长条石滩渡。村内优美的自然景色和人文景观令古往今来的众多文人墨客为之赞叹。北宋名士陈舜俞在《骑牛歌》中写道：“蒲为鞭，草为辔，白牛塘上柳影里。看云听水要行迟，轻叱缓驱尘不起……”清代诗人黄霆《松江竹枝词》赞之：“红桥一路酒旗斑，百亩荷花绕曲湾。夜半衣香人影乱，白牛塘上赛神还。”清代名人陈祁在《清风泾竹枝词》中抒写水乡美景：“橘绿橙黄好景催，金齑缕切玉醅开。前村薄暮西风起，网得鲈鱼是四腮。”清代民间诗人沈蓉城《枫溪竹枝词》则描绘先民生活：“乡农入市起中宵，蔬自篮提菜自挑。细雨船来箬帽荡，秋

中洪村风貌

风人渡米筛桥。”1974 年，著名画家韩和平到中洪村体验生活，一到中洪村就情不自禁赞叹道：“古人《桃花源记》也不过如此！”

这块风景如画、人文荟萃的梦里画乡，成了金山农民画的发源地。2006 年，中洪村建设旅游景区。当参观游览者走近村口时，“中国农民画村”6 个大字赫然在目。走入画村，放眼望去，竹林、小桥、流水，江南老式民居，淳朴又不失细腻的田园景致让人倍感宁静怡神，而更为别致的景观就藏在这一座座农舍之中。

秋橘图

画村四季分明。春有花，夏有荫，秋有果，冬有雪，村民宅前屋后，一年四季蔬菜瓜果不断，风景如画。小河蜿蜒村内，民居古朴厚重，参观游览者可以品尝到原汁原味的农家菜，选购到新鲜的时令农家果蔬，还能与水车、竹篱茅舍、菜园池塘、果林修篁亲密接触。丹青人家、南菜园、垂钓鱼塘、四季瓜棚、灶头屋里、乡村嘉年华等无不在讲述着中洪村农村、农业和农民的故事。

“春看新荷露尖，夏览红荷怒放，秋收莲蓬嫩藕，冬赏枯荷林立”，已成为村头荷塘的特色主题，尤受文人墨客喜爱。

漫步村内的几条乡间小路，路边围着一排排白绿相间的矮栅栏，栽种着蝴蝶兰，新铺的草坪上刻着善、孝、勤等字的石头尽显传统美德。村里有凉亭、五曲桥、湖心台，具有移步换景的美妙。装扮后的村庄更像是一座公园。

春 当春绿江南之时，中洪村每一个角落都是一派烟柳笼翠的迷人景致，游客可以游览典型的江南田园春光。

阳春三月，桃红柳绿，草长莺飞，正是水乡好时光。走进村里，江南民居一字排开，一些墙上绘有农民画。放眼田野，但见小桥、流水、菜园、鱼塘，诗情画意扑面而来。

沿着画村一路向西，林荫大道两边都是高耸的水杉树，远处田野景色宜人，嫩绿的柳树，粉红的桃花，黄得刺眼的油菜花，雪白的梨花，绿油油的麦田，还有幽静的竹林，水平如镜的小河，明媚的阳光，和煦的春风，人们坐在河边的亭子中，看着色彩鲜艳的农民画，有种世外桃源的感觉。

春满中洪

夏日荷花

夏 初夏，阿林果蔬种植基地里，近 6 公顷的樱桃已经成熟，晶莹剔透的果实让人垂涎，吸引了大批到此采摘的游客，一些游客边采边品尝，别有一番风味。

盛夏，荷风嬉鱼成了人们避暑的好去处。这里水波潋滟，绿荫环绕，红莲碧荷，鹭飞鱼跃，瓜菜长堤，修竹曲廊，临水亭阁，草屋水榭，巧妙地再现了江南乡村自然之美。居室和餐厅都建在湖面上，给人一种回归自然的恬静之感，成了游客意想中的蓬莱仙岛。此时，成片的荷花粉红碧翠，仪态万方。醉荷池里，荷花红衣翠袖，无穷碧叶上，蜻蜓翩翩起舞。两艘红色的小游船，犹如一双闺阁的绣花鞋停泊在湖畔。揽月亭中，风动池水，素莲玉藕，树影婆娑，一群白鹅戏水，恰似天上的朵朵白云映在湖心的倒影。500 米长的相思廊，一对对情侣依偎前行。垂钓爱好者手持钓竿，一副逍遥自在的神态。

秋 秋天来临，稻田里一片金黄耀眼，尤以彩色水稻出名，稻香农家用彩色水稻播种着“中国地图”的造型、“中国梦”的字形，将自己的爱国情怀镌刻在大地之上。果园、村民宅前屋后瓜果飘香，一派丰收景象。

阿林果蔬园里的葡萄熟了，巨峰、夏黑、温可、红（白）罗莎里奥、金手指、玫瑰香……品种有 15 种之多。绿叶间那一串串颜色各异的葡萄，果实饱满，放眼望去，整个葡萄园内紫色、绿色相间，煞是好看。

近 70 公顷的精养鱼塘内，鱼肥蟹壮，村民忙着捕捞，而游客也可到此一饱眼福、口福。

丰收季节

农家池塘里，菱、藕和莲蓬都已经进入成熟期。采菱人熟练而迅速地将采摘后的菱置于木盆内。新鲜采摘上来的嫩菱质脆，用手一剥，雪白的菱肉便露了出来，汁多微甜，口感极佳。

冬 冬天偶尔下一场大雪，田野村庄便银装素裹，如梦如幻。

村内近 70 公顷的果蔬大棚里，草莓、各种蔬菜长势良好，菜农们正抓紧时间手提竹篮采摘，以便人们在冬季也能吃上各种时鲜果蔬。

隆冬闲暇时节，画村景点内外、老年人活动室、百姓戏台、健身点、篮球场、农家书屋、数码电影放映室等热闹非凡，“冬季‘阿林果蔬杯’迷你马拉松”“开太鱼冬钓节”等活动接连不断。青年志愿者开展宣传服务，维护活动秩序。一些村民接受技能培训，女子舞龙队排练表演，孩子们打篮球、读书、看电影，老年人喝茶聊天、健身看戏。

银装素裹

中洪村春季百花飘香、夏季绿荫蔽日、秋季硕果累累、冬季林影疏斜的四季景色，令人流连忘返。

◉ 景区

精品线路　金山农民画村于 2006 年 4 月建成并正式对外开放。画村将复古的江南老式民居与中洪村原生态面貌有机结合，配以小桥、流水、水车、草棚、菜园、鱼塘、农家铺子、打谷场等典型的农村景物，集旅游、购物、观光、休闲、餐饮于一体，是中洪村的核心旅游景区。画村内建有中国农民画村博览苑，展览着全国各地农民画的代表作及相关产品。在农民画家居住区，有一家四代从事农民画创作的陈富林家庭，全国“三八红旗手”曹秀文家庭，在日本连续 12 年出过农民画挂历的陈卫雄家庭，新生代农民画画家姚喜平夫妇，获过许多大奖的朱素珍夫妇，既会绘画又善装裱的李林根夫妇等。农民画室前河水盈盈，两岸柳树葱葱。对岸村民房屋墙上画满了农民画，还有凉亭、五曲桥、湖心台，形成江南水乡独有的美景。步入画村，恍若隔世，徜徉画村，又如来到了一座民间艺术殿堂。在画村，游客可以欣赏到金山农民画的精品新作，又可向农民画画家学习农民画创作，选购到经过认证的农民画作品。

中国农民画村正门

国外友人到中国农民画村交流

绚丽多彩的民间艺术与自然优美的江南水乡景物融为一体，使画村成了远近闻名的旅游佳地，各种荣誉、好评如期而至。2006 年 4 月，画村被评为“上海市民喜爱的乡村旅游景点”。是年 4 月 28 日，由上海市旅游事业管理委员会、上海市农业委员会等主办的“上海市乡村游十条精品线路开通仪式暨金山农民画村开放仪式”在中洪村隆重举行，金山农民画村成为上海市乡村游十条精品线中的第一条。同年 12 月，画村被国家旅游局命名为“全国农业旅游示范点”。2007 年 10 月，获中国科学技术协会等单位颁发的中国乡村旅游“飞燕奖”——最佳民俗文化奖。是年，来自全国十个著名画乡的画家成功入驻画村。2008 年年初，又在乡村嘉年华辟地造屋，9 幢古色古香的江南民居落成，与金山农民画村的丹青人家隔河相望。

2007 年起，金山农民画村吸引了吉林东丰、陕西户县、山东日照、云南腾冲、青海湟中、江西永丰、江苏邳州、湖北黄州、辽宁金州等地的农民画画家相继入驻。2008 年 4 月 28 日，金山农民画村升格为中国农民画村。具有代表性的“中国现代民间绘画画乡”成功入驻画村，不仅带来了当地农民画艺术，还带来了孕育当地农民画艺术的“土壤”和“营养”。在中国农民画村，游客不仅可以欣赏到农民画，观赏到众多画家现场作画的场景，还可领略杨柳青年画、唐卡、皮影、剪纸、刺绣、麦秆画、刻瓷等中国民间艺术珍品。所有展品均以实价向游客出售。2009 年 4 月，画村入选首批“上海市文化创意产业园区”。是年 7 月，被国家旅游局评定为国家 AAA 级旅游景区和第一批“上海农业旅游推荐单位”。2010 年上海世博会期间，被列为上海市 30 条“世博之旅”线路之一。

国家 AAA 级旅游景区铭牌

国外游客在中国农民画村参观

各方青睐 画村开放后，中央电视台 1 套、2 套、3 套、4 套、7 套、9 套和中国教育电视台多次对其进行报道，并拍摄专题片。《人民日报（海外版）》、新华社、中新社、中央人民广播电台、《中国旅游报》、《华东旅游报》、《光明日报》、香港《文汇报》等作过专栏介绍。2006 年上海市“视觉枫泾”摄影大赛期间，外国摄影家乘兴而来，满意而归。画村的镜头还入选《上海城市风光》，作为上海的一张名片被介绍到世界各地。2009 年 5 月，上海向联合国教科文组织申报“创意城市”，摄制组到画村取景。国内外参观游览者纷至沓来，逐年增多。至 2016 年年底，共接待游客 20 多万人次。

◉ 景点

倒置屋 即波兰倒置屋，位于中国农民画村丹青人家北侧，2013 年开始建设，2014 年 4 月 25 日对外开放。倒置屋是一幢上下两层、200 多平方米的倒立钢木结构别墅。不

波兰倒置屋

荷风嬉鱼度假村

仅房屋是翻转的，屋内所有的家具、摆设都是倒置的。游客走进去，给人一种空间错乱的感觉。

荷风嬉鱼 即上海荷风嬉鱼生态园，又名“水上人家”，是一家以钓鱼、赏鱼等为主要特色的休闲中心。占地40公顷，其中荷花种植面积20公顷。沿中心湖四周建有乡土气息浓厚的农舍、水上餐厅和露天舞台等。亭台楼阁、水榭竹廊、湖景房舍、临水餐厅茶座、垂钓采摘、卡拉OK棋牌等休闲设施一应俱全。2008年“五一”前正式对外开放。每逢夏季荷花盛开之时，游人不仅可以欣赏到大片的荷花，还可以嗅到独属夏天的荷香。而秋冬的垂钓，使游人远离喧嚣，尽享大自然的情趣。

彩色水稻图

中洪村乡村旅游线路图

阿林果蔬园　参见本志“现代农场·果蔬园”。

开太鱼文化　参见本志“现代农场·开太鱼文化”。

季节性彩色水稻　参见本志“特色农家·稻香农家”。

◉ 旅游线路、项目

旅游线路　在中国农民画村丹青人家赏画、购画，参观倒置屋，玩转乡村嘉年华，阿林果蔬园观赏、采摘果蔬，到荷风嬉鱼、开太鱼文化公司垂钓荡舟，观赏柒先生（法国艺术家 Julien Seth Malland）的画，参观稻香农家季节性彩色水稻，到农户酒家品尝特色农家菜。

赏画、现场体验作画　画村丹青人家吸引了村内和全国十大画乡优秀农民画画家入驻。在这里，参观者能欣赏和购买到农民画的精品佳作，观看到农民画创作、装裱的全过程，还能与画家交流，亲自体验作画的乐趣。

乡村嘉年华　位于画村西侧，2006 年年初开始建设，并于当年 9 月旅游节期间正式向游人开放。乡村嘉年华将江南农村传统的娱乐、竞技项目巧妙结合，具有浓郁的地方特色。游客可参与其中，玩转乡村嘉年华：滚铁环、踏水车、跨水上梅花桩、挑担子、参加乡村大擂台、水上荡秋千、走钢丝、行独木桥、过吊桥、爬网、爬梯、投木桶、掷飞镖、套瓶、打篮球和乒乓球、推大石磨等。

玩转乡村嘉年华

果蔬观赏、采摘 阿林果蔬园每季都有各种果蔬供游客观赏和采摘。主要品种有葡萄、草莓、黄桃、樱桃、蜜梨，还有各种中高档蔬菜、西甜瓜等。游客在这里不仅能够品尝到新鲜瓜果，还能亲自体验采摘的乐趣。

游客在阿林果蔬园采摘樱桃

垂钓 荷风嬉鱼、开太鱼文化公司等有大量鱼塘供游客前往垂钓。2007 年 10 月，上海市第六届农民运动会钓鱼比赛在荷风嬉鱼举行。2014 年 4 月，开太鱼文化公司举办了“第一届开太红小龙虾垂钓节”，此后每年 4 月举办一届小龙虾垂钓节。2016 年 12 月，开太鱼文化公司又举办了“首届开太鱼冬钓节”，吸引了大量垂钓爱好者前往垂钓，日均接待游客 500 多人次。

3D 农民画体验游 2015 年 5 月起，中国农民画村创建 3D 活态创意农民画《枫泾四季——大户人家》体验游项目，为国内首创。活动中，家长和孩子们先后参观波兰倒置屋、画村丹青人家等景点。在参观 3D 活态创意农民画时，小朋友们领取相关任务书，和家长一起体验农耕艺术、生火烧灶头饭、拔草喂羊等农家生活。拿起画笔学习农民画的绘画技巧，最后将自己画的农民画裱起来作为收获的劳动成果，小朋友和家长们共同体验农家生活乐趣。3D 活态创意农民画《枫泾四季——大户人家》，由金山农民画资深艺术家创作完成。四幅大型 3D 实景农民画分别为《春・巨网捕鱼》《夏・群羊富村》《秋・丰收金秋》《冬・八仙大灶》。借鉴了国际先进 3D 创作理念，将亲子游和生态环保游相结合，创建了体验、教育、喂养等新模式的旅游特色项目，为游客提供全方位、多层次的农村休闲旅游新体验。

观赏柒先生的画 2015 年 4 月，法国艺术家柒先生（Julien Seth Malland）来到中洪村进行创作。这次艺术创作沿袭了柒先生一贯的创作理念，结合当地的风土人情，在房屋墙面上创作了大型画作。作为对上海公益项目“一个鸡蛋的暴走”的沿途精彩支持，柒先生在中国农民画村观赏农民画时，就希望将农民画的色彩搭配和风格融入他的艺术创作中。经过商议，4 月 13 日，他与中洪村农民画画家曹秀文一起在墙上挥毫作画，经过一天的努力，一幅中西合璧的作品跃然于墙面之上：一位闭着眼的姑娘，安静地侧卧在画中，环绕她的是典型的农民画风格的老式房屋，以及波澜不惊的小河，偶有一艘江南小船缓缓经过。游客在中国农民画村可以尽情地观赏到柒先生的墙面画。

外国小朋友感受农民画的魅力

旅游节活动之一——中洪村获评“中国十大魅力乡村文化产业奖”庆典

◉ 节庆活动

旅游节　2006 年金山农民画村景区开放后，每年 9 月中旬至 10 月上旬，在枫泾古镇和画村内共同举行旅游节庆活动，为上海旅游节的重要活动之一。

旅游节以“人民大众的节日”为定位，以“走进美好与欢乐”为主题，通过丰富多彩、各具特色的节庆活动，推进当地旅游业的发展，吸引社会各界的广泛参与。旅游节传统活动有一年一度的水乡婚典，花车巡游，“新沪上八景——枫泾寻画”专题摄影采风活动，微游古镇、画村等；结合观光、休闲、娱乐、文体、会展、美食、购物于一体的旅游体验以及几十项市民参与的节庆活动，向国内外游客集中展示枫泾古镇和画村的秀美水乡风光以及深厚的文化底蕴。

水乡婚典　自 2005 年起，经过挖掘、整理当地民间婚礼习俗，在每年国庆节前夕举办“吴跟越角枫泾水乡婚典”。每届招募 20 对新人，至 2016 年，已成功举办十二届。青年男女着凤冠霞帔拜天地，坐上喜气的花船，成就人生一大快事。水乡婚典吸引了全国各地乃至国外的新人前来参加。2005 年，水乡婚典被列入上海市旅游节品牌项目。其中，古镇的特色民俗景点——古戏台、三百园、三桥广场、中国农民画村丹青人家、荷风嬉鱼、波兰倒置屋等，是参观水乡婚典必不可少的重头戏。还有在画村乡村大舞台、中洪大院、荷风嬉鱼举行的“天下第一喜桌”婚宴，是水乡婚典的特色招牌。

水乡婚典既保留了原汁原味的古时江南吴越之地的婚庆习俗，体现了民间传统婚俗文化，在形式上又与时俱进、不断创新。其中，2010 年第六届水乡婚典借助上海世博盛会的平台，着力发挥联合国联合馆“同一个地球，同一个联合国”的主题，向世人展示了中国传统水乡婚典的精髓。第七届水乡婚典依托 2011 杭州世界休闲博览会和杭州西湖国际博览会，西湖景区与枫泾水乡两地一线牵，参加水乡婚典的新人们在西子湖畔许下相伴一生的誓言。第八届和第九届水乡婚典更是与相亲类节目《相约星期六》牵手合作，在画村和上海市区两地演绎浪漫，水乡婚典的新人们乘坐花车巡游市中心繁华街区，传统与时尚相辉映，被上海旅游节组委会评为最具人气奖和优秀组织奖。2016 年第十二届水乡婚典将红线牵到了港澳台同胞之间，也让更多的海外同胞亲身体验到“中华民族一家亲”的亲和力。娶亲、送亲、婚典、颁证、婚宴、婚庆构成了传统民俗婚典的特定流程，将中国人关于喜庆、吉祥、热闹的婚礼文化发挥得淋漓尽致。

一年一度的水乡婚典，使枫泾古镇、中国农民画村成为喜气祥和之地，两个景区张灯结彩，锣鼓喧天，礼炮齐鸣，河道彩船繁忙穿梭，一对对新人身穿传统婚服，沿袭传统的婚典仪式，在历史和现代的场景中穿梭，吸引了数万名游客争相观看，可谓“闻风而来、倾室观往、车驾云集、路塞不通、万人空巷、盛况空前”，成了古镇、画村一道亮丽的风景线。

水乡婚典——中洪村场景

元宵灯谜节场景

灯谜艺术节　历史上，枫泾地区每逢正月十五举行一年一度的元宵灯会。2008 年 2 月，枫泾镇在古镇和画村内举办了“上海首届灯谜艺术节 · 谜王争霸赛”。至 2017 年 2 月，已成功举办“全国谜林大会”“六龙争霸赛”“枫谜天下，对决上海”“全国谜王枫泾巅峰赛”“江、浙、沪旅游界灯谜争霸赛”等十届灯谜艺术节，吸引了全国顶级的谜界“智多星”参与，累计有 600 多名制谜高手与猜谜能手到枫泾参加灯谜艺术节。艺术节期间，古镇和画村挂满灯谜，开展“民俗灯谜大展猜”活动，供游客猜谜。2014 年 2 月 14 日，第七届上海枫泾灯谜艺术节在中洪大院拉开帷幕。现场热闹非凡，谜面“君子爱财（打一农民画家）”等谜题引起大家极大的兴趣。来自江苏省、浙江省、上海市三地 6 家旅游媒体单位的 6 位参赛者身着古朴服饰，宛若古时的书生才女，用智慧角逐本届“谜王”。赛事还设置多个互动环节，现场的游客、啦啦队队员都可参与竞答，使激烈的赛事平添了几分欢笑。

◉ 配套服务

中洪大院酒店　位于中国农民画村丹青人家东侧，2009 年 9 月对外营业。占地 2 余公顷，总建筑面积近 1 万平方米。酒店以准四星级标准建造，外观古朴典雅，内部陈设精美，古色古香，极具江南水乡民居风情。酒店有客房 100 间，其中标准房

中洪大院酒店牌楼

83 间、单人房 10 间、套房 6 间、三人间 1 间。还有现代化大小会议室、商务中心、康乐中心（包括 KTV 包房、桌球、棋牌室），餐厅有 20 间包房和一个能同时容纳 350 人就餐的大厅。餐饮以农家菜肴和本帮菜为主，海鲜、河鲜品种齐全，满足游客的不同选择。

灶头屋里饭店 紧挨丹青人家，以当地正宗的农家菜和淳朴的农家味吸引了众多的游客。“灶头屋里灶头饭，乡下人家乡下菜”已成为食客耳熟能详的一句广告语，桃园老鸡汤、黄瓜筒等为招牌菜。饭店有两厅（每厅 2 桌）和 12 间包厢，菜品以当地各种农家菜为主。

荷风嬉鱼水上餐厅、客栈 位于丹青人家北侧 800 米处，建筑面积 2200 平方米。水上餐厅同时可容纳 300 人就餐，百余款农庄私房菜名声在外。拥有水景、田园房舍 26 间，可入住 50 余人。为商务宴请、家庭出游、朋友聚会的好地方，尤其适合中老年人休闲养生度假。

波兰花园美食餐厅 在波兰倒置屋景点内，设有烧烤区、吧台区、室内室外就餐休闲区，多种波兰美食供游客品尝。

阿林果蔬园绿色食品餐厅 位于丹青人家以西 1000 米的阿林果蔬园内，选用农场自养的牛、羊、鸡、鸭、鱼和绿色有机蔬菜。餐厅有大厅、包房共 10 桌，可供 100 人用餐。特色菜为阿林狮子头、啤酒鹅。

房车营地航拍图

房车露营地 位于丹青人家西侧，2015 年 9 月对外营业。占地 0.8 公顷，共有 18 个房车营位（其中自驾营位 3 个）、3 栋独立别墅木屋，设有公共卫生间和公共淋浴房等服务场所。房车均为采用澳洲技术、中国制造的品牌，车长 8 米，设备齐全，内饰舒适，别具风格，每辆车做到一车一风格。其中，拥有情侣型、家庭型系列共 8 辆，适合家庭亲子自驾游、都市白领度假游等，为上海地区首家独立运营的房车露营地，是集自驾房车补给停靠、房车休闲住宿、生态木屋别墅体验、团体拓展训练、户外自助烧烤等一体的高端户外露营地。

停车场 中国农民画村入口处建有停车场，共 2480 平方米，各旅游景点都建有 30 ~ 50 多个车位的停车场，能满足游客停车需要。

村务管理

清末民国初，中洪村实行保甲制。解放后，村内先后成立村公所、高级社、大队管理委员会。1984 年年底，建立村民委员会。村民委员会坚持以法治村，始终围绕与村民、村情密切相关的法律法规进行重点宣传教育。抓好建章立制，不断完善《中洪村村民自治章程》等各项规章制度，村务工作有法可依、有章可循；建立民主管理机制，实行村务公开；实施民主决策，规范决策程序；强化民主监督，建立村务监督委员会、民主理财小组，加大对村决策决议执行情况、村务公开、财务管理、资产资源管理、重大事项落实等的日常监督力度。2014 年，成立村经济合作社，行使集体资产的经营和管理权。

中洪村不断探索群众工作新思路，坚持村干部联系走访、党员干部上门家访、基层党员就地察访制度，切实解决群众实际困难，为村民办实事。强化社区平安建设，建立综合治理工作服务站、消防工作站、反邪教工作站、人口信息采集室，确保村民安居乐业。

中洪村村民委员在村党（总）支部的领导下，坚持村民自治，村民以主人翁的姿态融入村务管理中。

◉ 组织机构

保甲制 清末民国初，松江县下设乡、保、区、图，村境属风泾乡一保一区十二图、二十三图和一保二区十四图。1935 年后，实行区、乡、保、甲制。十户为一甲，十甲为一保，由保长、甲长主事，村境属枫泾区一新乡第七保和枫泾镇（北镇）第八保。

村公所 1949 年 5 月，村境解放。废除保甲制，建立乡、村制。村境属枫泾区范泾乡，有步杨、横埭、荷英、中圩、洪泾 5 个行政村。各村村公所由正副村主任、农会主任等组成，负责政策等的上传下达，催收公粮，调解民事纠纷，维护社会治安等工作。在土地改革中，村公所增设民政、统计、粮食及记账等工作人员。

高级社 1956 年，成立高级农业生产合作社，设社务委员会，取代村公所的行政职能。社务委员会设正副社长和生产、武装、财务、调解、妇女等委员，主持社内的生产、生活和社会治安等工作。

大队管理委员会 1958 年 9 月成立人民公社后，高级社改为生产队。起初，各生产队实行营、连、排军事化组织形式。1959 年，取消军事化组织，

20 世纪 70 年代社员集体劳动

生产队下辖 19 个生产小队。1962 年后，生产队改为大队，成立大队管理委员会，设正副大队长、会计、民兵连连长和妇女主任等职，负责大队的行政管理、农业生产、农村建设、社会治安、妇女儿童等工作。1967 年 1 月，造反派夺权，大队领导机构一度瘫痪。1967 年年初，新农大队、胜利大队分别成立了老、中、青结合的革命委员会领导班子，负责“抓革命、促生产”。各生产队设政治队长、生产队长各 1 人。1980 年，取消革命委员会，恢复大队管理委员会。

村民委员会　按照《中华人民共和国宪法》规定，1984 年年底，中洪村成立了第一届村民委员会。实行政、社分设，建立村民委员会，实行乡与公社、行政村与大队、村

中洪村村民委员会办公楼

民小组与生产队的建制。这是中洪村群众性的自治组织，是村民自我教育、自我管理、自我服务的组织，负责办理本村的公共事务和福利事业，调解民间纠纷，协助维护社会治安及宣传、教育、计划生育等工作，并向政府反映群众的意见、要求和建议等。1987年4月起，实行政社合一，取消公社、大队、生产队建制，保留乡、行政村和村民小组建制。中洪村和步杨村村民委员会各设主任1人、副主任1人、委员3人，负责生产活动、民事调解、治安保卫、文教卫生、计划生育等工作。村民委员会每三年换届一次。2002年7月，中洪村和步杨村两村合一，名中洪村。村民委员会设主任1人、委员3人，下设20个村民小组。

经济合作社 中洪村经济合作社成立于2014年7月30日，时共有18周岁以上社员3044人，本届社员代表51人，理事会成员3人，由村党（总）支部书记兼任合作社理事长。经济合作社是村集体经济组织成员共同所有、合作经营、服务成员的集体经济组织，是全村集体资产所有者的代表，行使集体资产的经营及管理权。经济合作社所有的集体资产，根据实际需要，可实行承包经营、租赁经营、股份合作经营等。每位社员均发“金山区农村集体经济组织社员证”，由上海市金山区农业委员会监制。2015年8月，村民委员会换届之后，村经济合作社也随之换届，时共有18周岁以上社员3062人，本届社员代表55人，理事会成员5人，由村党（总）支部书记兼任理事长。

社员证封面

◉ 普法教育

实施普法教育 1986年是全国开展普及法律常识教育第一个五年规划的首年。中洪村、步杨村各成立普法工作小组，由村党支部书记任组长。两村制订村五年普法工作计划，选送4人参加乡举办的法制宣传员培训班。给每户农户发放《公民法律常识读本》。“一五”（1986—1990年）普法期间，主要学习《中华人民共和国宪法》《中华人民共和国刑法》《中华人民共和国治安管理处罚条例》等。村民普及法律常识教育率达90%，经考核后颁发“上海市普及法律常识合格证”。

“二五”（1991—1995年）普法期间，两村在宣传实施《上海市老年人保护条例》

1987 年普法证封面

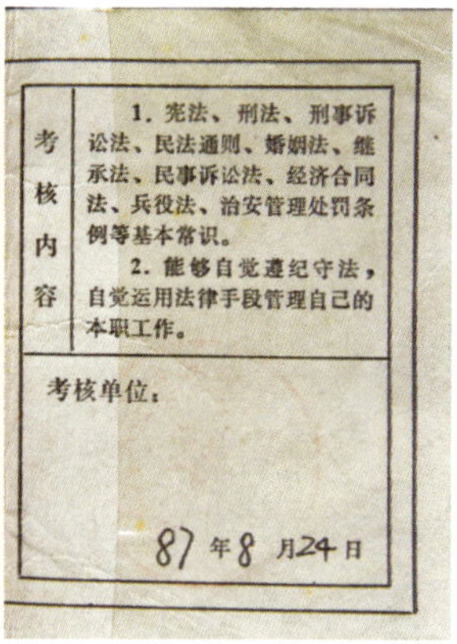

考核内容	1. 宪法、刑法、刑事诉讼法、民法通则、婚姻法、继承法、民事诉讼法、经济合同法、兵役法、治安管理处罚条例等基本常识。 2. 能够自觉遵纪守法，自觉运用法律手段管理自己的本职工作。

考核单位：

87 年 8 月 24 日

1987 年普法证内页

中，与家中有老年人的村民签订赡养协议，每年检查督促赡养协议兑现情况 4 次。村民委员会制订依法治村的实施计划，选择与村民、村情密切相关的法律法规进行重点宣传教育，开展《中华人民共和国土地法》《中华人民共和国继承法》《中华人民共和国经济合同法》《上海市计划生育条例》等法律法规的学习、宣传、教育活动。

“三五”（1996—2000 年）普法期间，重点是对外来人员进行普法教育，组织外来人员学习《上海市外来人员法律读本》《外来人口法律须知》等，做好外来人员登记工作。村领导班子成员学习《中华人民共和国村民委员会组织条例》《中华人民共和国行政诉讼法》等，制定、完善村规民约及村务工作各项制度。

“四五”（2001—2005 年）普法期间，重点开展依法决策、依法执政的普法教育，以提高村干部的法治观念。村党支部书记与村民委员会主任参加中共金山区委党校举办的为期 3 天的普法培训班。

村民聆听普法教育

“五五”（2006—2010 年）普法期间，村党总支部和村民委员会将普法工作、深化社会主义精神文明建设及展示创新活动相结合，提高党员干部和村民的文明程度和遵纪守法的观念。

“六五”（2011—2015 年）普法教育以“加强基层法制建设，促进农村全面发展”为主题，全面开展普法宣传教育活动。

建章立制 1985 年起，中洪村、步杨村建立村民代表会议制度，制定村民自治章程、村规民约等。2002 年两村合并后，新建立的村民委员会对原有两村的村规民约、村民自治章程、村民委员会会议制度、村务管理制度等自治制度进行全面充实、完善和修改，并由村民代表会议讨论审议通过，使村务工作的实施做到有法可依、有章可循。2012 年 8 月 12 日，中洪村第十届村民委员会修订并制定了 14 项制度，并经村民代表会议通过。这些制度分别是《中洪村村民自治章程》《中洪村“一事一议”筹资筹劳专项管理制度》《中洪村村务议事规则》《中洪村基建项目公开招标制度》《中洪村村民委员会工作报告制度》《中洪村收支预决算制度》《中洪村村务公开制度》《中洪村村民代表会议制度》《中洪村级重大事务实行听证会制度》《中洪村村规民约》《中洪村民主理财制度》《中洪村民主评议村干部制度》《中洪村财务收支审批制度》《中洪村财务管理制度》。

◉ 民主选举

村民选举委员会 1984 年年底（建立村民委员会前），中洪村、步杨村先后成立村民选举委员会，由主任和委员 7 人组成。成员由村民会议、村民代表会议或村民小组会议推选产生，任期自推选组成之日起，至村民委员会工作交接完成时终止。村民选举委员会成员如被提名为村民委员会成员候选人，则需退出村民选举委员会。村民委员会主任、副主任、委员，由本村登记参加选举的村民直接投票选举产生。之后各届均成立村民选举委员会，主任及其成员由民主推荐产生。村民选举委员会履行以下职责：（1）制定村民委员会选举工作方案；（2）宣传有关村民委员会选举的法律、法规和政策；（3）解答有关选举问题；（4）召开选举工作会议，部署选举工作；（5）组织培训本村选举工作人员；（6）公布选举日、投票地点和时间，确定投票方式；（7）登记参加选举的村民，公布参加选举村民的名单，分发选民证等。

2015 年村民委员会换届选举动员大会

选民登记 登记对象：户籍在本村并且在本村居住的年满 18 周岁的村民；户籍在本村，不在本村居住，本人表示参加选举的村民；户籍不在本村，在本村居住 1 年以上，本人申请参加选举，并且经村民会议或村民代表会议同意可参加选举的公民。

选举方法

村民委员会主任、副主任、委员按照《中华人民共和国村民委员会组织法》《上海市村民委员会选举办法》等选举产生。

第一届村民委员会 1985 年 2 月，根据《中华人民共和国宪法》和上级有关规定，中洪村、步杨村各自举行第一届村民委员会选举大会。选举产生第一届村民委员会成员。中洪村村民委员会正、副主任各 1 人，委员 2 人；步杨村村民委员会正、副主任各 1 人，委员 3 人。

第二届村民委员会 1988 年 10 月，根据全国人大常委会通过的《中华人民共和国村民委员会组织法（试行）》规定，中洪村、步杨村各自召开村民委员会选举大会，由参加的村民每户一位代表采用无记名投票差额选举方式，产生新一届村民委员会。中洪村村民委员会正、副主任各 1 人，委员 3 人；步杨村村民委员会正、副主任各 1 人，委员 3 人。

第三届村民委员会 根据乡政府部署的换届选举程序，中洪村、步杨村各自在 1991 年 9 月前完成村民委员会候选人的推荐工作。10 月中旬，举行第三届村民委员会选举大会，采用无记名差额选举方式，产生新一届村民委员会班子成员。中洪村村民委员会正、副主任各 1 人，委员 2 人；步杨村村民委员会正、副主任各 1 人，委员 2 人。

村民选举投票

第四届村民委员会 1994 年 9 月，中洪村、步杨村举行第四届村民委员会选举大会。采用无记名投票方式，选举产生第四届村民委员会成员。中洪村村民委员会正、副主任各 1 人，委员 2 人；步杨村村民委员会正、副主任各 1 人，委员 3 人。

第五届村民委员会 1997 年 9 月，中洪村、步杨村举行第五届村民委员会选举大会。采用无记名投票方式，选举产生第五届村民委员会成员。中洪村村民委员会正、副主任各 1 人，委员 2 人；步杨村村民委员会正、副主任各 1 人，委员 3 人。

第六届村民委员会 1999 年 9 月，中洪村、步杨村举行第六届村民委员会选举大会。采用无记名投票方式，选举产生第六届村民委员会成员。中洪村村民委员会主任 1 人，委员 2 人；步杨村村民委员会主任 1 人，委员 2 人。

第七届村民委员会 2002 年 9 月 6 日，两村合一后的中洪村召开第七届村民委员会选举大会。出席选民 2726 人，参选率 99%，大会发出选票 2726 张，收回 2724 张，采用无记名投票差额选举方式。选举产生中洪村第七届村民委员会主任 1 人、委员 3 人。

第八届村民委员会 2006 年 6 月 26 日，中洪村召开第八届村民委员会选举大会。采用直接投票选举方式，即“一步法”。在无候选人的前提下，经本村过半数的选民直接投票，选举产生村民委员会主任、副主任和委员。出席选民 2478 人，参选率 88 %，大会发出选票 2478 张，收回 2478 张。选举产生村民委员会主任 1 人、委员 3 人。

第九届村民委员会 2009 年 7 月 18 日，中洪村举行第九届村民委员会选举大会。采用“一步法”，无记名投票选举。出席选民 2701 人，参选率 95%，大会发出选票 2701

2015 年村民委员会换届选举整理选票

张，收回 2686 张。选举产生中洪村第九届村民委员会主任 1 人、委员 2 人。

第十届村民委员会 2012 年 8 月 5 日，中洪村举行第十届村民委员会选举大会。采用“一步法”，无记名投票选举。出席选民 2957 人，参选率 97%，大会发出选票 2957 张，收回 2957 张。选举产生中洪村第十届村民委员会主任 1 人、委员 2 人。

第十一届村民委员会 2015 年 8 月 29 日，中洪村举行第十一届村民委员会选举大会。采用“一步法”，无记名投票选举。出席选民 2965 人，参选率 97%，大会发出选票 2965 张，收回 2960 张。选举产生中洪村第十一届村民委员会主任 1 人、委员 2 人。

◉ 民主管理

依章管理 1985 年起，中洪村、步杨村村民委员会依照党的方针政策和国家法律法规，组织全体村民，结合实际，讨论制定和完善村民自治章程、村规民约、村民会议和村民代表会议议事规则、财务管理制度等，明确规定村干部的职责，村民的权利和义务，村级各类组织的职责、工作程序及相互关系，明确提出对经济管理、社会治安、移风易俗、计划生育等方面的要求。用制度规范村干部和村民行为，确立村民自我管理、自我教育、自我服务的意识，增强干部群众的法治观念和依法办事能力。至 2016 年，逐步形成了一套比较完善的依章民主管理机制。

办事公开 1997 年，中洪村、步杨村村民委员会根据民政部《关于进一步建立健全村务公开制度，深化农村村民自治工作的通知》要求，实行村务公开，将年度工作目标，计划生育政策落实，宅基地使用，村集体经济收入（包括租赁收入、提留收入、投资收入、其他收入）和支出（包括管理费、招待费、年终分配和其他支出）情况，村民负担情况，村干部的工资、奖金、外出考察费，老年人定期补助、年终慰问金等上墙公布。在村民委员会设置村务公开栏。其中，村务至少每季公布一次，村集体财务收支状况每月公布一次，涉及村民利益的重大事项和村民普遍关心的事项则即时公布，接受村民的监督。

村民委员会还每月向村党（总）支部、每半年向村民会议和村民代表会议报告工作。报告内容有村级财务收支情况，集体经济项目发展情况，村级重大事项及群众关心的热点、难点问题解决处理情况，日常村务管理情况，年度、月度责任分期完成情况，完成下段工作目标任务须采取的措施办法等。

村民委员会对村务公开后群众的意见及要求，及时向村民代表作出反馈，并落实整改措施。1998 年后，村民委员会把村务公开作为推进党风廉政建设的抓手，作为对村干部年终考核指标之一，坚持不懈地抓好落实，逐年完善。至 2016 年，已建立一套行之有效的办事公开制度。

◉ 民主决策

决策程序 1995 年起，中洪村、步杨村对重大事项决策按照“四议”“两公开”的程序实施。“四议”：村党（总）支部提议，村党（总）支部和村民委员会商议，党员大会审议，村民代表会议或村民会议决议。“两公开”：决议公开，实施结果公开。2002 年后，涉及村民利益的事项，遵循以下决策程序：由村党（总）支部、村民委员会、村集体经济组织、十分之一以上村民联名或五分之一以上村民代表联名提出议案；由村党（总）支部统一受理议案，并召集村党（总）支部和村民委员会联席会议，研究提出具体意见或建议；由村民委员会召集村民会议或村民代表会议讨论决定；由村党（总）支部、村民委员会组织实施村民民主决策事项的办理。对提交村民会议或村民代表会议讨论决定的事项，会前向村民或村民代表公告，广泛征求意见；会后及时公布表决结果；对决定事项的实施情况，及时公布，自觉接受群众监督。

重大事项决策 1985 年后，中洪村、步杨村村民委员会对与村民切身利益密切相关

村民委员会重大事项民主决策

的重大事项，如村集体的土地征用、租赁、承包，村集体厂房、设施、设备出卖、出租、承包、转让，村集体向银行或其他单位、个人借贷，村干部报酬，村公益事业的经费筹集方案、建设承包方案等实行民主决策，不由个人或少数人决定。村民委员会坚持将重大事项的决策权交由村民会议和村民代表会议决定。村民代表会议每年召开两次。村内凡是与村民切身利益密切相关的重大事项，都由村民代表会议，或村 18 周岁以上过半数或三分之二以上村民（每户一位）代表参加且过半数通过的会议来决定，然后由村民委员会具体执行。

◉ 民主监督

村务监督委员会 2014 年，中洪村成立村务监督委员会，设正、副主任各 1 人，委员 3 人。成员由村民代表会议推选产生。村务监督委员会成员条件是：年满 18 周岁，遵纪守法，坚持原则，诚实守信，公道正直，群众信任，熟悉村情，具有一定的财会管理知识，有较强的法治观念和监督意识，有一定的政策水平和参与监督的能力。村务监督委员会负责对村决策决议执行情况、村务公开、财务管理、资产资源管理、重大事项、人事安排、村干部效能作风等进行监督。

财务管理活动日 2002 年前，中洪村、步杨村便成立了民主理财小组，各设组长和成员 5 人。成员由村民代表会议推选产生。民主理财小组成员条件是：年满 18 周岁，热爱集体，公道正直，有一定的议事能力和财会管理知识。2002 年两村合一后，民主理

村民主理财小组人员会议

财小组也随之合并。民主理财小组定期开展理财活动，一般每月一次。村各项收支除了经手人、证明人（验收人）签字外，由村主任审批后，须经民主理财小组审核签章，方可记账。民主理财小组还对村重大财务事项进行事前、事中、事后监督。平时倾听村民对村级收支、村务公开、村重大经济事项的意见和建议，及时反馈给村民委员会。民主理财小组组长负责在村民代表会议召开时报告民主理财情况。

民主评议村干部 从2003年起，中洪村开展民主评议村干部活动。评议对象：村党（总）支部、村民委员会班子成员。评议内容：德、能、勤、绩、廉五个方面，重点评议工作实绩。评议方法：一听、二议、三评：一是听村党（总）支部、村民委员会工

村党（总）支部民主测评会议一角

作报告及其班子成员个人述职报告；二是开展议论；三是进行无记名测评。评定档次分优秀、称职、基本称职、不称职四档。评议结果与村干部的任用和补贴（工资）标准挂钩，对优秀的干部及时鼓励，进行通报表彰；对基本称职的干部进行指导，帮助其提高理论水平和工作能力；对不称职的干部提出诫勉，限期改正，不能按期改正的，按规定程序进行调整和改选。

◉ 群众工作

“三访四步”

中洪村2008年起开始实行“三访四步”工作法。“三访”，即村班子成员联系走访，村条线干部上门家访，基层党员就地察访。“四步”，即收集意见，分析梳理，研究解决，信息反馈。2008年，成立由村党（总）支书记为组长的“三访四步”工作领导小组。同时，专门设立了党员矛盾纠纷调解岗、卫生监督岗、社会治安岗、信息传递岗等，为党员更好地联系服务群众、发挥先锋模范作用搭建新的平台。

村班子成员走访和条线干部家访 中洪村规定班子成员和条线干部每月利用一个双休日，每人负责走访10户村民，走访时每人必须带上民情走访笔记本，通过“看、听、查、记”等方法，全面了解村民的具体困难与实际情况。每月召开一次专题会议，对家访中反映的问题和收集到的意见和建议进行分析研究，作出处理解决的实施方案，并向全体村民公布。联系家访对象主要是困难户、重残家庭、孤老、因重大突发事件造成特殊困难的家庭、邻里关系矛盾纠纷突出的家庭、帮教对象、有不良行为的青少年、其他需要联系的家庭人员。在联系走访群众过程中，同时查看村容村貌，了解其他有关情况，特别是了解掌握有无不安全、不稳定的因素和苗头；主动倾听村民对村工作和村干部的意见和建议；积极宣传党的路线、方针、政策和有关法律法规，宣传村经济和社会发展情况；开展有针对性的思想教育工作，帮助联系对象化解思想疑虑、邻里纠纷和干群矛盾，消除不安定因素；帮助群众解决困难，当场不能解决的，做好宣传引导，并在第一时间召开会议，探讨研究处理解决办法。

党员就地察访 中洪村成立了由10名普通党员组成的察访队。村察访员按所属片区，每人负责两个村民小组，每周开展就地察访，每两个月对片区内的村民遍访一次。村民如遇重大事项需及时随访，及时收集舆情信息，听取群众提出的意见和建议。对群众意见和建议，如属于本人能力范围内的，尽快帮助解决，并向村民委员会汇报；属村职责管辖的事务，提交村民委员会；遇紧急事宜的，及时上报村主要负责人；对于暂不具备条件解决的，做好宣传解释工作，争取理解和支持。有关情况都在每月定期召开的工作例会上作汇报。对于提交的村民的意见与建议，主动跟踪其推进情况，并向群众反馈。

疑难信访包案 2010 年后，中洪村根据“谁先走访谁负责”的原则，确定信访案件包案负责人。包案负责人及时掌握所包案件的详细情况，根据处理问题原则，依照相关政策规定，全程参与并跟踪处理，做到包化解、包回访。包案负责人在处理案件过程中，遇各类疑难信访案件，严格按照“一般问题一个月内解决”“疑难问题一个月内拟订方案、三个月内解决”“重大难题三个月内拟订方案、六个月内解决”办理。还坚持把疑难信访包案重点放在上访老户、干群关系、困难群众、土地征用等方面。村干部经常深入到村民家中，提前介入调处解决，把矛盾纠纷化解在基层，解决在萌芽状态。在疑难信访包案过程中，2010—2016 年，全村共受理各类信访、纠纷 420 多起，调解率 100%，调解成功率达 95% 以上。

“四治五建”

2015 年 3 月，中洪村开始实施“四治五建”村域治理工作方法。“四治五建”治理工作方法，即村域管理共治，村域事务自治，村域秩序法治，村域文明德治；建成党（总）支部领导下的村域治理新格局，建好以党（总）支书记为带头人的新领导班子，建立聚集各方力量的村域服务新模式，建构联动、联勤、联办、联管的网络化管理新平

村绿化养护队正在养护绿化

台，建设依法依规、自我管理、民主协商、睦邻互助的群众自治新农村。在实施“四治五建”过程中，坚持做到“三个三”。

打造“三支队伍”，凝聚民心 “三支队伍”，即综合保洁队伍，共有10人组成，负责村域内19.46千米的河道保洁、村庄道路保洁及7座水闸水位控制开关管理，美化环境，扮靓美丽乡村；文化特色队伍，成立一支由18人组成的女子舞龙队，丰富村民业余文化生活；文明巡访员队伍，村文明巡访员由原有的10人增加至20人，共同监督，共建幸福家园。

实施“三会议事”，为民办实事 “三会议事”，即村班子会议提出事项；党员大会征求意见，形成议案；村民代表会议开展讨论，形成表决，组织实施。2015年年初，村班子会议提出对老年人活动室进行修缮；村党员大会征求意见，形成议案；召开村民代表会议，开展讨论，表决通过；村民委员会及时制定修缮方案，做好招投标等工作。2015年6月，完成对村两个老年人活动室的修缮，还安装了空调，让老年人在村活动室舒服过盛夏。

构筑“三个平台”，夯实社区自治基础 构筑活动平台，通过开展各类活动，认真落实党总支“三会一课”（总支党员大会、总支委员会、党小组会、党课）、党员发展、民主评议党员等制度，完善基层党组织生活；构筑培训平台，2015—2016年，通过村民活动中心，开展各类培训六十余次，培训农村党员、群众两千余人次，提高村民素质；构筑服务平台，将综治群众工作服务站打造成一体化的村便民服务场所，进一步完善村干部接待制，解决群众实际困难。

村河道保洁队打捞水上漂浮物

做好思想工作，综合整治环境 村干部到村民家庭、民营企业宣传政策法规和《中洪村村民自治章程》，做好思想工作。中洪村从 1999 年至 2016 年，有上百户村民和一些私营老板在宅后或厂区，未批而建，属违章建筑，面积达 41798 平方米。上海勇飞木材市场地处中洪村第六村民小组，土地为集体用地，现状地类属工业用地，占地面积 3.3181 公顷，单层房屋面积 3542 平方米，单层彩钢板棚 3953 平方米，浇筑水泥道路场地 1.2 万平方米。2016 年 5—6 月，按章拆除，年底完成土地整理复垦并种植农作物。

2017 年年初，中洪村在枫泾镇水务站及相关部门的大力支持下，集中力量对杨进浜河道沿线违法建筑进行整治。杨进浜河道总长 2.621 千米，宽 9.5 ~ 14 米，贯穿中洪村 3 ~ 6 组，两岸涉及 203 户人家。经排摸统计，其中违章建筑 40 户，面积 1527 平方米。中洪村于 2 月 8 日召开村班子会议，确定成立河道综合整治工作小组。明确责任，各司其职，突出工作重点，在醒目位置制作了宣传栏、横幅等。对 3 ~ 6 组 4 个村民小组涉及 40 户违法建筑村民做好政策宣传工作，发放《告知书》，做到家喻户晓，明确本次拆违工作的详细方案和时间节点的安排。至 2 月底，40 户村民与村民委员会签订中小河道沿线违法建筑整治协议，签约率 100%。至 3 月 10 日，拆除 60%，3 月底全部拆除。经过拆除违法建筑，杨进浜河岸干净了，河水清了，过去杂乱的景象不复存在，代替的则是成片的草坪与花卉。

杨进浜村庄一角

上海市五好村党组织铭牌

上海市优秀人民调解委员会（2002—2004）铭牌

◉ 平安建设

组织领导 2006年以来，枫泾镇将中洪村平安建设工作纳入责任制考核范围，每年年初，中洪村与镇分别签订综治工作责任书、安全生产责任书，与辖区内各企业签订安全生产责任书。成立由村党（总）支书记任组长、副书记任副组长、其他班子成员及相关人员为组员的平安创建领导小组，并先后组建了综治（群众）工作服务站、消防工作站、反邪教工作站、人口信息采集室等。以村“一把手”为第一责任人，严格落实领导责任制、目标管理责任制和“一票否决”等制度。

平安创建 解放初期，村境内治安较差，村干部组织民兵整顿社会治安。其时，有一名伪职人员在逃，根据群众检举和提供的线索，村组织民兵配合区小分队和公安人员，将其捉拿归案。人民公社时，大队组织民兵巡逻值班，防止不法分子破坏集体生产。2002年，中洪村始建护村队，共有人员6名。护村队主要开展夜间巡逻，发现可疑人员进行盘查，还配合参与其他工作。2010年上海世博会期间，为保障会议安全，村组织民兵（志愿者）日夜巡逻。自5月1日至10月31日，在潮里泾桥堍设立哨卡，检查来往行人、车辆，做好安保工作。2015年，实行村域管理网格化，在村辖区内的主要场所、路段、道口等处，安装实时监控装置，安全防控能力进一步提高。

中洪村强化安全生产意识，经常对辖区内的生产企业开展安全生产检查，发现消防安全隐患，当场发出整改通知书，并在一周内进行跟踪督促。建立健全信访、矛盾纠纷排查调处预防化解机制，把涉及群众切身利益的实际问题作为排查信访、矛盾纠纷的关键，村班子成员经常深入农户家中，提前介入调处解决，把矛盾纠纷化解在基层，解决在萌芽状态。加强对流动人口的管理，村人口信息员深入各组，对流动人口逐一登记，对辖区内的暂住人口情况做到不失控、不漏网，对外来人员的子女入学、免疫接种等，与本村村民实行同等待遇。做好归正人员的安置帮教工作，村每季度组织帮教小组成员对在教人员（刑满释放、解除劳教及社区矫正对象）进行一次帮教谈心活动，落实“一对一”“一帮一”的社会帮教模式，及时了解和掌握他们的思想、生活和工作情况，让他们重新融入社会，接受帮教，改邪归正，发挥各有特长，为社会做贡献。

2004—2005 年，中洪村被评为“上海市安全小区”，2006 年被金山区社会治安综合治理委员会评为“金山区平安小区”,2010 年被上海市社会治安综合治理委员会评为“上海市平安小区”。

上海市安全小区铭牌

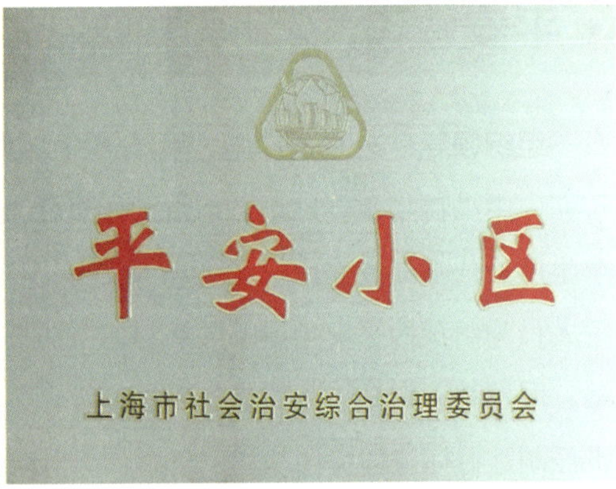

上海市平安小区铭牌

特色农家

中洪村田园秀美，风光旖旎，是典型的江南水乡。村民纯朴勤劳，聪明能干，涌现出了许多优秀人物，拥有众多的金山农民画画家、能工巧匠和特色农家，如种稻能手唐在明（事迹载《枫围乡志》）、中草药医生唐栋梁（“全国优秀乡村医生”）、养猪专业户曹在高（1987 年上海市劳动模范）、农户俞永芳（1991 年上海市劳动模范）等。本卷因篇幅所限，仅选择了 4 户特色农家，分别为：庄庆娟为代表的书香农家（2014 年荣获首届全国“书香之家”称号）、陈富林为代表的丹青农家（一家四代皆为农民画画家）、陈锦祥为代表的稻香农家（种植彩色水稻和塑造稻米画文化）、李林根为代表的工匠农家（2016 年荣获上海市首批“上海工匠”称号），每一户特色农家都有着动人的故事，是中洪村一道靓丽的风景线。

书香农家、丹青农家、稻香农家、工匠农家是中洪村特色农家的典型，事迹真实、生动、感人，是中洪村一道靓丽的风景线。

◉ 书香农家

中洪村 8 组的庄庆娟家庭，一家三口均喜爱阅读，其中庄庆娟专注于散文、随笔、杂文的创作，在全国和省市级征文比赛中屡屡获奖，2014 年荣获首届全国“书香之家”称号，是中洪村引以为豪的书香农家。

庄庆娟的祖辈均为老实本分的农民，父亲庄岳峰,1950 年生，中共党员，初小文化，上海市金山区（县）农业学校进修，曾任步杨村主任。母亲沈金珠，1951 年生，小学文化，爱好文艺，喜欢听广播。丈夫夏秋飞，枫泾镇新元村人，初中文化，中共党员，退伍军人，1997 年与庄庆娟结婚（入赘庄家），为枫泾镇某民营企业驾驶员。女儿庄添夏，1998 年生，为上海电力学院学生。

代表人物

庄庆娟，1976 年 12 月生。在职本科学历，中共党员，为中洪村党总支委员、村委会委员，上海市金山区故事学会会员。她勤思好学，年幼时即喜爱阅读优秀文学作品，从唐诗宋词到名家名作，长期研读，开阔视野，丰富心灵，为其文学创作奠定了良好的基础。

首届全国“书香之家”上海入选家庭授牌仪式（前排左二为庄庆娟）

庄庆娟于1996年中专毕业后，曾在一家村办企业当出纳员。从小喜欢中国传统文化的她，不甘于枯燥的业余生活，便到枫泾镇图书馆办了一张借书卡，阅读大量的经典著作。经过读书自学，她在2002年转岗成了村办幼儿园教师，并兼任共青团中洪村支部书记。同年，其《雨夜听曲》一文投给《枫泾报》，并被刊载。这给了她极大鼓舞，从此更将一腔热情投入到写作上。她写散文，也喜欢写故事，故事作品曾多次获奖，还被评为“金山区第五届文化艺术节”优秀故事作者。在做好本职工作的同时，她利用双休日参加了上海电视大学学习，大专毕业后又读本科，并取得了本科文凭。在任共青团中洪村支部书记时，工作出色，2005年被共青团金山区委评为“金山区新长征突击手”。

庄庆娟在书海徜徉

2007 年，通过应聘考试，成为枫泾镇新春村村民委员会主任助理。从此，更坚定了她投身建设家乡的决心。2009 年 5 月，当选为中洪村党（总）支部委员，成为一名村干部，其工作翻开了新的一页。

孜孜不倦的求学精神 庄庆娟于 1996 年在村办企业当出纳员时，业余时间较空闲。她受到爱因斯坦“人的差异在于业余时间”名言的启迪，认为：“我还年轻，要充分利用好业余时间，多读书，把对生活的热爱用笔写下来，让生命更加灿烂！”她一直坚持自学，日均阅读时间达两个多小时。当了母亲后，家务事多了起来，她也没有放弃读书、写作的爱好，依然坚持阅读，创作散文、故事。

她曾说：“阅读足以怡情，足以出彩。读一本好书，就像与一位大师进行交谈，让人受益匪浅。”为了读书，她热衷于购书、藏书，每月平均要花费 150 多元用来购书，这对收入并不高的她来说，是非常不容易的。20 多年来，她购买了大量的书籍和报刊，如国内外名著、散文集和故事、教科书等。至今，家里的藏书量已达三千余册，成为当地私人藏书的佼佼者。

身教言传的示范作用 庄庆娟不但自己爱好文学创作，还言传身教，影响了整个家庭，也影响了周边的同事、朋友。她一个人带动了一家人，带动了一群人。她习惯于晚饭后捧一本书阅读。受其影响，学历不高的丈夫由原来的不爱看书到喜欢购书买报，渐渐养成了看报读书的好习惯，在工作间隙看上几页，床头柜边也放了不少书报，如《故事会》《环球时报》等。每当她创作故事时，丈夫就成了她的第一位读者，还会帮她想

庄庆娟书香之家（左起：庄庆娟、女儿、丈夫）

庄庆娟作品《心灵放牧——王庆娟作品选》

庄庆娟《南京，南京，我们来看你》获奖证书

有意思的新点子。其女儿从幼儿园时就在耳濡目染中爱上阅读，上大学后，依然坚持每天阅读。在她的小家庭里，读书是最重要的业余活动，书籍、报刊、电脑已经成为家庭的宝贵财富，学习、读书、上网查资料已成为全家人的共同爱好和习惯，家里到处洋溢着浓浓的书香气。渐渐地，周围的同事、朋友以及不少村民也在她的影响下爱上读书，有的人写的文章也屡被报刊录用。2009 年成为村干部后，她更重视对村图书室的日常管理，健全借书登记制度，方便村民借书学习。

硕果累累的书香收获　庄庆娟自 2002 年起开始其追梦之路，笔耕不辍，取得了累累硕果。她相继创作的一篇篇散文发表，征文和故事屡屡获奖。故事《寻找马大哈》在百区县故事邀请赛和第八届中国上海国际艺术节、第九届中国上海国际艺术节“浦东川沙杯”长三角地区故事邀请赛中获奖，个人被评为金山区第五届文化艺术节优秀故事作者。《相信自己是一座宝藏》一文在 2009 年新闻出版总署“2009 年度农家书屋读书征文活动”和上海农家书香征文活动中获奖，并被编入《2009 上海“农家书香”征文选辑：耕读新曲》一书。《读书，让我遇见未知的自己》《我和我的中国农民画村》《南京，南京，我们来看你》等文也分别获奖。她的家庭获得市民阅读大会“百个优秀市民阅读家庭”称号。此后，又获首届全国“书香之家”、“上海市学习型家庭”称号。她专注于散文、随笔、故事、杂文等的创作，作品累计达 500 多篇。2002 年以来，连年被评为枫泾镇优秀通讯员，获得国家级荣誉 3 个、市级荣誉 15 个、区级荣誉 9 个、镇级荣誉 11 个。

众多的荣誉，使她赢得了人们更多的尊重，被当地人誉为“很接地气的才女”。2017 年 3 月，中国文联出版社公开出版其个人处女作《心灵放牧——庄庆娟作品选》。本书收录作者自 1994 年至 2016 年的随笔、散文及获奖征文等作品 109 篇，共 19.8 万字。

媒体报道摘要 许多媒体报道了庄庆娟的事迹。

庄庆娟主要作品和获奖情况表

表 11

序号	日期	作品名称	获奖名称或出版社名	奖项
1	2007 年 11 月	《寻找马大哈》	第九届中国上海国际艺术节“浦东川沙杯”长三角地区故事邀请赛	铜奖
2	2009 年 9 月	《相信自己是一座宝藏》	新闻出版总署“2009 年度农家书屋读书征文活动”	三等奖
3	2012 年 9 月	《专注与凝聚》	2010 年上海农家书香“我的书屋、我的家”征文活动	优秀奖
4	2014 年		荣获首届全国“书香之家”称号	
5	2014 年 5 月	《读书，让我遇见未知的自己》	2012 上海农家书香“我爱读书，我爱生活”征文活动	一等奖
6	2014 年 8 月		2014 年上海书展特邀读者嘉宾	
7	2014 年 8 月		2012—2013 年度上海市学习型家庭示范户称号	
8	2014 年 11 月	《我和我的中国农民画村》	2014 年上海市民文化节“市民写作大赛”	“书香情缘”单项奖
9	2014 年 11 月		2014 年上海市民文化节市民写作大赛中	“百名市民作家”提名奖
10	2015 年 1 月	《有梦的人生不平凡》	2013 上海农家书香“我爱读书，我家生活”征文活动	优秀奖
11	2015 年 1 月		2014 年上海市民文化节市民阅读大会家庭阅读大赛	“百个优秀市民阅读家庭”
12	2015 年 1 月		2014 年上海市民文化节中华优秀传统文化知识大赛	“市民知识达人”提名奖
13	2015 年 9 月	《南京，南京，我们来看你》	第十七届上海读书节“重温抗战史激发爱国情”读书征文	一等奖
14	2015 年 10 月	《让梦想照进现实》	2014 年上海农家书香“我爱读书，我爱生活”征文活动	三等奖
15	2017 年 3 月	《心灵放牧——庄庆娟作品选》	中国文联出版社	

报刊、网络新闻报道庄庆娟事迹一览表

表 12

序号	日期	媒体	报道内容
1	2006 年 8 月 26 日	《金山报》枫泾专版	金山人庄庆娟作品——《寻找马大哈》
2	2013 年 11 月 4 日	金山区委宣传部网站	“爱金山”征文活动获奖公告获奖名单及作品选登（枫泾镇庄庆娟《梦在路上不回头》获三等奖）
3	2014 年 8 月 28 日	《枫泾报》	中洪村庄庆娟家庭荣获首届全国“书香之家”称号
4	2014 年 11 月 9 日	金山区文化广播影视管理局网站	上海百位“市民作家”揭晓，金山区占五席（庄庆娟获得“书香情缘”单项奖）
5	2015 年 1 月 19 日	金山区文化广播影视管理局网站	庄庆娟家庭获市“优秀市民阅读家庭”称号
6	2015 年 9 月 28 日	东方网	第十七届上海读书节“重温抗战史　激发爱国情”读书征文揭晓（庄庆娟《南京，南京，我们来看你》获一等奖）

◉ 丹青农家

中洪村 20 组陈富林家庭，一家四代 9 人均为农民画画家，被称为“陈富林农民画世家”，是中洪村最具特色的丹青农家。

代表人物

陈富林，1943 年生，金山农民画画家。20 多幅农民画作品在全国及省市级画展中获奖，代表作有《阵雨》和 26 米长卷《安居乐业图》等。

陈富林 8 岁开始在中洪村小学读书，自幼喜爱绘画，少年时，即经常帮邻居画灶壁画。1957 年起，创作墨线勾勒的画法，此后尝试以水彩、水粉着色，运用灶壁画粗犷洒脱的造型以及鲜艳明快的对比色，创作了一批表达农村劳动场景和生活习俗的乡土作品。1965 年 1 月，曾向松江县文化馆投稿参加上海市美术家协会在松江县举办的群众美术观摩展，同时，以农民代表的身份参加上海市美术家协会在松江县召开的群众美术座谈会。此后，他曾与龚明华等一起为中洪村画了一套村史、家史组画，共计 140 多幅，深受人们喜爱，并引起县文化部门的关注。他还分别为枫围人民公社、枫围供销社、枫围卫生院、枫泾清洁所等单位画过时事宣传的壁画。

1972 年，金山县文化馆美术组组长吴人杰派美术组成员吴彤章到中洪村（时称胜

陈富林

利大队）了解农民画创作情况。此后，陈富林参加了金山县文化馆举办的几期美术创作班，创作了很多农民画作品。1974 年，著名画家韩和平到中洪村，对他和其他村一位农民画作者进行素描和连环画指导。1976—1977 年，上海美术馆两次举办“金山农民画展”，他的作品全部入选并获得好评。1978 年，村里派他到上海书画社学习国画装裱，是中洪村首批学习裱画的 3 人之一。2003 年，他在枫泾镇和平街成立了“金山陈富林农民画世家展厅”（后更名为“红胜火农民画社”），向中外来宾展示陈家四代人的画作，成为金山农民画创作的专业画社。2006 年，金山农民画村在中洪村建成并正式对外开放，他是首批入驻的农民画画家之一。他的主要贡献有以下几个方面：

金山农民画的开拓者 陈富林颇具绘画天赋，自幼喜爱绘画，少年时即为美术爱好者。1957 年，他借鉴灶壁画，创作了一批表达农村劳动场景和生活习俗的乡土作品。1963 年，创作了最早的农民画。20 世纪 70 年代中期，在金山县文化馆的组织下，他带头与村民投入农民画创作，发展创作队伍，推动了金山农民画的发展、壮大。1978 年，通过裱画实践，他改变了原来在铅画纸上作画的方法，首创在宣纸上创作农民画，艺术效果更佳，宣纸农民画自此成了金山农民画的特征之一。在金山农民画初创时期，曾由他帮助指导过的农民画画家，后来不少人成了著名的金山农民画画家。可以说，中洪村能成为金山农民画的发源地，他功不可没，是金山区最早的农民画画家之一。

中洪村最具特色的丹青农家 在中洪村许多农民画画家中，陈富林以作画时间最

陈富林 1957 年作品《打麦子》

陈富林 1963 年作品《砻谷》

长，而且一家四代 9 人都是农民画画家，其家庭成为最具特色的丹青农家。其代表作是花了 4 年时间创作的 26 米长的农民画《安居乐业图》，是现代版的《清明上河图》式长卷，画中有 1646 人，各式桥梁 15 座，船楫 98 艘，涉及行业 40 余种，其中一部分行业已经消失，如生铁补镬子、掸石磨、补碗等。该图于 2006 年被中央电视台选用为“中国十大魅力乡村颁奖晚会”背景之一。他也是最早在枫泾古镇开办金山农民画专业画社的农民画画家，对金山农民画创作以及装裱的改革创新，不仅进一步提升了金山农民画的艺术品相及附加值，也对中国农民画创作产生了深刻影响。

人们在欣赏农民画《安居乐业图》

陈富林农民画世家展厅（红胜火农民画社）

金山农民画创作成绩斐然的画家之一 陈富林在近 60 年的绘画实践中，经历了从美术爱好者到金山农民画创始、发展、壮大、回归的过程，对金山农民画发展起到了积极的作用。至 2016 年，陈富林共创作作品 1000 多幅，其中 20 多幅在全国及省市级画展中获奖，30 多幅作品入编典集，100 多幅作品分别在《大公报》《文汇报》《新民晚报》《美术报》等刊物上发表，300 多幅作品被欧洲、美洲、亚洲、大洋洲等 20 多个国家和地区的收藏家收藏。1991 年，自费在云南昆明举办了“陈富林家庭农民画展”，轰动春城。1994 年，全家应邀赴北京拍摄专题片，在中央电视台 1 套《文艺广角》栏目播出。1999 年，专题片《我家走过二十年》在中央电视台 1 套播出。代表作和艺术成果分别在中央电视台、《人民日报（海外版）》、《新华每日电讯》、《人民政协报》、《解放日报》、《新民晚报》、《美术报》等主流媒体作过专题报道。

主要作品和获奖情况

陈富林主要作品参展获奖和收藏情况一览表

表 13

序号	年份	作品	参展或收藏	获奖	备注
1	1957 年	《打麦子》			创作农民画作品
2	1963 年	《砻谷》	2006 年参加在香港展出的“金山农民画三十周年回顾展”		改用水粉着色创作
3	1965 年	《饲养场》	参加上海市美术家协会在松江县举办的美术观摩展		

续表 13

序号	年份	作品	参展或收藏	获奖	备注
4	1975 年	《夜寒心暖》	参加上海市“广阔田地、大有作为”美术作品展览会		
5	1976 年	《业余大学》	参加上海美术馆展出的“上海农民画展览”		
6	1977 年	《罱河泥》	参加上海美术馆展出的“金山农民画展览”		
6	1980 年	《水牛过河》	参加中国美术馆展出的“金山农民画展览”		
7	1995 年	《桃花映面红》	中国农民书画协会收藏		
8	1995 年	《小村冬运》	首届中国农民画大都会年奖赛	三等奖	
9	1996 年	《卖余粮》	中国农民画优秀作品展	优秀奖	
10	1996 年	《雪中小镇》	中国农民画优秀作品展	优秀奖	
11	1996 年	《农民俱乐部》	中国农民画优秀作品展	优秀奖	
12	2006 年	《安居乐业图》	被中央电视台“中国十大魅力乡村颁奖晚会”选用		26 米长卷
13	2007 年	《国泰民安》	中国村社发展促进会收藏		
14	2007 年	《十牛图》	中国村社发展促进会收藏		
15	2008 年	《迎世博——水乡篮球赛》	第三届中国农民画书画展	优秀奖	
16	2014 年	《春华　夏荣　秋实　冬藏》	上海图书馆收藏		
17	2014 年	《卖余粮》	中国航海博物馆收藏		

一家四代人绘画简历

钱引珍（1920—2016） 陈富林母亲，中洪村人，金山农民画画家。1990 年，已是古稀之年的她开始创作农民画。1995 年，作品《水乡庙会》获“首届中国农民画大都会年奖赛”三等奖，《走马灯》被“中国农村巾帼书画展”收藏。1996 年，《结婚》《新娘出嫁》获“中国农民画优秀作品展”优秀奖。2002 年，《水乡庙会》《新娘出嫁》被上海图书馆收藏。同年，《走马灯》被埃及驻上海总领事馆收藏。有作品 30 多幅，分别在《农民日报》《新民晚报》《美术报》等刊登，其中 20 多幅作品远销欧洲、美洲、亚洲、大洋洲等国家和地区。

王美英 陈富林妻子，1947 年生于浙江省嘉善县，19 岁嫁入中洪村，金山农民画画家。1982 年起开始创作农民画。主要作品：《六月六》获“中国农村巾帼书画展”优秀奖，《打油菜》获“中国农民画优秀作品展”优秀奖，《棉花丰收》入选在日本出版的《中国的农民画》画集，《桃园迎来四方客》获沪浙两地农民画家描绘新农村创作比赛一等奖和第三届中国农民画书画展三等奖，被中国航海博物馆收藏。至 2016 年，已创作作品 80 多幅，《娶亲》《打油菜》《棉花丰收》等分别在《文汇报》《新民晚报》《美术报》等刊物上刊登，30 多幅作品远销欧洲、美洲、亚洲、大洋洲等国家和地区。

陈富林农民画世家四代切磋画艺

原派绘画展览馆

高风　陈富林长婿，1962 年生，枫泾镇新元村人，金山农民画画家。1980 年开始绘画，1990 年与陈修结婚后，成为陈富林农民画世家成员。30 多年来，致力于农民画传统与创新、艺术与市场的探索，开创原派绘画。至 2016 年，已创作作品 200 多幅，其中 30 多幅作品在国内外画展中获奖，20 多幅作品入编典集，70 多幅作品分别在《文汇报》《新民晚报》《美术报》和香港《大公报》等刊物上发表，100 多幅作品被欧洲、美洲、亚洲、大洋洲等 20 多个国家和地区的收藏家收藏。2000 年，被文化部艺术人才中心、中国文联艺术指导委员会授予“世界华人艺术家”荣誉称号。为上海原派文化研究院、上海原派画院院长。主要作品：《半坡随想》获“上海市第四届‘江南之春’美术作品展览”一等奖，《草原印象》《闹元宵》获“中国农民画优秀作品展”优秀奖，《睡鸭》获“中国书画人才审评交流”一等奖，《水乡小村》获“中国书画人才”艺术奖，《摘石榴》获“首届中日书画精英邀请赛”二等奖，《月夜》获“第二届中日书画精英邀请赛”银奖，《春之歌》获“中国书画人才”艺术成就奖，《采红菱》获“中国书画人才审评交流”特别奖，《渔舟》获“当代书画名家作品邀请展”精品奖，《喜鹊登梅》获“国学文化艺术最高成就奖”金奖，《莲花童子》获“孔子金像艺术奖”金奖。

陈修 陈富林长女，1968年生，中洪村人，金山农民画画家。自幼随父亲陈富林习画，1982年起创作农民画。30多年来不断创作实践，在传统哲学与现代哲学中求索，在生活中追求艺术，用艺术体现生活，自成原派绘画。曾多次应邀赴日本、新加坡展出绘画作品，作品多次被拍摄成电视专栏节目播出并在全国著名刊物上发表。

至2016年，创作作品320多幅，其中30多幅作品在国内外画展中获奖，20多幅作品入编典集，80多幅作品分别在《人民日报》《新民晚报》《中国艺术报》等刊物上发表，200多幅作品被欧洲、美洲、亚洲、大洋洲等20多个国家和地区的收藏家收藏。2000年，被文化部艺术人才中心、中国文联艺术指导委员会授予“世界华人艺术家”荣誉称号。2012年，被中国传统文化传媒研究会授予“2012中国年度艺术家”荣誉称号。2015年，当选“中华传统文化杰出传承人”。为上海原派文化研究院、上海原派画院艺术总监。

主要作品：《龙舟比赛》《绿波》获“中国农村巾帼书画展”优秀奖，《牧羊》获“首届中国农民画大都会年奖赛”优秀奖，《仲夏夜》等获“中国农民画优秀作品展”优秀奖，《耕耘图》获“中国书画人才”艺术成就奖，《结婚》获“中国书画人才审评交流”特别奖，《春韵》获“第二届中日书画精英邀请赛”银奖，《牡丹之歌》获“当代书画名家作品邀请展”精品奖，《赛龙舟》获“世界华人艺术展”铜奖。

原派绘画创立者高风、陈修夫妇

陈惠芳与外宾交流

陈惠芳　陈富林次女，1970 年生，中洪村人，金山农民画画家，现任上海市奉贤区实验中学美术拓展班教师。自幼随父亲陈富林习画，1990 年起走上职业画家之路。多次应邀参加国内外画展。2010 年参与创作的农民画漫画集《缘分》由日本文芸社出版发行。2013 年 7 月，任上海宽喜金山农民画教室讲师，编写 40 课时金山农民画教材。至 2016 年，创作作品 300 多幅。主要作品：《洗头发》获“中国农村巾帼书画展”优秀奖并被收藏，《葡萄姑娘》在《农民日报》刊登，《跳绳》在《文汇报》刊登，《江南小村》获“首届中国农民艺术节”优秀奖并被中国航海博物馆收藏，《国泰民安》被中国村社发展促进会收藏，《巧媳妇》在“第十三届中国上海国际艺术节书画比赛”“第四届中国农民艺术节中国现代民间绘画新作展”中分别获得优秀奖和铜奖。

沈林弟　陈富林上门女婿，1969 年生，中专毕业，与陈惠芳结婚后，受家庭影响开始绘画，2015 年起走上了职业画家之路。代表作有《拔萝卜》《水乡》《金色的早晨》《农家忙》等。

高天野　陈富林外孙，1990 年生，中洪村人，2015 年上海海事大学毕业。1997 年起创作农民画。作品《我的家乡真美好》参加“中国首届少年儿童绘画书法艺术展”，

《枫泾古镇》入选《"世界遗产杯"国际书画大赛展精品集》,《向着太阳》荣获"上海市中学生美术书法作品展"二等奖。被聘为上海原派文化研究院艺术评论、策展人，曾策划"风行水上——首届原派绘画展"。2014 年，创作农民画《妈祖的故事》图文集。

陈致远 陈富林孙子，1993 年生，中洪村人，大学本科毕业。自幼受家庭氛围熏陶，喜爱绘画。至 2016 年，已创作农民画作品 20 多幅。1997 年，作品《龟兔赛跑》获辅导区"苗苗杯"幼儿书画大赛一等奖。《我和鲨鱼照个相》《我乘飞船看上海》分别在 2000 年全国小学生书画比赛中获一等奖和二等奖,《中国必胜》获 2005 年上海市"真彩杯"学生书画摄影作品展入选奖,《课间时间》在 2008 年第二届全国青少年艺术精英文化艺术交流活动中获最佳艺术奖,《飞船游艇》《游泳比赛》入编金山区学校教材《金山农民画与家乡民间文化》。

媒体报道摘要 20 多年来，陈富林家庭的作画情况被媒体长期关注。

陈富林家庭媒体报道摘要表

表 14

刊登日期	报刊名称	刊登标题
1991 年 11 月	《春城晚报》	陈富林家庭画展在昆展出
1994 年 2 月	《文汇报》	长卷农民画《水乡》气象万千
1995 年 3 月	《农民日报》	艺海奇葩——记金山农民画第一位作者陈富林和他的家庭
1996 年 11 月	《解放日报》	今朝丹青妙手
1997 年 6 月	《解放日报》	四世同堂爱丹青
1998 年 1 月	《解放日报》	高风陈修画家夫妇双双获国际银奖
1998 年 12 月	《人民日报》	陈修，从农民到女画家
1999 年 2 月	《文汇报》	彩笔共绘家乡美——金山陈富林家庭农民画小记
2000 年 11 月	《人民日报（海外版）》	陈富林家庭作画图片和文字介绍
2000 年 11 月	《新华每日电讯》	陈富林家的金山农民画
2000 年 12 月	《人民日报》	彩笔绘新村
2001 年 1 月	《新民晚报》	画出新生活
2004 年 5 月	《解放日报》	陈家一家节日创作金山农民画
2005 年 11 月	《中国艺术报》	画出金山"红胜火"
2006 年 6 月	《新民晚报》	一家四代九人　画作画室画展

续表 14

刊登日期	报刊名称	刊登标题
2006 年 12 月	《大公报》	金山农民画展现淳朴民风——高风的作品《秋雨》撮合了他和妻子的缘分
2007 年 4 月	《新民晚报》	金山枫泾古镇有了新行当——农民画家办起了画社“红胜火”
2007 年 7 月	《新民晚报》周刊	一家九口都会作画
2008 年 6 月	香港《文汇报》	形神清雅　原生态上海文化新亮点（刊登陈修照片）
2008 年 10 月	《国家艺术》杂志	画笔耕耘　绿色大地（“风行水上——首届原派绘画展”正在 56 艺术馆展出）
2008 年 9 月	《解放日报》	金山第二代农民画家有新发展
2009 年 12 月	《新民晚报》	农民画家教世博客人画农民画
2010 年 4 月	《新民晚报》	画笔相伴五十年——记上海首批“世博农家”示范户、金山枫泾农民陈富林
2016 年 2 月	《解放日报》	枫泾有个农民画世家

◉ 稻香农家

中洪村 20 组的陈锦祥家庭，以种植彩色水稻和创作稻米字画而闻名遐迩，是中洪村颇为传奇的稻香农家。

陈锦祥的妻子郛全珍，1948 年生，农民画、稻米画作者。女儿陈娟红，1970 年生，农民画、稻米画作者。女婿陆永忠，1970 年生，金山区干巷镇三新村人，农民画画家、稻米画作者。外孙陆经农，1994 年生，上海美术学院学生。儿子陈云伟，1972 年生，中国石化上海石油化工股份有限公司职工。儿媳黎永花，1974 年生，中国石化上海石油化工股份有限公司职工。孙子陈秋致，1999 年生，上海市张堰中学学生。

代表人物

陈锦祥，1945 年生，长期坚持研究水稻育种并成功种植彩色水稻，同时结合农民画的特点，用彩色稻米作画，探索出了多元化的稻米文化，被民间誉为“稻米文化达人”。2016 年被评为“金山好人”。

陈锦祥 1954 年起在中洪村中圩小学读书。1961—1962 年，在当时的枫围人民公社利民大队农业中学读书（半工半读）。1962 年后回到中洪村务农，读过农业中学的他对植物学很感兴趣，并立志要为家乡作贡献。1970 年起，他担任生产队植保员，开始培育

陈锦祥

植物种子及开展防病治虫的研究。1974 年，任生产队棉花、西瓜专管员，因而棉花、西瓜、水稻种子成为他研究的主要对象，并于 1977 年创下了西瓜每公顷产量超 7 万千克的好成绩，参加了上海市优秀西瓜生产者大会。1978 年起，他担任中洪村（时胜利大队）种子场种子员，考虑到本地区水稻种植量大，农民都盼望水稻高产良种的出现，便专注于水稻种子的研究。1980 年，借到金山县农科所专门研究稻麦育种。1981 年，任枫围乡农科站专职种子员，他以枫围良种场为基地，负责水稻、小麦、油菜良种繁育。他所研究和从事引进的良种加系 15、浙幅 802、8024 等品种都很成功，并获得县科技成果奖。2001 年，因“阳光政策”规定而提早退养，2005 年正式退休。退休后的陈锦祥仍每天沉浸在乡间水田中，运用种子研究成果种植彩色水稻，创作彩色稻米字画，谱写稻米文化的传奇。从 2002 年起，他一直专注种植彩色水稻，开始仅 20 多种颜色，后发展到上百种。2007 年起，又迷上了创作稻米画。

清点种子

稻香农家陈锦祥种植的彩色水稻“百仙水稻图”

彩色水稻田一角

执着的种子迷 陈锦祥在村里是出了名的“种子迷”，研究水稻种子有40多年。他初中毕业后回村务农，对培养优良种子产生了极大兴趣，此后做过生产队的植保员和棉花、西瓜专管员以及村种子场种子员，实践经验丰富。尤其是1981年后，任枫围乡农科站专职种子员，对水稻良种繁育有了专业研究基础。1985年，他到上海农学院学习了4个月，掌握了更多的稻种识别、栽培技术等理论知识。为收集水稻种子，他的足迹遍布金山、松江、青浦甚至浙江平湖、嘉善等地的田埂。每次找到新的品种，首先要在自家田里试种一番，通过收集原栽培品种，和生长过程中的自然变异品种不断进行杂交。他对种子的研究可谓达到了痴迷的程度。有一次在走亲戚的路上，见到田间有遗传变异的水稻，竟只顾采摘而误了时间。还有一次亲戚上门做客，到了吃饭时间，他却因不能耽误水稻授粉时机而到田间去了。经常把爱人给他买衣服的钱，用来买布做成布袋保存种子。为了研究水稻种子，他经常到图书馆找资料和参加培训学习，

彩色稻米

探索和收集水稻遗传基因。经过长期积累，他成功地培育出了许多新品种水稻，种子样本由 1974 年的 10 多种，到 1978 年的 30 多种，又由 1991 年的 100 多种，到 2008 年的 262 种，2016 年已达到 836 种。他还选择最优良的种子样本建成“百仙水稻园”“水稻大会堂”，以此诱发水稻基因天然重组和加快选育进程。其中的优良品种“中间绿”“三高白梗”被上海师范大学选中，作为研究生研究课题。《解放日报》《新民晚报》《东方城乡报》等各大媒体争相报道。他对水稻种子精心选育，样本逐年增多，每一种水稻新品种都是宝贵的财富。

独特的稻米画 陈锦祥的哥哥陈富林、弟弟陈卫雄都是知名的农民画画家，在耳濡目染下，他也会创作农民画，还能参照农民画来种植“彩色水稻画”。他以大田为纸，用水稻作笔，勾勒出了“中国梦”。种植“彩色水稻画”不是一件容易的事，每次种植前都要在田里画好图案，然后分成许多小格，再一格一格地播种插秧，种子样本越多，花费的精力就越大。他的优势在于拥有大量的变异的彩色水稻种子，同时又有绘画技巧，种植的《中国地图》《世界地图》等画很有特色，通过航拍十分壮观。他种在田间的“彩色水稻画”，具有自然之美，是一幅幅活着的农民画。除了种植“彩色水稻”，他还善于用彩色稻米创作农民画。他创造性地把一粒粒稻米黏在画好图案的纸上，以纯天然的各种颜色拼成一幅幅奇妙的稻米画，他的画从田间走进了室内。

稻米画《八仙水稻》

陈锦祥夫妇（右一、右二）等人收割彩稻

至 2016 年，他已创作《中国地图》《世界地图》《春回大地》《二十四节气》《枫泾镇行政区划图》《家和万事兴》《八仙过海，各有千秋》等 30 多幅稻米画及《枫泾人爱枫泾》《我爱水稻迎春耕》等稻米字。

深厚的乡土情 陈锦祥迷恋水稻种子，种植彩色水稻，创作稻米字画，体现了深厚的爱家乡、爱祖国的情愫。40 多年来，他迷恋于培育水稻种子，对水稻遗传基因的收集、保存、筛选和创新，正是他这种情结的体现。每次种植“彩色水稻画”，从选育种子、分开浸种催芽到播种插秧和田间管理，都需要花费很多时间和劳力。在没有任何政府补贴的情况下，完全依靠自己和家庭的共同努力。他一步步、一天天、一年年，几十年如一日，无怨无悔，他曾说过，“劳动的快乐，丰收的喜悦，彩色水稻是飘不散的乡情”。他创作的稻米画所表达的主题都是正能量的。2010 年上海世博会期间，他用彩色稻米粘贴出一幅《世博农民画》，表达自己对世博会能在家乡上海举办的自豪之情。每逢国庆节，他都早作准备，适时献上新的彩色稻米，表达庆祝国庆的心意。他怀着对祖国、家乡的深情，绘制出一幅又一幅的稻米画，如《中国地图》《枫泾镇行政区划图》《迎世博》等。《八仙过海，各有千秋》等，反映的是民俗和吉庆乐趣。最让人感动的是一幅用彩色稻米创作的《中国梦》。他说：“这幅画就像是我们枫泾人的梦，大家的梦想就像彩色稻米一样五彩斑斓，虽然不一样，但拼凑在一起就是伟大的中国梦。”在中央电视台的节目中，他告诉人们：“情系‘三农’，热爱祖国；感恩乡土，大地满座。”他和泥土打了一辈子交道，用水稻表达了深厚的乡土情和对祖国的热爱。值得记上一笔的是，几十年来，妻子邬全珍是他的好帮手和贤内助，许多劳作是由其妻子协助完成的，有时甚至全家齐动手完成。

主要作品 陈锦祥的稻米画作品，最初是在其长兄陈富林帮助下完成的，后来他自己独立创作了许多作品。

陈锦祥主要作品摘录情况表

表 15

序号	年份	作品名称	备注
1	2014 年	《马到成功》	稻米画
2	2014 年	《枫泾人爱枫泾》	稻米画
3	2014 年	《劳动节》	稻米画
4	2015 年	《领好子孙辛勤耕耘》	稻米画

续表 15

序号	年份	作品名称	备注
5	2015 年	《羊年好》	稻米画
6	2016 年	《中国梦》	稻米画
7	2016 年	《八仙过海，各有千秋》	稻米画
8	2016 年	《稻米文化枫泾镇》	稻米画
9	2016 年	《中国地图》	彩色水稻图
10	2016 年	《世界和平地图》	稻米画

媒体报道摘要 陈锦祥家庭的事迹，受到了媒体的长期关注。

报刊、网络新闻报道陈锦祥家庭摘要情况表

表 16

序号	日期	媒体	报道内容
1	2006 年 6 月 20 日	《东方城乡报》	种子迷陈锦祥
2	2007 年 10 月 25 日	《金山报》	种子迷的彩色稻米又丰收
3	2010 年 2 月 11 日	《东方城乡报》	枫泾农民创作“彩米”农民画迎世博
4	2011 年 10 月 21 日	《天天新报》	金山老农悉心培育“彩色水稻”
5	2015 年 5 月 29 日	《金山报》	文化达人水稻画家陈锦祥
6	2015 年 4 月 27 日	《解放日报》	五彩米绘就农民画
7	2015 年 10 月 1 日	《解放日报》	稻田里种出中国地图
8	2015 年 10 月 1 日	新华网	老人用彩色水稻种出中国地图
9	2015 年 10 月 2 日	《金山报》	稻田里种下中国梦——记枫泾镇中洪村陈锦祥与彩色水稻的故事
10	2015 年 10 月 4 日	中国广播网	水稻种出中国地图
11	2015 年 10 月 16 日	《东方城乡报》	陈锦祥痴迷彩稻 30 余年
12	2015 年 12 月 13 日	《解放日报》	图片《金山老人用彩色水稻种出中国地图》
13	2016 年 3 月 22 日	新华网	水稻种出中国地图（组图）
14	2016 年 9 月 26 日	新浪网	上海种子迷献礼国庆：用 400 多种水稻种出中国地图
15	2016 年 9 月 28 日	中国日报中文网	“种子迷”献礼国庆:用 400 多种水稻种出“中国地图”
16	2016 年 10 月 5 日	中央电视台《新闻直播间》	“七彩水稻来作画，‘水稻地图’迎客来”

◉ 工匠农家

李林根

中洪村 11 组李林根家庭，几十年如一日，根系农村，从事裱画，拥有高超的修补古字画技术，被许多媒体誉为“画医”。李林根于 2016 年荣获上海市首批“上海工匠”称号和上海市五一劳动奖章，是中洪村一枝独秀的工匠农家。

李林根的妻子李金华，1959 年生，中洪村人，1978 年起从事裱画工作，农民画画家，上海民间文艺家协会会员。女儿李静，1981 年生，在上海龙华医院工作，也擅长裱画和修补古字画，双休日和节假日时常回家给父母做帮手。女婿王琦，1979 年生，上海三菱电梯厂工程师。

代表人物

李林根，1958 年生，从事裱画工作 30 多年，上海民间文艺家协会会员。他 8 岁起就读于中洪村荷英荡小学，四年级后进入中洪村小学、中学（原胜利小学、胜利中学）读书，1976 年枫围一中毕业后回家务农。他从小喜爱绘画，受到了韩和平、吴彤章两位名家的绘画辅导，加深了对绘画的兴趣，在创作农民画方面有所建树。韩和平对他说：“你们年轻人要学点手艺。”对此他记在心中。1978 年，村里（大队）办起了裱画厂，机会面前，他先让未婚妻李金华进厂学裱画，自己仍在枫围人民公社养蜂场工作。1985 年，村里的裱画厂歇业，于是他与学过裱画的妻子一起，办起了裱画作坊。经过不断地刻苦钻研，他的手艺越来越出色，特别是修补古画、名画的绝活，令人刮目相看。30 多年来，他与妻子同舟共济，凭借过硬的手艺，修复了一大批名人山水画和书法作品，其中明清古画有近百幅。女儿李静受家庭影响，在上海中医药大学读书期间创作的《欢乐小鸡》获上海市大学生书画展特等奖。后来也开始学习裱画和修补古旧书画，平时利用业余时间帮助家里装裱补画。李林根的裱画作坊主要经营裱画业务，也兼画农民画，最擅长的是修补古画。

李林根夫妇在裱画

植根农村的裱画师 李林根起初画过农民画，但最终选择了裱画的创业路，而且一做就是30多年，从一个普通的农民成了裱画师，并因裱画工作而走上了致富之路。1985年年初创办裱画作坊，起步比较艰苦，其裱画作坊无人问津，全靠自己一家一户上门兜揽生意，有时甚至承诺不满意不收钱，生意慢慢有了起色。随着裱画技艺得到社会的认可，远近的书画收藏者纷纷慕名前来，许多宾馆、博物馆等单位也将珍藏的破损古画送来修补，生意渐渐红火起来。正是他不畏艰辛、知难而进、坚持不懈的精神，闯开了裱画业的新天地。裱画这门悠久手艺的独有魅力，也是他和爱人至今“坚守阵地”的一大精神动力。值得称道的还有他对技术精益求精和坚持“客户至上”的服务精神，为了一幅画的修补质量，他可以达到废寝忘食的地步。有位收藏者送来一幅长3米多、宽1.5米的破损清朝祖宗像，比作坊里的装裱台还大，为让画作完全平铺，他重新定做了一个装裱台，客户非常感动。坚持就有希望，30多年的裱画生涯，尽管经历了许多的坎坷，但始终把精力全部倾注于裱画上，体现了持之以恒、爱岗敬业的工匠精神。

妙手回春的“画医” 李林根热爱裱画这份工作，抢救了一大批珍贵的古画名画，许多媒体称他为妙手回春的“画医”。对书画爱好者来说，破损的古旧画既因珍贵不舍得扔弃，又因破损而不便示人，只能保存着。了解到这些书画爱好者有修补画作的需求后，他抱着对裱画事业的热爱和抢救古画的生命，决心尝试补画。1993年起，他开始修补古旧画。最初承接的是明清时的一幅家族祖宗画，经过一番努力后，客户基本满意。李林根说：“一些客户拿到广东、浙江温州等地都没有修好，后来拿到我们这里来修补。有位客户拿来一幅破损严重的人物画，让我们修补，我们花了一个月时间，完成了任务，得到了认可。”客户的信任和支持，使他信心倍增。于是买了不少书，花费大量时间潜心钻研，渐渐地他的补画技艺有了很大提高，并最终练就了一手为破损的画作进行修补的绝活。明代周嘉胄云：“古迹重裱，如病延医……医善则随手而起，医不善则随手而毙……致力于毫芒微渺间，有临渊履冰之危。”寥寥数语，道出了修复书画与医治病人的相似之处。他为古旧画所作的修补术，是一项“画医”的工作，正如医生对病人施行外科手术，是一项高难度的技术活，又是体力活，更需要的是精湛的技艺。那些破损的古旧画、名人画，经他修补后，都能焕发第二次生命。从开始承接修补古旧画以来，经他“医治”而获得新生的画有1000多幅，如明唐寅的《仿宋人赵千里青绿法》、赵左的《山水画》，祝枝山、董其昌的书法；清代有翁同龢、杨昌运、蒋纯候的山水画，杨葆光、张叔通、耿道冲、陈宝善、祝春年的书法等；近现代有刘海粟的《鲲鹏展翅九万里》，朱屺瞻的《苍鹰图》及陆俨少、吴青霞、张雪父等人合画的《清香盈海内，秋色满金山》，王个簃的《烂漫春花图》等。其中，破损最为严重的《春满金山图》，无法用手拿起来，画面更是霉得模糊不清，但夫妻二人还是将其妥善修复。李林根说：“修补这样的画作，就像给病入膏肓的人施行外科手术的医生。自己手中的镊子、刷子等就是手术刀。每当修补好，看到恢复原状的画作完整平铺在眼前，心里有满满的成就感。”确实，看过经他修补过的画的人，都会由衷地感叹。上海市原副市长唐登杰看到后赞语“妙手回春”，并欣然与李林根夫妇合影。

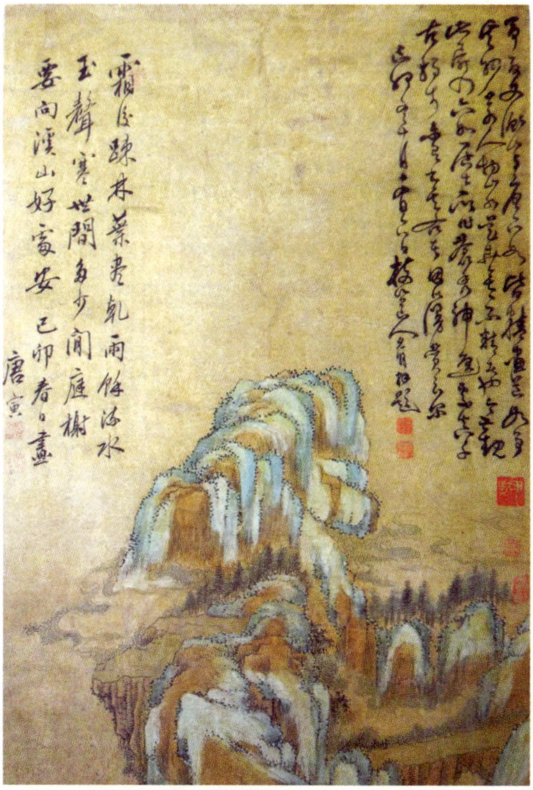

修补后的唐寅山水画（部分）

李林根一家

追求卓越的工匠 李林根虽然是个普通的农民，但他的信念和技艺却非同一般。他几十年如一日地刻苦钻研裱画和修补古旧画技艺，使许多破损严重的古画名画恢复了往日的异彩，凭借的正是他追求卓越的匠心和技艺。他曾说，修复古旧画必须保持其原有的形态，而不是修复成崭新的画作。修画的过程主要有洗、拆、补、画、裱等步骤，环环都很关键。不少上百年历史的古旧画有不同程度的霉斑，就必须先洗霉，即将画作平铺在真丝布料上，用高锰酸钾配着草酸溶液先把霉斑洗掉。对破碎的、褶皱严重的古旧画，则要翻面后用湿毛巾敷上一层水膜使其软化；晾干后，再将背面多层纸的表面层全部揭掉，即去掉层与层之间的面粉糨糊，留下画作的最表层，称为揭纸。将揭掉的纸用同一年代的纸张贴上，称为补纸。修补时，要根据具体画的破损程度和年代来决定采用哪种方案。他曾介绍说："明朝的纸、清朝的纸、清朝以后的纸，质地和纹理都是不同的，修补方案肯定不一样。"最后，进行补色、装裱等收尾工作。修补画的整个过程是十分艰难复杂的，而且每一个环节都不能有任何差错，否则不但前功尽弃，还会彻底毁掉画。譬如修复唐寅的《仿宋人赵千里青绿法》，他们夫妻二人辛苦了一个多月，方使该画恢复当初的神韵。为了修补古画名画，他对每一道工序都是一丝不苟，精益求精，在不断地钻研和实践中，练就了过硬的修补技艺和本领。如补纸一环，他看一眼就能知道画纸的年代，实际上这一眼是他许多年来勤学苦练所积累的结果。知道画作的年代后，还要准备相应的纸张材料。为此，他购买了很多明清时期的书画纸张，专门用于修补对应时期的古画。揭画时拆下来的废纸，他像宝贝一样收藏，主要用于修补古字画时配用。补纸时还有一个重要的步骤，是要按照原画纸张的纹路来补，即“横纹横补、竖纹竖补”，面对这些，他做起来得心应手。还有在客户要求上色接笔的过程中，要模仿原作者的笔法，最大限度让古画保持原有风貌，如此高难度的技术活，他也运作自如，做到“上色添线，天衣无缝”。正是他高超的技艺和追求卓越的匠心，在“上海工匠”答辩时，赢得了专家评委的好评，并顺利通过评审，获得 2016 年上海市首批“上海工匠”称号。

主要人物 李金华，1959 年生，她既是裱画高手，又是金山农民画画家，上海民间文艺家协会会员。1978 年高中毕业后，李金华进入村（大队）裱画厂学习裱画，1985 年起到自家裱画作坊工作。至 2016 年，已有近 40 年的裱画经历。1992 年，她曾参与纪念宋庆龄 100 周年诞辰书画装裱工作。1996 年，为中华人民共和国第三届农民运动会装裱一幅长 45 米的农民画长卷，为复旦大学附属金山医院修复书画名家刘旦宅、程十发两幅旧画。此后，又修复一批名人书画，有刘海粟、朱屺瞻、陆俨少、张雪文、应野平、俞子才、胡若思、邵洛羊、王个簃等人的作品。2006 年，为上海兴国宾馆装裱国画大师吕吉人一幅 8.5 米的长卷作品。她又是农民画画家，于 1989 年开始创作农民画，共创作了 180 多幅作品，作品曾在中国农民画展等展览中获奖，并被多家单位收藏。参见本志“农民画家 · 农民画师 · 李金华”。

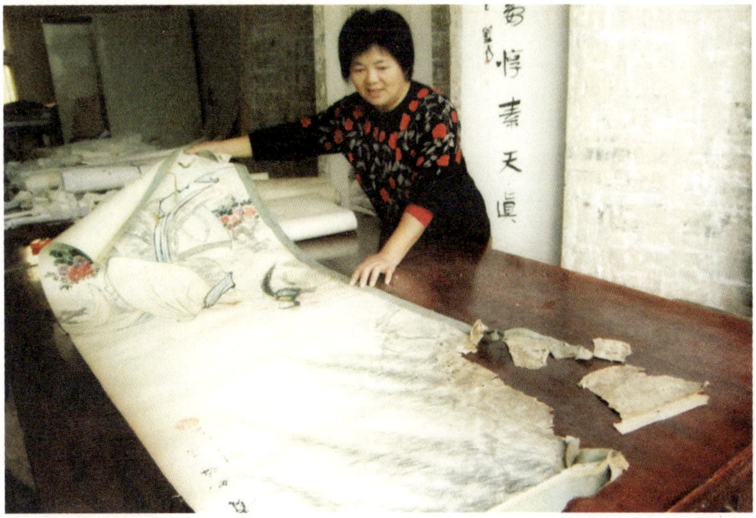

李金华在补画

“上海工匠”奖章

成果与荣誉 李林根一家经营裱画作坊30多年，修补画1000多幅，抢救了一批珍贵的古画名画，赢得了社会的赞誉和尊重。李林根于2016年荣获上海市首批“上海工匠”称号和上海市五一劳动奖章。此外，上海市领导、多个国家驻上海领事馆工作人员曾专程到他家观看装裱字画，时任上海市人大常委会主任龚学平曾到其家参观并给予赞扬，上海市人大常委会原副主任杨建华、上海市原副市长唐登杰、民革中央原副主席李赣骝等前来参观并题词合影留念。世界著名华人华侨领袖、社会活动家陈香梅称赞道："前辈的艺人有再好的作品，没有后人修缮，不可能代代相传，你们是在为国家抢救宝贝财富。"在北京，他还先后受到中共中央宣传部副部长王世明，中国文联副主席、中国民间文艺家协会秘书长罗杨等领导的接见并合影留念。

中央电视台、上海电视台、金山电视台均曾播放李林根工匠农家修补古画过程的电视片，《解放日报》《文汇报》《劳动报》等媒体也曾对他们的事迹进行过专题报道。

媒体报道摘要 2016年起，李林根家庭屡屡获得媒体关注。

报刊、网络新闻报道李林根家庭一览表

表17

序号	日期	媒体	报道内容
1	2016年1月16日	《上海女性》	李林根、李金华夫妇40余年修复上千幅画作
2	2016年1月16日	《解放日报》	“纸上手术”赋予古画第二次生命——李林根、李金华夫妇40余年修复上千幅画作
3	2016年2月28日	看看新闻网“Knews综合”	妙手画医让古画“复活” 精湛手艺却愁后继无人
4	2016年5月13日	《东方城乡报》	画医夫妇："纸上手术"赋予古画二次生命
5	2016年9月14日	上海文联“网上文联”	上海民协会员李林根荣获“上海工匠”称号
6	2016年12月16日	“视听金山”	“画医”金山这对老夫妻妙手回春，许多无价之宝都被他们“医”好了
7	2016年12月5日	《劳动报》	读书节“撞上”文化艺术节——“寻找最美金山工匠”
8	2016年12月29日	《上海老年报》	上海工匠潜心钻研画作诠释“工匠精神”

现代农场

中洪村拥有众多的家庭农场，这些农场是几十年来土地经营权流转、农民向种田能手转变的成果。21 世纪以来，在家庭农场的基础上，迅速崛起了上海阿林果业专业合作社、上海荷风嬉鱼生态园、上海开太鱼文化发展有限公司等规模较大，科技含量较高，绿色安全环保，具有自主品牌，集产、供、销、旅游、休闲为一体的现代农场，探索出一条适合当地现代农业发展道路，引领着都市型农场的发展，为农民致富、农业增效和美丽乡村建设作出了贡献。

阿林果蔬园、荷风嬉鱼、开太鱼文化在中洪村众多农场中脱颖而出，成为上海市郊区知名的现代农场。

◉ 果蔬园

概况

作为中洪村果蔬园代表的阿林果蔬园，即上海阿林果业专业合作社，成立于 2008 年 11 月，坐落于中洪村 13 组、14 组，注册资本 500 万元，是一家集水果蔬菜种植，水产家禽养殖以及水果、蔬菜、肉类、水产、粮油加工配送为主，休闲旅游为辅的大型综合性现代农场。阿林果蔬园为枫泾生产规模最大的果蔬园，占地面积 70 公顷，其中蔬菜种植面积 43.3 公顷，拥有标准蔬菜大棚 1300 多套，全年种植蔬菜 60 多个品种，年产量 5000 吨，其中特种蔬菜 6 种，年产 3000 千克。水果种植面积 13.3 公顷，有樱桃、葡萄、黄桃、蟠桃、杏、水晶梨等。引进国内外葡萄品种进行大棚种植，主要品种有金手指、利扎马特、豆峰、醉金香、夏黑、紫地球、爱神玫瑰、美人指、月光无核等 15 种。水果收获期间开展各种采摘活动，全年 3 万人次参与樱桃和葡萄采摘。农场特种水产养殖,2015 年开始饲养长江鲥鱼，面积 4 公顷，年收入 300 万元。

2009 年起，阿林果蔬园与科研机构及高等院校密切合作。成为高校示

阿林果蔬园牌楼

范基地后，高校及科研机构帮助其开展课题攻关，解决难题。与上海交通大学农业与生物学院合作，建成示范基地；与山东省果树研究所合作，建立示范基地，进行葡萄、红樱桃南移试验和示范工作。阿林果蔬园还是农业部国家葡萄产业技术体系综合试验站示范点。

阿林果蔬园有博士 1 人、高级农艺师 1 人、中级农艺师 3 人、植保专业本科生 2 人、大专学历以上技术人员 9 人、植保专业高级技术人员 3 人、管理技工 12 人、果树种植技工 8 人。截至 2016 年，经过 8 年多的发展，农场取得了众多荣誉和成果，尤其是农场技术团队开发的“肥水一体化”可调试比例的施肥设备，得到了农业部部长韩长赋的高度评价，上海市农业技术推广中心向全市推广这一新技术设备。

阿林果蔬园主要代表人物 王林军，毕业于青岛理工学院，上海交通大学安泰经济与管理学院在读工商管理硕士。大学毕业后从事房地产行业，因江苏西瓜“爆炸事件”，他决心重返农村，转行从事农业。2008 年，创办上海阿林果业专业合作社，并不断发展成为一家上海知名的现代农场。

王林军的妻子王莹在协助丈夫经营生产的同时，积极参与救助贫困母亲活动。2012年5月，在阿林果蔬园创立幸福工程——“救助贫困母亲基地”，最初安排60位贫困家庭妇女到农场工作，保证她们有一定的收入，帮助她们逐步脱贫。为了让她们掌握先进的农业种植技术，王莹聘请农业专家定期到农场辅导。

果蔬无公害

阿林果蔬园自成立起，在上海市农林渔业局、上海无公害农产品质量监测站、上海市疾病控制中心等相关部门的大力支持下，打造了从田间到餐桌各环节质量安全体系。阿林果蔬园和上海市农林渔业局紧密合作，聘请多位专家监督指导，从播种、育苗到收获实行全程控制，保证基地绝对不使用超标的农药化肥。

成品和半成品 阿林果蔬园的产品大部分由基地和生产厂家直接供应，这些基地和生产厂家都是全国各地名优基地和厂家。确定供货关系后，每个基地和生产厂家都安排专职质量管理员对原材料供应、生产过程、运输过程实行全程监控。每周定期抽取样品，送国家相关检疫部门检验。

验收 阿林果蔬园依照相关政策法规和产品特性，并广泛征求业内专家意见，

大棚内的无公害蔬菜

农残检测设施

率先在行业中建立起一整套的质量验收标准。主要有：有毒水产品的识别，干货验收标准、肉类验收标准、抛光大米和有毒大米的识别方法等。

检测 阿林果蔬园投入 800 多万元资金和人力，引进最先进的检测种类全面的检测系统。2016 年，设立独立检测室和专业检测人员。理化检测项目共计 21 项，涉及种类 58 大类、3400 多个品种。检测项目有吊白块速测、甲醛速测、肉类水分速测、农药残留速测、瘦肉精含量速测、亚硝酸盐速测、二氧化硫速测、假冒伪劣味精速测、食用油过氧化值速测、食用油酸价速测、食用油矿物油速测、食醋游离矿酸速测、食醋总酸速测、酱油中总酸与氨基酸态氮速测、味精谷氨酸钠速测、大米新鲜度（陈化米）速测、大米石蜡速测、碘盐含碘量速测、重金属砷和汞速测、苏丹红等非食用色素快速检测、大肠菌群定性速测等。为了保证每一份上市农产品安全、无毒、绿色，阿林果蔬园配有农残检测员，严格遵循《产品准出制度》，控制安全间隔期。残检员在每批产品出厂前均需填写准出单，检测合格后方可上市，检测及准出记录保存 2 年以上，以备查考。

储藏 青菜、瓜果类从收获到客户验收不超过 6 小时，储放温度在 0 ~ 4℃之间。猪肉、牛肉、禽类肉从加工到交货不超过 4 小时，恒温车间加工，冷藏车间分割、保存。各个环节温度严格控制在 0 ~ 4℃。干货、调料收获日期不超过保质期的 1/4，不超过生产日期的 30 天，验收 7 天后不能送出的报废。肉类冻品、面食速冻品、水产品速冻食品分区存放，温度在 −18℃以下。恒温车间每天清洗消毒，仓库每周消毒，冻库每周清洗、消毒。

出库 对出库配送的货品进行抽样复查，发现问题，立即召回。运输车辆内外清洁干净，无污渍、无异味，保持通风良好，每天清洗、消毒。装配工具配制安全，保持干净，无污渍，每天清洗、消毒。所有员工持健康证上岗，每年由卫生部门进行两次身体检查。所有员工每月进行 4 课时的卫生知识培训、食品常识培训。

水肥一体化

阿林果蔬园于 2013 年 11 月开始研究水肥一体化技术设备，2014 年 3 月验制成功，是年 4 月投入使用。阿林果蔬园自行研制出一套简捷、价廉、高效的移动施肥车，达到水肥一体良好的灌溉效果。水肥一体化技术设备是将灌溉与施肥融为一体的农业新技术，难度较高，按照作物生长需求，进行生育期全面需求设计，把水分和养分定时、定量供给作物。一般以滴灌、微喷与施肥结合居多，微灌施肥系统由水源、首部枢纽、输配水管道、灌水器、移动施肥车等部分组成。阿林果蔬园实施水肥一体化后效果十分明显。

水肥均衡 根据作物需水、需肥规律随时供给，满足作物在关键生育期的需要，均衡补充水肥，杜绝了任何缺素症状，因而在生产上可达到作物的产量和品质均良好的目标。

省工省时 使用喷滴灌，只需开启电机，打开阀门，连接上施肥器，就可进行水肥灌溉。传统的水肥施用，一人一天只能 30 个大棚，水肥一体化的实施，可增加到 100

外国专家参观果蔬园设备

大棚内的挂藤西瓜

个大棚，省时省工 70% 左右。

节水省肥 根据作物需水、需肥规律随时供给，直接把作物所需要的肥料随水均匀地输送到植株的叶面和根部，作物“细酌慢饮”，水肥均衡，肥效快，避免了肥料施在较干的表土层易引起的挥发损失、溶解慢、最终肥效发挥慢的问题，大幅度地提高了肥料的利用率，可减少 50% ~ 70% 的肥料用量，水量仅为沟灌的 30% ~ 40%。

减轻病害 大棚内作物的很多病害是土传病害和随流水传播的病害，如辣椒疫病、番茄枯萎病、灰霉病等。采用滴灌，可直接有效的控制土传病害的发生。同时，能降低棚内的湿度，减轻病害的发生。

控温调湿 冬季使用喷滴灌能控制浇水量，降低湿度，提高地温。避免了传统沟灌因浇水过多引起的土壤板结、通透性差，作物根系处于缺氧状态而造成沤根、黄叶等问题。

增产增效 阿林果蔬园投资水肥一体化的工程（包括管路、动力设备等）约为 4.5 万元 / 公顷，整套设备可使用 8 年，肥料和农药使用大幅降低，产品品质进一步提升，增产幅度可达 30% 以上，增效显著。

减少污染 菜田土壤盐渍化、肥害、药害已是普遍现象。而通过水肥一体化喷滴灌这一标准化的作业模式，大大降低了蔬菜因过量施肥而造成的水体富营养化以及土壤污染等问题。

智能化管理 2015 年年底，阿林果蔬园率先引入农场云服务，在信息化管理基础上向智能化迈进了一大步。云服务引入后，全面整合优化各方面资源，实现农场的便捷化管理，增加了农场与客户的互动性。

运用农场云服务丈量土地，估算收成；完成水面等各种资源配置，并详细记录这些资源当前的使用情况，实现农场管理的轻松高效。

农事管理实现生产数字化。根据订单及农场资源，合理安排生产，使农场向订单模式转变，避免无计划生产，更切合顾客需求。

通过各种传感器收集生产过程中的环境信息，使用大数据分析生产环境状况，随时提醒管理人员采取相应改进措施，做好生长过程的可监控性。

公开产品绿色生产履历，通过扫描二维码，将生产过程中的关键数据，直观展现给顾客，使顾客增加对农场的信任。

阿林果蔬园配有专职信息员，主要负责田间一线农事记录，包括打药施肥、采摘等信息，整理后录入上传至自行开发的软件——上海阿林果业专业合作社综合信息化平台。能实时、准确地完成产品安全追溯，切实保证产品安全。以大棚为单位，每个大棚建有统一规格的条形码和二维码系统，连送到客户手里的产品上都有条形码。通过条形码查询，可以得到以下信息：该产品何时种植、何时打药施肥、分别用了什么药、施了什么肥、何时采摘等，真正做到产品质量安全可追溯。

阳台种植 城镇居民家的阳台变成“菜园子”，这是阿林果蔬园推出的一项现代家庭园艺工程。该工程于 2015 年起实施，经过一年多推广和实践，得到越来越多城镇居民欢迎。截至 2016 年 12 月，已有 200 户居民种植阳台蔬菜，面积达 1000 平方米。其方法与特点是：

绿色，使用专用塑料箱。根据阳台面积和环境，设计制作干净、漂亮、色彩艳丽的专用塑料箱。蔬菜生长过程中不使用农药化肥，土质均经过消毒。到了成熟期，阳台上布满绿色。

健康，农场统一供货、指导管理。居民自己动手、动脑，获得健康的蔬菜。

时尚，城镇居民家的阳台种菜后加入专门的网站，结交阳台种菜网友，发表感受，分享成果。

安全，居民看着自己种植的蔬菜慢慢成熟，无农药化肥，放心食用。同时又节省时间，不用去市场买菜。

宅配销售 2011 年年初，阿林果蔬园开始开展家庭式会员宅配销售服务，全程冷链，当天配送到家。从一开始的 10 多家，至 2016 年，已经发展到 100 多家，还为日上免税行、91 农业、怡乐生活馆、自在源、圣甲虫等企业提供配送服务，实现年销售近

300万元。2015年开始门店销售，至2017年1月，共建门店7家。2016年，销售额达1500万元以上。

在开始送货前，组织相关采购、产品管理及配送人员实地走访，了解客户的个性化需求，与相关下单、验收人员进行交流，详细了解每个品种的规格、等级以及质量要求，包括学习餐厅相关管理规定。

根据客户的具体地址及送货时间安排合理的路线，以保证每天的准时送货。安排专车、专人提供全天候的跟踪服务。根据客户的特定要求，组织相关配送员进行有针对性的培训，使其尽快熟悉工作，让客户满意。每天安排专人审核客户的采购单，有疑问时第一时间与客户联系，协商解决。前期，每天安排专门的产品管理人员负责跟进，确保每个货物质量，直到进入正轨。每天对送货车辆及装货物用的菜筐等器具进行消毒，避免二次污染。向客户提供农场各部门及负责人的联系方式，以保证客户的合理要求都有专人高效处理。农场负责人每天找配送员了解当天的情况，及时发现问题，并进行相应培训，加以分析，杜绝同样问题的重复出现，形成操作规范和制度化。

果蔬采摘·餐饮服务 参见本志“乡村旅游·旅游线路、项目·果蔬观赏、采摘”“乡村旅游·配套服务·阿林果蔬园绿色食品餐厅”。

回报社会

幸福工程 2012年5月，阿林果蔬园被上海市、金山区计划生育协会列为市“幸福

采摘草莓

工程——救助贫困母亲”基地、金山区“幸福工程”项目单位。至2016年，阿林果蔬园累计资助贫困母亲80多人。吸收几十位贫困母亲到农场参加劳动，以增加她们的收入；派农场技术人员到一些贫困家庭上门指导种植草莓、甜瓜等经济作物，使其增收；收购贫困家庭种植的农产品，帮助其销售；同时，还定期组织贫困母亲参加技能培训班。2014年，阿林果蔬园王林军获上海市计划生育协会颁发的“幸福工程——救助贫困母亲行动”爱心奉献奖。

帮扶残疾人 2015年，阿林果蔬园参加了“扶残涉农经济组织”，并发挥自身优势，为残疾人服务。吸收了50名残疾人到农场参加力所能及的劳动，从而增加他们的收入。同时，对部分有劳动能力的残疾人定期培训，对于行动不便的残疾人，还派员上门指导，使他们掌握劳动技能。

植树捐款 2017年3月12日植树节，阿林果蔬园举办了“上海阿林果蔬园首届千人植树节公益活动”。通过各种方式招募1080个植树名额，每个名额收取10元，共募得10800元，并定向捐给金山区辅读学校，用于改善残疾儿童的生活学习设施。

主要认证、荣誉 2012年，获全国休闲农业创意精品大赛华东赛区包装创意优秀奖；2012年，获国家无公害农产品认证及无公害产地认证；2014年，被评为农业部蔬菜标准园；2015年，获国家绿色食品认证；2015年12月，获全国休闲农业乡村旅游三星企业称号；2016年，获国家有机蔬菜转换期认证；2016年，通过ISO 9001质量管理体系和ISO 14001环境管理体系认证；2016年，获上海市市级示范合作社称号；2016年5月28日，获得GAP（良好农业规范）认证；2016年，获“义田杯”优秀示

阿林果蔬园向金山区辅读学校捐款

包装创意优秀奖铭牌

国家级蔬菜标准园证

范农场荣誉称号；2017 年 1 月，通过南京国环有机产品认证中心审核，获得有机产品证书。

◉ 荷风嬉鱼

概况

荷风嬉鱼，即上海荷风嬉鱼生态园，成立于 2008 年，坐落于中洪村 10 组，由上海众望饲料有限公司投资兴办，土地面积 40 余公顷，是一家集生产饲料、水产养殖、观光旅游、餐饮住宿为一体的现代农场。

2008 年前，中洪村养殖业品种单一，无法满足市场需求，造成滞销，一些村民难以维持下去，造成鱼塘荒废 35 个，面积达 27 公顷，最大为 1.34 公顷，最小为 0.026 公顷。塘区内主干道坑洼不平，杂草丛生，车辆不能正常通行；基础设施陈旧，无进水、排水系统，塘坡塌陷严重，淤泥深度达 1 米以上。2008 年，成立上海荷风嬉鱼生态园。经调研之后，提出可行性报告，筹集资金，改造旧鱼塘。按标准化生态养殖场要求设计建设，清除淤泥 30 万立方米，修筑塘坡 4000 平方米。改造后的池塘塘埂宽度为 5 ~ 6 米，塘埂坡度不小于 1 : 2，池塘平均有效水深达 2 米以上，池底平坦且有适当的排水倾斜坡度。新建进水明渠，呈南北方向贯穿整个养殖场。新建泵站从生态养殖场取水。进水明渠为槽形结构，钢筋混凝土现浇。新建养殖场排灌水系统，排水系统由排水阴井与河道湿地连接。新建南北交通主干道，路面宽 6 米，总长度为 600 米，浇 4 米宽、15 厘米厚的水泥路面，可供车辆通行。主干道两侧安装路灯。水产养殖场配装专用变压器，每 2 个池塘配置一个配电箱，绿化面积计 2.87 公顷。

荷风嬉鱼

农场按照一定形状新建的虾池，在增氧机作用下，池水可形成环流，有利于池水中悬浮废物向池中央汇集排除。为提高土地利用率，多数虾池为长方形或正方形。大池面积为 1 公顷，小池面积为 0.33 公顷，便于管理。池底平整、夯实，地膜铺盖。底略呈锅底状向中央倾斜，并于中央设置排水管道，便于排污和排干池水。池深多为 2 ～ 2.5 米，进水后水深 1.5 ～ 2 米，提高了放养密度。

主要代表人物 肖怀平，四川省营山县人，毕业于浙江大学，获硕士学位，第五届金山区政协常委会委员，金山区工商业联合会常委。在希望集团工作 3 年后，1995 年来到枫泾镇发展，组建上海众望饲料有限公司，任董事长、总经理。其自行开发具有国际先进水平的“无抗菌素绿色饲料”“复合氨基酸微量元素”，研究饲养“当归鸡”等，1999 年获“上海市新长征突击手”称号。娄雪彪，1991 年毕业于上海交通大学农学院，工程师，上海众望饲料有限公司党支部书记，上海荷风嬉鱼生态园总经理，曾获上海市优秀员工荣誉称号。他主管党务工作，摸索出党组织在民营企业工作新方法，协调好各种关系，深入第一线，做好管理工作。

主要特色

荷风嬉鱼在开发再生资源新型饲料、鱼塘水产养殖、黄桃种植、荷花种植等方面形成了独有的经营特色。

开发再生资源新型饲料 荷风嬉鱼母公司是上海众望饲料有限公司，其注册资本400万元，坐落于中洪村3组，主要生产猪、鸡、虾等各类饲料、浓缩饲料、添加剂混合饲料。自1995年成立以来，不断创新，坚持质量第一。利用酱油厂的酱渣、糖厂的糖渣，积极开发再生资源新型饲料。生产出优质蛋白质饲料，年节约粮食4000吨，减少废水废渣排放量3200吨。1997年，其生产的再生资源新型饲料被认定为“上海市高新创新技术成果转化项目”产品；2000年，被科技部等五部委列为国家重点新产品；2003年，通过中国质量认证中心的HACCP食品安全管理体系认证审核；2004年1月，在全国饲料行业率先取得HACCP认证证书（NO：0-03-0495）。荷风嬉鱼养殖的水产，所用饲料均由其生产，上下供应链相连。自产自用，用自己生产的饲料，饲养出优质水产品。整个生产和消费链环保、绿色、科技、无害。

鱼塘水产养殖 荷风嬉鱼农场养殖水面积30.1公顷，养殖品种有斑点叉尾鮰、南美白对虾、鲫鱼、草鱼、鳊鱼、青鱼、花鲢、白鲢、白水鱼、鮰鱼、昂刺鱼等，年产值542.8万元。经过几年的养殖后，斑点叉尾鮰、南美白对虾成为其特色水产品。其中，斑点叉尾鮰具有适应性强、生长快、易饲养、易起捕以及肉质鲜美等特点，是世界闻名的养殖品种和游钓鱼。荷风嬉鱼在人工养殖条件下研究其进食习性，用其喜食的鱼粉、豆饼、玉米、米糠、麦麸等原料配制而成颗粒饲料。在水深1.5 ~ 2米之间，斑点叉尾鮰与鲢鱼、鳙鱼、草鱼、鳊鱼和罗非鱼混养。水温在15℃以上时，投喂浮性饲料；水温

改造前的鱼塘

改造后的鱼塘

捕鱼

低于15℃时，投喂沉性饲料。每天投喂两次，即上午、下午各1次，投饵范围尽量大。斑点叉尾鮰疾病较多，尤以病毒性疾病危害较大，农场除常规消毒外，还坚持不投喂变质饲料，并定期进行药物预防。对肠道败血症采取每100千克饲料中加0.18千克土霉素投喂治疗，收到了很好的效果。荷风嬉鱼养殖南美白对虾时，从把好进水关入手，同时把好选苗关和防病关，确保虾长得快、长得肥、上市早。

黄桃、荷花种植 荷风嬉鱼种植黄桃4公顷，采用先进种植技术，深挖树坑，每个树坑长、宽、高各为1米，用优质腐熟农家肥20千克、专用复合肥2千克、尿素200克与细土拌匀后施入坑底。合理修剪，选择三枝生长，45度向上斜伸，枝距10厘米、枝间夹角为120度的枝条为主枝，若主枝不够标准，用拉枝、撑枝、吊枝等方法纠正。果实套袋防治虫害。黄桃果实易受桃蛀螟、食心虫、吸果夜蛾等害虫危害而影响产量和商品价值。用套袋可以防虫防鸟，减少用药次数，降低生产成本，减少农药污染。去袋后，黄桃质量更佳、色彩更艳丽，年产值可达4800千克。

黄桃种植

荷风嬉鱼从 2012 年起，辟出 6.67 公顷低洼田，种植莲藕，选择既可欣赏又可食用的“大紫红莲”藕种，其品种成熟适中，藕为 4 ～ 5 节，年产 15 万千克。遵循科学种植方法，加强管理，取得好收成。为保证产品质量，农场选择健壮藕芽 2 ～ 3 节、重量在 0.5 千克以上，每公顷地种藕量 2625 千克，栽前用 70% 以上甲基托布津可湿性粉剂稀释 800 倍，液体喷洒，堆闷 24 小时。药液干后定植。春季时每公顷施腐熟有机肥 750 千克，投生石灰 2250 千克。4 月中旬定植，行距 2 ～ 2.5 米，每穴栽一支主藕或两支子藕定植后，保持 3 ～ 5 厘米水层，立叶后逐渐加深水层至 20 ～ 30 厘米，出水后将叶后水层逐渐回落至 15 ～ 20 厘米。为保证藕粗壮、嫩脆，农场在藕田追肥 2 次，第一次为 5 月 20—30 日，每公顷施碳酸氢铵 750 千克、尿素 375 千克、藕田专用复合肥 750 千克；第二次在 6 月 20—30 日，每公顷施尿素 600 千克、藕田专用复合肥 750 千克，种植 2 年以上的藕田追肥一次。年产藕 15 万千克。

农家乐休闲

荷风嬉鱼生态园利用自身优势资源，开发建设水乡休闲旅游项目，使之成了中国农民画村旅游景区内的配套景点之一。

赏荷　荷风嬉鱼 6.67 公顷的荷塘，每年盛夏季节，荷花盛开，为观光赏荷的好时节，上海市区、金山区、松江区、青浦区和浙江省嘉善县等区县的游客纷至沓来，观赏荷花。2016 年，一群上海作家、诗人相聚荷风嬉鱼观荷赏花，以荷为题，抒发情怀，写

荷花塘

下了几十首诗词。中国作家协会会员郦帼英写有《鹊桥仙 · 一池莲荷》(外三首),中国诗歌协会会员、上海市作家协会会员钟慧娟写有《荷塘心 · 组诗》7首诗，上海市作家协会会员黄晓华写下了《荷花》《醉荷池》《醉荷》3首词，上海市作家协会会员梁志伟写下了《荷花姑娘》，中国诗歌协会会员、上海市作家协会会员金云，上海市作家协会会员季渺海、火俊、金瑜等都留下以荷为主题的诗篇。这些诗篇讴歌了荷之美、荷之香、荷之出淤水而不染的精气神，同时也对荷风嬉鱼美言一番。

采摘 · 垂钓荡舟　每年8月，荷风嬉鱼开展黄桃采摘旅游活动。自2008年起，设立垂钓项目，一年四季均有垂钓者，成为枫泾地区最大的钓鱼基地。2008—2016年，每年举办钓鱼比赛。上海市第八届运动会钓鱼比赛在这里举行。有关集团以及企业、工会系统组织钓鱼比赛达100多次。鱼塘里停泊着小舟，供人乘游。

垂钓休闲

餐饮 荷风嬉鱼经过近10年发展，除水产养殖、果树种植外，还有餐饮、住宿、烧烤等。有临水餐厅30个，其中超16人大包间2间，可供300人同时用餐，供应“特色农庄私房菜”近百余种。获得金奖的菜肴有：“陈皮河虾”，获2008年“枫泾新八样”第一名；“陈皮河虾”“荷风嬉鱼”“鮰鱼豆腐”，获2012年“上海市农家菜·大擂台十大特色农家菜”奖；“本堂藕合”，获“金山区农家菜”评比最佳创意奖；“真龙戏珠”，获2013年金山区艺术节最佳造型奖；“浓汤珍珠鱼丸”“香辣牛仔骨”，获农家招牌菜2015“首届创新菜全国名厨烹饪争霸赛”优胜奖；“东坡鸭”，获2016年“上海市农家菜·大擂台十大经典农家菜”奖。荷风嬉鱼为适合广大青年人的兴趣，在休闲区内推出烧烤项目，占地50平方米，共设烧烤炉5个，可供50人同时就餐，供应新鲜的蔬菜、河鲜、海鲜、禽肉等食品。

住宿 水上客栈共22间，可供60人住宿，其中双房套间1套，可供两个家庭同时入住。提供餐具，游客钓的鱼可在房间内自由烹调。棋牌、卡拉OK均可在房间实现自娱自乐。

“笃悠游” 荷风嬉鱼为城镇中老年休闲和劳动体验之需，于2017年1月推出了“笃悠游”活动，即两天一晚、三天两晚乡村度假游。全年12次“笃悠游”，免费赠送面积为35平方米的“一份心田”一年租用期。

荣誉成果 经过多年发展，荷风嬉鱼取得了一些荣誉：2010年获“世博园观光农园”证书，2012年获“上海市标准化水产养殖场”称号，2015年获“上海市三星级农家乐”称号，2014年获金山区旅游局颁发的“金鱼钩休闲游示范点”称号等。

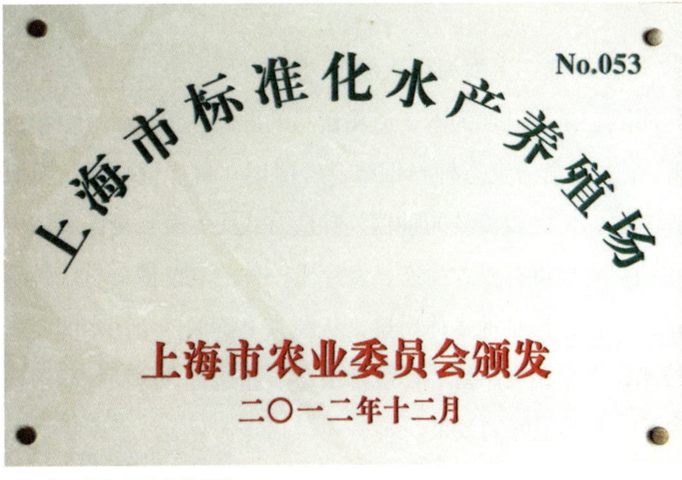

荷风嬉鱼部分获奖铭牌

◉ 开太鱼文化

概况

开太鱼文化公司，即上海开太鱼文化发展有限公司，2012 年成立，土地面积 75 公顷，其中水域面积 30 公顷、水稻田 40 公顷、蔬菜基地 4 公顷、水果基地 1 公顷。土地来自中洪村 2 ~ 9 组。开太鱼文化公司为“上海开太鱼枫泾净水渔业示范基地”，种养结合，所有水源均经过优质改良水草充分的循环净化，达到国家饮用水标准，实现“零污染、负排放”，全部农业劳作均由人工完成，保证了产品真正的原生态、安全性。2017 年 2 月 12 日，中国工程院院士、中国水利水电科学研究院水资源研究所所长王浩专程到开太鱼文化公司考察，充分肯定了开太鱼文化公司种养结合的模式。

开太鱼文化公司经过近 5 年的发展，已形成了集水产养殖、种植、销售和水产品领域开发和农业休闲观光旅游为一体的现代新型农场，产品有鱼、虾、蟹各类有机水产品，功能性原种有有机食疗蔬菜、热带水果、生态有机大米等。

代表人物 何文辉，上海海洋大学教授，中国管理科学研究院研究员，硕士生导师，教育部科研基金和科技奖励评审专家，开太鱼文化公司创始人。他致力于生态农业研究，在食疗蔬菜组织培养、营养分析、药物成分分析和种植技术等方面均取得突破性进展。在中洪村成功地进行了蟹稻共作、南果北移、温室大棚种养殖等多种科学农业模式探索。

科研特色

倡导科研为先 开太鱼文化公司依托上海海洋大学的人才资源优势，拥有一批博士、硕士、专家、学者的科研团队。秉承以德为本、道法自然的理念，重点研究中华民族传统饮食文化、中医理论、养生理念与生态种养相结合，提出“食疗型食材”新概念，开创出独有的养生式种养方法，使之较传统的种植、养殖方式更安全、更健康、更原生态，将研究成果转化为向消费者提供有机、生态、食疗于一体的功能性食材。科研技术人员经常进行水净化测试，严格把控基地水体质量，从源头上确保养殖用水的安全性；采用“五防”生物驱虫技术，即采用驱虫灯、印度辣椒王、迷迭香、薄荷叶和加塞尔木瓜进行纯天然防治病虫害，收到了很好的效果。

科学改良土壤 “农业八字宪法”中土壤是第一位的，土壤对养殖业和种植业的作

投放水生植物

用举重若轻。开太鱼文化公司对土壤采取了两年休耕、有机堆肥发酵、海水浇灌、光合细菌等多项技术措施，使土壤更有利于生产优质农产品。

两年休耕，一年旱休耕，一年水休耕，消除原有土壤中农药、化肥、病虫害以及其他有毒有害残留物。旱休耕，即停止耕作，让土壤中的有害残留物自然分解掉。水休耕，即先将农田灌溉至水深 50 厘米，然后在水里大量种植水草，让水草吸附掉田里的农药残留。消除原有土壤中的病虫害、化肥、农药及一些重金属等有害物质残留物，而水里的害虫也将成为水生动物的天然饵料。

有机堆肥发酵　种植有机蔬菜之前，首先要让土地休耕，种植豆科植物、红花草（紫云英）等绿肥，进行有机转换。之后深翻稻田，起到肥田、修复土壤的作用。

海水浇灌　稀释的海水中含有 78 种矿物质元素，可以改善土壤酸碱度，提高土壤中各种矿物质元素含量。同时，适当提高了土壤盐度，改变植物渗透压，提升食材的色泽及口感。

光合细菌　光合细菌作为鱼虾幼苗时期的饵料，通过降解水体里的氨氮，改善水质。有益微生物代替传统的有机化肥，海藻打浆（包括葡萄藻、鹿角藻），并附加有益的微生物，用以改善土壤性质。

环保种养

清水草塘养殖　开太鱼文化公司养殖塘中的水均经过优质改良水草充分的循环净化，达到国家饮用水标准。塘中种植各种高营养水草作为肥料，水草丰茂，其中生长着

水产养殖场一角

稻田中的大闸蟹与小龙虾

小杂鱼、田螺、河蚌等丰富的底栖生物，作为水产品适宜的天然生物饵料。经改良的水草不仅可以净化水质，还使水塘含有丰富的氧气，让虾有良好的生长环境。

虾稻共作种养 开太鱼文化公司养殖塘中虾与稻的“和谐友爱”达到极致。在池塘中以栽培水生植物为基础，冬春两季种植水草，到夏秋两季采用“大垄双行”的方法，人工扦插水稻，而虾就饲养在“水底森林”“水中森林”中。水生植物脱氮、脱磷，为水生动物创造了干净、健康的生长环境。水生动物清除田中的杂草，吃掉害虫，排泄出的粪便可以肥田，促进水稻生长。这里没有农药化肥，稻田没有虫害，水生动物与水稻形成良性的生态循环，各自“茁壮成长”。

果基鱼塘种养 开太鱼文化公司建造“双棚双模”温室大棚，采用控温控湿技术，使得大棚高温、保湿且富氧。泰皇大虾和热带水果都需要高温与湿热的生长环境，温棚内的高含氧量，激发植物产能。陇上果树，塘里养虾，水汽和温度自然循环、调节，纯生态且环保。

特色明星产品

开太鱼文化公司有许多优质农产品。水产品主要有泰皇大虾、清水小龙虾、清水大闸蟹、花鲢、鲫鱼、草鱼、塘鳢鱼、澳洲淡水青龙虾，果蔬品主要有加塞尔木瓜、脱毒紫薯、果番茄、美国酸菠菜、穿心莲、大叶枸杞、血压萍、以色列薄荷、紫背天葵，同时还有蟹田水休耕米等。

泰皇大虾、清水小龙虾 养殖泰皇大虾、清水小龙虾时十分讲究，水资源均经过优质改良的水草循环净化处理，达到国家饮用水标准。小龙虾食料喂养尤其科学，使用蒸熟、煮熟的紫薯、玉米、黑芝麻、野生杂鱼等。对于小龙虾在上市前一段时间，还要进行清水水草塘净养，使其周身干净、鳃白、肠清。开太鱼文化公司生产的泰皇大虾可以作刺身，小龙虾出肉率达 60% 以上。

紫薯　种植的紫薯，幼苗采用脱毒技术，多次无菌组织培养，非转基因，绿色健康；颜色较深，花青素、硒元素含量更高；口感好，更甜，比一般紫薯更糯；个头大，最重的可达 1.5 ~ 2 千克。

小龙虾垂钓节　2014 年起，开太鱼文化公司每年举办一届“开太鱼春钓节”。新华社、人民网、“上海观察”、《新民晚报》、上海电视台等媒体进行了报道。参见本志“乡村旅游 · 旅游项目 · 垂钓荡舟”。

2016 年开太鱼文化公司泰皇大虾、清水小龙虾养殖情况表

表 17

品名	养殖面积（公顷）	投苗时间	上市时间	数量（千克）	收益（万元）
泰皇大虾	13.3	1 月底	5 月底	4 万	150
清水小龙虾	33.3	自繁殖	3 月底	10 万	400

开太鱼小龙虾垂钓节开幕式

荣誉奖项 开太鱼文化公司以其优质的产品和良好的信誉赢得了广泛的好评，并荣获了许多奖项和证书。2014 年，“开太红”大闸蟹参选上海海洋大学第八届蟹文化节暨 2014 年“王宝和杯”全国河蟹大赛，以其独特的品质，在来自苏、浙、沪、皖、赣、鲁、豫、湘、鄂、台等地 60 余家单位的千余只河蟹中脱颖而出，获“金蟹奖”。在 2015 年度长三角地区稻田（水产）养殖技术交流研讨会暨优质农（水）产品评比中获得了“技术创新银奖”“优秀企业绿色生态奖”“最佳口感渔米奖”等。

2014 年“王宝和杯”全国河蟹大赛金蟹奖奖杯、铭牌

绿色生态奖证书

技术创新银奖证书

村民生活

解放前，中洪村生产力低下，村民每年交了租米和苛捐杂税后，所剩无几，若遇天灾人祸，更是难以糊口。贫苦农民生活艰难，更是无钱供子女入学。解放后，全村进行土地改革，农业生产迅速发展，村民生活水平不断提高，特别是中共十一届三中全会后，中洪村经济、社会全面发展。2016 年，全村家庭人均年收入 2.14 万元，户均 8.6 万元，比 1978 年分别增长 118 倍和 125 倍。随着人民生活水平的提高，社会保障机制日趋完善，教育条件进一步改善，全村学龄儿童享受义务教育率 100%。至 2016 年，考入大学的有 532 人（其中本科 211 人）。医疗卫生全面发展，村容村貌逐年改善。1997 年和 2002 年，先后被上海市人民政府评为市卫生村。全村平均寿命比解放前夕增加 25 岁。村内社会稳定，村民物质生活和精神生活水平不断提高。

解放前，中洪村发展缓慢，村民生活困苦。解放后，经济、社会迅速发展，村民生活水平提高，幸福指数也不断提高。

◉ 婚姻家庭

婚姻 解放前，村民子女婚姻由父母包办，以“门当户对”为重，有“穷人不攀高亲”之说。结婚年龄不受限制，村民受“早养儿子早得福”等旧有观念影响，早婚现象较为普遍，“十三娘，廿四婆，三十六岁做太婆”。男性定亲一般在 14 ～ 16 周岁，女性为 10 ～ 12 周岁，少数家庭定娃娃亲或孕亲。男到 18 周岁，女到 16 周岁，父母就开始忙着筹办子女结婚之事。旧时，异地夫妇婚前不相识，由媒人介绍，直到洞房花烛时才见面。如果男女双方追求自由恋爱，就被斥为“不正经”，受到歧视。

1950 年 5 月 1 日，《中华人民共和国婚姻法》颁布，提倡男女自由恋爱，一夫一妻，男女权力平等。1950 年 9 月起，实行婚姻登记制度。二十世纪六七十年代，男女“找对象”偏重于政治地位和阶级成分，农村中择偶流传着“一军（现役军人）、二干（干部）、三工（企业职工），没有本事找爬泥虫（种田农民）”的说法。20 世纪 80 年代起，男女婚姻讲究德才，也有论经济条件者。随着改革开放地深入，青年男女接触机会多，自由恋爱、自订婚约日渐增多。

2015 年枫泾镇模范家庭——周玉根家庭

家庭 旧时，中洪村村民家庭人口众多，几房媳妇不分开，四世同堂不罕见。田地、房产等由一家之长支配，小辈唯命是从，如有分家析产，家长邀请子女的舅父、姑父参加，并订立分家协议，以此为据。分家一般先长子后次子，父母与小儿子一起生活为多。解放后，家庭结构发生了变化。二十世纪六七十年代，家庭成员一般为 5 ~ 7 人。80 年代，提倡一对夫妇只生一个孩子，独生子女比例增多，家庭成员一般为 4 ~ 5 人。90 年代起，家庭成员越来越少，以三口之家为主。家中老人单独居住，一些老人轮流在子女家中吃、住。夫妻均享有平等的家庭支配权利。

家庭关系中，一般父母是家长，如父母死亡，长子或长女为家长。家长是家庭财产的主要支配者。解放前，门第观念及男尊女卑等思想较严重，夫妻生养孩子后，随父姓，不随母姓，否则视为大逆不道。解放后，这一习俗逐渐废除，生养的子女既可随父姓也可随母姓。解放前，由于封建思想影响，婆媳关系不够融洽，婆婆责骂或殴打媳妇的事时有发生，虐待老人也屡见不鲜。解放后，随着妇女地位的提高，儿媳的家庭地位也相应提高。从 80 年代起，通过普法教育和争创“新风户”“五好家庭”“道德示范户”活动，家庭和睦，婆媳之间互敬互爱。2016 年，全村被评为镇级“道德示范户”的家庭有两户。

1969 年的结婚证

赡养 一般父母年老或失去劳动能力后，由子女商定赡养。如生有两个儿子，父母都在世，两个儿子各赡养一个老人；一老过世的，则共同赡养，也有轮流赡养的。如父母单独生活，儿子分别贴补父母的生活费。已出嫁女儿一般不承担赡养父母的义务，同时不继承遗产，只在逢年过节时，买些补品等送给老人。对少数由城镇退休回乡，并有一定积蓄的老人，子女不仅不赡养父母，而且孙子、孙女常到老人处吃用，故有“孙子吃阿爹”之说。

继承 解放前，由于受旧有习俗的束缚，妇女的地位不如男性，在继承问题上尤为突出，所谓“嫁出的女儿泼出去的水”，出嫁后的女儿无权继承父母遗产，只能由儿子继承。女儿招女婿，也须破费田产，征得本姓长辈同意，否则将被夺去一些家产。解放后，妇女的政治、经济地位提高，法律规定女儿、儿子既有赡养父母的义务，又有继承父母遗产的权利。

四代同堂为老人祝寿

◉ 收入消费

收入 解放前，中洪村村民收入主要来源于农业和种植业。由于长期受到重租、高利贷的盘剥，每年交了租米和各类苛捐杂税后，已是剩余无几。若遇天灾人祸，不少人家只得“卖青苗，借手米”度日，男的当长工，女的做阿婆，甚至卖儿、卖女、卖田地。

1950 年 10 月起至 1951 年春，村境内实行土地改革，村民分得了土地。当时全境耕地面积 439 公顷，粮食常年每公顷产量 4620 千克，人均 262 千克。至 1957 年，粮食常年每公顷产量 5130 千克，人均 320 千克。1958—1976 年，大多数村民靠工分吃饭，多劳多得。大队干部参加生产队集体劳动，也按工分分配。这一时期，村民收入及生活水平增长缓慢，人均年收入在 120 ~ 150 元之间。1978 年，户均年收入 687 元，人均 182 元，劳均 291 元，与 1963 年相比，分别增长 14%、69%、38%。

中共十一届三中全会后，农村调整产业结构，村民收入有所增加。1992 年后，以乡村工业为主体的多种经济成分开始共同发展，从事农民画创作的也多了起来，很多村民从事建筑行业，村民收入大幅增长。2000 年，步杨、中洪两村分配总额 827 万元，人均年收入 2285 元，户均 7283 元，劳均 3832 元，比 1978 年人均增长 12.7 倍、户均增长 10.6 倍、劳均增长 13.2 倍。2001 年后，在改善农业设施、减免农业税等一系列重大惠农政策下，农业增产，农民增收。2005 年，全村总收入增至 1.25 亿元，户均年收入 2.7 万元，劳均 1.38 万元，人均 0.89 万元。青年人通过参加招聘择业，中年人外出打零工

建于 20 世纪 90 年代的村民住房

或经营家庭副业，家庭经营总收入不断提高。一些村民还参与炒股票、银行理财等，以此增加收入。一些村民创办民营企业，成为企业主，致富后为村里办些实事。2016 年，全村家庭可支配收入 7165 万元，人均 2.14 万元，比 1978 年增长 118 倍；劳均 4.3 万元，比 1978 年增加 148 倍。

1987—2001 年原中洪村农民收入情况表

表 18

年份	户数（户）	人数（人）	劳动力（个）	户均（元）	劳均（元）	人均（元）
1987 年	516	1723	1091	3858	1593	1086
1988 年	512	1717	1082	4679	2270	1305
1989 年	509	1712	1086	4386	1909	1318
1990 年	522	1701	985	4326	1890	1198
1991 年	513	1670	1067	5118	2145	1354
1992 年	538	1679	1098	4218	1931	1155
1993 年	545	1668	1062	4188	2014	1203
1994 年	550	1640	1022	10345	5378	3097
1995 年	562	1633	979	9928	4783	2723
1996 年	537	1594	952	9356	4318	2885
1997 年	518	1557	943	10181	5941	3341
1998 年	506	1516	939	9365	4463	2783
1999 年	515	1526	917	10154	5043	2891
2000 年	543	1501	901	10101	5101	2978
2001 年	482	1503	830	11146	5319	2455

1987—2001 年原步杨村农民收入情况表

表 19

年份	户数（户）	人数（人）	劳动力（个）	户均（元）	劳均（元）	人均（元）
1987 年	509	1852	1148	3778	1545	1013
1988 年	557	1877	1145	4617	2268	1298
1989 年	556	1912	1185	4485	1908	1215
1990 年	547	1868	1143	4519	1896	1183

续表 19

年份	户数（户）	人数（人）	劳动力（个）	户均（元）	劳均（元）	人均（元）
1991 年	532	1821	1092	5117	2134	1401
1992 年	518	1796	1075	4719	2011	1173
1993 年	501	1761	1058	5501	2371	1256
1994 年	485	1732	1044	10336	5359	3128
1995 年	460	1718	1037	10211	4922	2763
1996 年	484	1701	1039	9878	4534	2875
1997 年	494	1698	1020	10180	6001	3315
1998 年	495	1689	1003	9875	4838	2846
1999 年	494	1679	990	10201	5123	2904
2000 年	473	1685	986	10197	5112	2987
2001 年	490	1650	934	11256	5278	2410

2002—2016 年中洪村农民收入情况表

表 20

年份	户数（户）	人数（人）	劳动力（个）	户均（元）	劳均（元）	人均（元）
2002 年	1001	3140	1758	12989	7013	3889
2003 年	1007	3151	1761	14227	7778	4305
2004 年	1033	3148	1758	22389	12708	6925
2005 年	1033	3138	1759	26389	14988	7798
2006 年	943	3155	1762	31502	16601	9307
2007 年	943	3170	1773	36178	18912	10889
2008 年	994	3141	1755	41189	20969	11943
2009 年	1017	3373	1889	43611	21639	12906
2010 年	980	3414	1901	45977	21703	13912
2011 年	980	3258	1759	53521	26825	15686
2012 年	979	3260	1695	61716	31543	17325
2013 年	980	3261	1565	69515	36578	19063
2014 年	978	3278	1540	77520	41682	20766
2015 年	979	3366	1489	80099	43154	21158
2016 年	981	3362	1465	86112	47379	22506

消费

中洪村村民的消费主要体现在物质和精神两个方面，物质消费包括衣、食、住、行等，精神消费包括教育、娱乐和休闲等。而一些生活用品则既是物质消费，又是精神消费必需品。

衣　解放前，村民穿粗布衣、大襟袄、蓝布罩衫。月蓝色布裙，为村民的“出客衣”①。贫苦人家一件夹袄、一条单裤即可过寒天，只有富户、乡绅、店主等穿长衫，着马褂，戴礼帽，衣料有绸缎、呢绒、精制棉布等。遇到雨天，有钱人家穿雨靴防湿防滑，贫苦村民则光脚行走或穿水蒲鞋②。解放后，服饰有了很大变化。20世纪50年代，外衣上装流行列宁装，内衣流行球（绒）衫、球（绒）裤，穿长衫马褂者渐少。60年代，除部分老年人仍穿老式服装外，青壮年大多穿中山装、学生装、西装等。衣料多为机制棉布和自织土布，较富裕的村民开始戴手表、穿皮鞋。70年代，服装式样较为单调，年轻人以穿绿军装为荣，衣料以的确良、涤卡等化纤为主，土布逐渐被淘汰。尼龙袜、球鞋（运动鞋）流行，过节到别人家做客时多穿皮鞋。80年代

土布旗袍

① “出客衣”：做客时穿的衣服。

② 水蒲鞋：用稻草编的鞋。

农家酒席

起，服装的款式及颜色丰富多样，流行呢料、皮毛、丝织服装。年轻人中盛行西装、领带。女装、童装千姿百态，村民喜欢购买毛料、羽绒、仿皮料等制的衣服。中小学生开始戴手表，手表普及率 70% 以上，有的青年男女佩戴金项链及金戒指。农民服饰与城镇居民几无区别。

食 村民饮食以大米为主，兼食杂粮。解放前，一日两餐或三餐，粗茶淡饭，艰难维持生活。平时，“一稀一干”或“一干二稀”[①]，咸菜拌饭，村民戏称“萝卜干当猪肚条，咸菜梗当白蘸鸡”。20 世纪 50 年代末至 60 年代初，以稀饭或麦片饭为主，炒米作干饭，配以山芋干、青蚕豆等。60 年代后期，以“一干二稀”为主，基本不掺杂粮，面食增加。70 年代起，以大米为主食，生活有所改善，基本上达到温饱。除逢年过节外，有大额收入时，如出售小猪、肉猪等，会买肉、酒以改善生活。80 年代起，饮食上有了大的变化，大部分村民家无荤不吃饭。除旧俗约定的酒席外，又在青年参军、学生升学等时候办酒席，猪头肉、肥肉不上筵席，品种与质量胜过解放前富户置办的酒席。酒席已不用大碗，普遍使用盆、碟，“蛮八样”（参见本志“风物风情 · 美食小吃 · 农家传统菜”）改为冷盆热炒，有的农户甚至置办 16 ~ 24 样菜。日常饮料以红茶、绿茶为主，夏季饮料为橘子水、柠檬汽水、可乐、雪碧等。酒则以啤酒、葡萄酒、黄酒和低度白酒为主，烈性酒较少。2000年后，农户操办喜事或丧事，河蟹、甲鱼等应有尽有，每桌花费数百元至上千元。随着村民健康意识增强，平时少食荤菜，多食蔬菜，常吃水果与牛奶已成为村民的养身之道。2016 年，村民在饮食方面人均消费 8346 元，占人均年收入的 39%。

---

① “干”指米饭，“稀”指粥。

六戗屋民宅

2016 年村民住宅群风貌

住 解放前，村民住房大多是砖木结构，俗称“六戗屋”，也有涂泥墙壁的破草棚，一座三开间的房子大多居住老少几代。村内地主、乡绅的住房较为宽敞，多为前后通砖屋。20 世纪 50 年代后期至 60 年代，少数农户开始建造三开间的平房。60 年代后期，农村建房开始采用水泥梁，新建房屋需花费 1500 ~ 2000 元左右。70 年代，随着农村经济发展，农户开始建楼房。门面装饰有磨石，贴彩色瓷砖、锦砖等；室内装潢逐渐讲究，贴墙布，装饰吊顶，铺木地板等。年轻人结婚，室内装饰更是讲究。90 年代起，村内开始建三层楼或小别墅式楼房，结构和房型发生变化。基础为钢筋水泥圈梁，部分为立柱框架结构，铝合金门窗，琉璃瓦屋面，室内卫生间配有热水器等。房屋造价从数万元至数十万元。2000 年后，部分村民在镇区自购商品房，建房、购房是村民日常生活中最大的一笔支出。2010 年后，村内动迁户逐年增多，村民陆续迁往安置房。

行 旧时，村内少数有钱人“水行则船，陆行则轿”，一般村民以步行为主，偶尔乘船。20 世纪 60 年代前，范浜新镇至枫泾镇有栈船途径境内，晨发夕归。70 年代中期，村内修筑乡村道路，村民开始购买自行车代步。1986 年，穿越村境南北的朱枫公路通车后，村民购买自行车的数量日益增多，到镇或单位上班骑自行车或乘公共汽车。全村自行车户均 1.02 辆，以 28 寸“永久”“凤凰”牌为主。1990 年，自行车（包括三轮车）户均 2 辆。1995 年，村民中少数青年以轻便摩托车代替自行车。2000 年以后，汽车、摩托车、电瓶车替代自行车，自行车渐少。至 2016 年，枫泾 1 路公交车在村境设有 5 个站，青枫线、松新枫线、莲枫线和浙江嘉善至俞家汇等公交车均在村境内设站。村民摩托车、电瓶车户均 2 辆，各种型号汽车、货车共 563 辆，进入以车代步的时代。

公交车开通到村

学　解放前，村内绝大多数农家孩子没钱上学，贫苦农民世世代代连自己的名字都不认识或不会写。解放后，政府采取一系列措施，使得贫困家庭的孩子进入学校接受教育。村民培养孩子的消费，主要在进入高中、高等学院或私立学校、特色学校及国外院校学习，少则几万元，多则几十万元。一般村民的孩子高中及以上求学，每年支出在 1 万 ~ 3 万元左右。有十几户村民的孩子分别到美国、韩国、意大利和澳大利亚等国学校接受教育，每人年花费几十万元。“文化大革命”期间，一些人荒废了学业。改革开放后，为了事业与家庭，又进行自学，参加电大函授或各类进修班学习，获得大中专文凭或技术职称证书。村民喜欢学习传统手工艺，尤其是学习绘画。还注重阅读各类书籍，有的自己花钱购买，有的到枫泾镇图书馆、村图书室借阅。许多年轻人购买各类科技知识的书刊，边学习，边实践，以科学知识发展生产，增加收入。“全国农村青年科技示范户标兵”、20 组青年陈小金（后改名陈卫雄），边学习，边实践，边写作，于 1989 年 6 月出版了《特早熟西瓜栽培技术》。8 组村民庄庆娟全家热爱读书，家有藏书三千余册，2014 年荣获全国“书香之家”称号。部分村民还自费订阅报刊，关心国家大事。

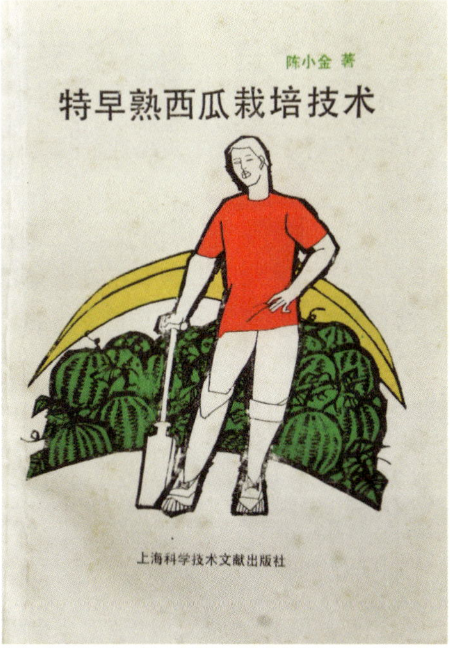

陈小金作品《特早熟西瓜栽培技术》

生活用品 旧时，村民生活用品比较简陋，家具单一。20 世纪 70 年代起，结婚时家具讲“36 只脚”[①]。改革开放以来，家具、灯具、餐具、灶具、空调、冰箱、洗衣机、电视、通信工具等不断添置更新，消费档次不断提高。在水、电、液化气等方面的消费也日益增加。

70 年代后期，村内有少数农户家购买黑白电视机，以 9 寸和 14 寸为主。80 年代，购买电视机的农户越来越多，多数为黑白电视机，以“金星”“凯歌”“百合花”牌 14 寸、18 寸、21 寸电视机为主。少数农户凭票购买彩色电视机，以“金星”“上海”牌 14 寸电视机为主。90 年代，村内 80% 农户添置电视机。90 年代末，彩色电视机开始替代黑白电视机。进入 21 世纪，上海市人民政府推行“家电下乡”“以旧换新”优惠政策，广大农户购买电视机时享受到了实惠。2004 年，全村 85% 的农户安装闭路电视。2016 年，全村农户家庭拥有电视机 2951 台，平均每户 3 台，大多数农户购买了大尺寸等离子彩色电视机或液晶彩色电视机。据统计，全村农户在更换、添置电视机时，每户支出 3000 ~ 5000 元。2013 年起，农户闭路电视收视费由村支付。

室内大屏幕电视机

① “36 只脚”：床、写字台、五斗橱、三联橱、小方台各有 4 只脚，加上 4 个靠背椅的 16 只脚，共 36 只脚。

90年代中期，少数村民购买了电脑。90年代末，购置电脑的有50多户。2007年，有50%的农户拥有电脑，并接入互联网。2016年，全村农户共有电脑738台（包括笔记本电脑），接入宽带网539多户。许多村民还购置MP3、游戏机、高级音响、数码相机、摄像机等。

随着村民收入不断提高，外出旅游的人逐年增加，每年有许多村民去国内外旅游。2016年，村民在文化娱乐、旅游方面人均消费2782元，占人均年收入的13%。

◉ 社会保障

养老保险

参保情况 1993年，中洪村开始实行收缴集体养老统筹金和个人养老保险金制度。集体养老统筹金按上年分配总额10%计算收缴，企业职工应缴个人养老保险金由企业分配前扣除，务农及其他人员由村组织人员收缴。1994年，枫泾镇实行农村养老保险（简称“农保”）制度。是年，中洪、步杨两村参加“农保”村民数分别为483人和535人，投保率分别为68%和71%。2003年，两村参加“农保”村民数共有1272人，投保率95%。至2016年，投保人年满60周岁，缴费满15年的，基础养老金为每月280元，参保缴费每超过1年，农副业从业人员每月增加5元，单位从业人员每月增加10元；缴费不足15年的，以当年度缴费标准一次性补缴，从次月起享受“农保”养老金待遇。

享受情况 1993年，每人每月补贴增至8元。1994年1月至2000年12月，每人每月补贴10元。2001年1月至2002年12月，每人每月补贴15元。此后逐年增加，至2005年，每人每月补贴275元。2005年7月起，由镇劳保所直接将补贴金转入村民养老金账户中。至2016年年底，每人每月补贴790元。自2002年起，中洪村在村级资金中另外每人每月补贴60元。后逐年增加，2016年，每人每月补贴200元。另外，独生子女、生两个女孩的家庭，父母每月各补贴100元。是年，全村享受“农保”养老金1014人。

1994年起，因朱枫公路拓宽，中洪大院、中国农民画村、枫泾国际教育园区建设征地等，中洪村共安置村民172人，以货币化安置为主，其中纳入小城镇社会保险132人，安置征地养老40人。

医疗保险　1969 年，胜利、新农大队先后实行合作医疗。起初，合作医疗资金来源有两个方面：一是按生产队耕田每公顷 15 元，二是农业户口每人交 2 元。病人门诊收费 5 分，出诊收费 2 角；慢性病患者实行生产队集体负担 30%、病员自负 30%、合作医疗负担 40%。1989 年起，村卫生室可报销药费 80%，经村卫生室转诊住院的病人可报销 50%，外转门诊可报销药费 20%，报销费用由村合作医疗基金承担。

1997 年 1 月起，村合作医疗实施医疗保险制度。2002 年 1 月 1 日起，在籍农业户口村民为投保对象，基金筹集以个人投入为主，集体扶持、政府补贴为辅。以户为单位，每人年投入合作医疗基金 80 元。2002—2009 年，枫泾镇每年对农村合作医疗保险制度的实施制定新规定，村民门诊、住院保险报销比例不断提高。2004 年后，农村合作医疗基金投入年年增加。2004 年，人均筹资 146 元。2010 年，人均筹资提高到 680 元。各级财政补贴总额由 2004 年的每人 15 元增加到 2010 年的每人 460 元。2006 年起，农业户口 80 岁以上老人免交个人投保金。2007 年起，农业户口 60 岁以上老人、低保户和残疾人免交个人投保金。2010 年起，报销项目参照城镇医疗保险可报销范围，村民受益面扩大。2016 年，全村参加合作医疗保险 1363 人，60 岁以上老人、低保户、残疾人、五保户免交投保金。是年，投保率 100%，投保总额 53.09 万元。

1996 年 9 月起，实行少儿住院补助。步杨、中洪两村采取少儿（家长）自愿参加交费，每人每学年 40 元，在校少儿由所在学校统一经办，婴幼儿由家长到枫泾社区医院儿保门诊办理交费手续。是年，两村参加互助基金少儿 356 人，参加率 95%。2004 年，229 名少儿参加住院基金，参加率 97%，每人每学年交费 60 元。2016 年，中洪村参加少儿住院补助基金 323 人，参加率 100%，每人每学年交费 80 元。全村少儿住院享受基金补助 31 人次，总金额 2.7 万元。

中洪村老年活动室

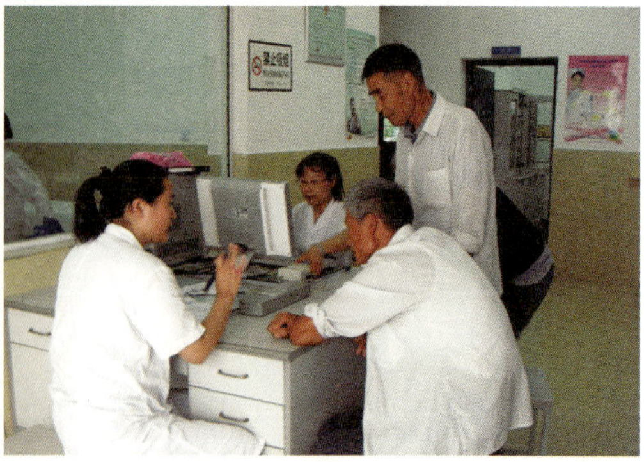
村民到村卫生室看病

困难村民翻建前的房屋

困难村民翻建后的房屋

社会救助 1994年，步杨、中洪两村对人均年收入低于750元的贫困户进行摸底调查，共有21户63人。此后逢年过节，镇、村领导上门慰问。如有家人生老病死等，村领导及时上门排忧解难。1996—2016年，帮助17户贫困村民翻建房屋，补助金额37.2万元。2016年，全村有五保户1人、重度残疾人27人、特困户15户，支付救济金67.56万元。

中洪村每年对因病因灾或其他突发事件导致贫困的村民实施专项救助或临时救助，1990—2016年，因突发事件导致贫困的家庭有102户114人，临时救济金额96.59万元。特殊群体的村民也都老有所养、病有所医、贫有所扶、残有所助。

◉ 学校教育

幼儿教育 旧时，村内“谁家的孩子谁来抱”，没有幼儿园、托儿所。1956年，新农、中洪高级社各办起了常年托儿所。1958年，新农、中洪生产大队在中圩村开办幼儿园，有幼儿60人、教养员4人。1961年后，两个生产大队各自开办幼儿园，共有幼儿80人、教养员4人。1997年，中洪村投资8万元，建幼儿园一所，开设看图识字、数学、绘画、手工等课程。有幼儿20多人、教养员3人。2009年，幼儿园停办，并入枫泾镇幼儿园。

小学教育 旧时，小学教育以私塾为主。抗战时期，杨进浜（中洪村5组）大户人家张姓，聘请教师，教习初小，有学生30余人。解放后，当地政府改变旧的教育制度，贯彻全民教育的方针，教育向农民子女敞开大门。1951年9月起，村内逐步创办了横埭、新农、步石、荷英、中圩（后改为胜利小学）5所小学，1991年全部并入枫泾小学。2016年，村小学入学率100%。

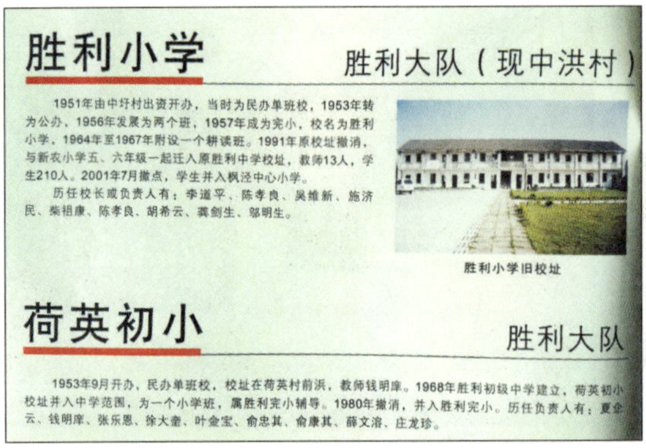

胜利小学

胜利大队（现中洪村）

1951年由中圩村出资开办，当时为民办单班校，1953年转为公办，1956年发展为两个班，1957年成为完小，校名为胜利小学，1964年至1967年附设一个耕读班。1991年原校址撤消，与新农小学五、六年级一起迁入原胜利中学校址，教师13人，学生210人。2001年7月撤点，学生并入枫泾中心小学。

历任校长或负责人有：李道平、陈孝良、吴维新、施济民、柴祖康、陈孝良、胡希云、龚剑生、邬明生。

胜利小学旧校址

荷英初小

胜利大队

1953年9月开办，民办单班校，校址在荷英村前浜，教师钱明庠。1968年胜利初级中学建立，荷英初小校址并入中学范围，为一个小学班，属胜利完小辅导。1980年撤消，并入胜利完小。历任负责人有：夏金云、钱明庠、张乐恩、徐大奎、叶金宝、俞忠其、俞康其、薛文溶、庄龙珍。

原中洪村村办小学（摘自《枫泾小学百年校庆画册》）

新农小学

新农大队
（现步杨村）

新农小学1951年9月由当地农民蒋金云、张新堂创办，单班校，教师潘与龄。1956年学生约30人左右，至1959年发展为3个班，学生约80人左右，1967年发展为4个班，学生约100人左右，1977年发展为5个班，学生约150人左右。1978年，该村横埏及步石两所初小并入，增建教学用房176平方米。1985年学校有教师13人，学生200人。1998年撤点，学生并入胜利小学。历任校长或负责人有：平瑞兴、张良栋、王宗尧、陈孝良、丁彩琼、姜凤仪、唐瑞峰、张亚根、朱明华、龚剑生。

新农小学旧校址

横埏初小

新农大队

1952年开办，创办人钱明庠，1975年因学生数不足并入新农完小。

步石初小

新农大队

1963年开办，创办人唐瑞峰，1974年因学生数不足并入新农完小。

原步杨村村办小学（摘自《枫泾小学百年校庆画册》）

原胜利小学校址

中学教育 解放前，村境内没有中学。1967年经上级部门批准，在荷英荡（前浜）创建胜利初级中学。初期，借用两间民房做校舍，设一个班，有教师2人。随着学生增多，1978年，学校扩建教学楼一幢，共9间2层楼房，占地面积4187平方米，建筑面积1224平方米。设9个班，有学生414人，主要来自枫泾北片3个村（中洪、步杨、新元），教职员工25人。1988年，村初中入学率97%，毕业率95%。1992年，胜利初级中学撤点，并入枫泾中学。2016年，全村义务教育率100%。

高校深造 1965 年，中洪村 8 组（原新农大队 8 队）庄兴根、中洪村 2 组（原新农大队 2 队）郁文光先后考上大学，成为中洪村的重大新闻。村民学习文化的热情随之高涨。1977 年恢复高考，其时，历届高中毕业生纷纷报考，新农、胜利大队共有 9 人考入大中专院校。至 2016 年，全村共有 532 人考入大学。2007 年起，对考上大学的学生进行奖励，本科奖励 1000 元，大专奖励 600 元。至 2016 年，已有 108 名学生领到奖学金，共计 7.52 万元。

名校落户 2011 年，枫叶教育集团所属上海枫叶国际学校落户枫泾国际教育园区，位于中洪村 1 组、2 组。学校占地面积 20 公顷，建筑面积 12 万平方米，其中一期工程占地面积 10 公顷，建筑面积 51814.74 平方米，可容纳在校生 2000 人。校区按规划建设，教学设施、设备达到国际标准。钟楼为学校的标志性建筑，象征着枫叶学子沉着自信的品格，学校融汇中西，内慧外秀，从容地走向世界的舞台。2013 年 9 月，高中部首届学生入学，于 2016 年 6 月毕业，分别考入国内外高等学府。2016 年年底，学校有教职员工 114 名，其中外籍 37 名，在校生 982 名。

上海枫叶国际学校

成人培训 1950 年冬，村内开办夜校（冬学），开展扫盲教育，还兼教唱歌、打莲湘、摇荡舞船、扭秧歌等。1951 年春，横埭佬、步石、中圩村创办民校，有 250 人参加民校学习。1955 年，村成立扫盲协会和青年扫盲队，采用包教包学的方法。是年，全村有 810 人脱盲，350 人达到高小文化水平。1980 年，胜利、新农大队经过验收，达到脱盲标准。1981 年后，境内成人教育由扫盲教育转为文化补习、技术培训、岗位培训和学历进修。

◉ 体育娱乐

体育娱乐活动

中洪村村民在长期生产生活过程中，就地取材，因地制宜开展群众性体育娱乐活动。村民利用废弃的生产生活器具和植物根、茎、枝等作为器具开展体育比赛，用废弃的石磨做石担以比体力，在梁上、树枝上装吊环比臂力，还在自然河道中进行游泳比赛等。

举石担 旧时，每逢春秋时庙会，村民都要自发举行举石担比赛。20 世纪 40 年代，洪泾浜（中洪村 16 组）村民唐秀来在每年农历三月十八庙会上摆举重擂台，无人能胜他。届时，中洪村及邻近村村民纷纷前来参赛、观战，盛况空前。50 年代，横埭佬（中洪村 7 组）村民钱永良，曾单臂举起 52.5 千克石担，可连举 5 下，并把石担放在头顶上滚动。步石村（中洪村 2 组）村民唐志峰参加乡里举重比赛，挺举起 65 千克石担，面不改色，力压群芳。

打篮球 20 世纪 60 年代起，村民中流行打篮球，一些生产队在打谷场竖起篮球架，年轻人农闲时开展打篮球活动。当时，新农、胜利大队还在各生产队选拔优秀篮球选手，分别组建大队篮球队，到嘉善姚庄、松江新浜、青浦蒸淀等地参加友谊邀请赛。并参加上级组织的篮球锦标赛，屡获好成绩，其中中洪篮球队在 1965 年松江县篮球比赛中获得冠军，新农篮球队在 1974 年金山县篮球比赛中获第一名。

游泳 村民历来习惯于在河中随意"游河"（游泳），每到夏天傍晚收工回来，大多数村民到河中洗澡、游泳。1965 年起，村内掀起了一股游泳热潮，广大村民纷纷到河中游泳，还多次派选手参加公社组织的比赛。20 世纪 80 年代后，由于河底淤泥积厚，水草蔓延，游泳的人越来越少。

下象棋 不少村民喜欢在业余时间下象棋。洪泾浜（中洪村 16 组）村民唐卫新、唐拥军多次在镇（乡）象棋比赛中获奖，并成为镇（乡）象棋队主力队员，在金山区（县）组织的象棋比赛中获奖。1994 年起，中洪村在每年正月初一举行象棋比赛，村民踊跃参加，增添了节日氛围。

放风筝 中洪村放风筝活动历史悠久，在村民中较为普及。许多村民会制作精巧玲珑且形态各异的风筝，有长方形、圆形、三角形、六角形、八角形、蝴蝶状、老鹰状、蜈蚣状等。1965 年以前，每年秋后到次年初春，村民在田野等空旷处放风筝，其中大的风筝叫“九圈”，直径 2 米多，上有芦苇音琴可发出声音。20 世纪 70 年代后，随着农村电业的发展，电线、广播线的架设逐年增多，给放风筝带来不便且不安全，放风筝的人逐年减少。2011 年，中洪村举办“七彩农民画”风筝节，放风筝的村民又逐渐多了起来。

串马灯 清末起，在每年正月半前后，有马灯队活跃于村内。马灯队有马头、马灯、花篮、马尾 10 多人组成。马头唱诗，马尾鼓劲，并表演各种花样，如链条型、八字形、对马头等图案。村民争相观看，场面热闹非凡。当时，杨进浜马灯队闻名于乡村，解放初期仍在表演。后随着新的娱乐活动出现，串马灯活动逐渐消失。

舞龙 2014 年年初，中洪村在民间舞龙活动的基础上，成立了金山区唯一的一支女子舞龙队，共有 18 人，平均年龄 37 岁。经过勤学苦练，舞龙队频频活跃于田头场地、乡村大舞台，成了村民和外来游客喜闻乐见的一项娱乐活动。舞龙队还在上级组织的比赛中多次获奖，分别获枫泾镇 2014 年“一村一品”文艺展示特别奖，枫泾镇“2014 年文体三年行动计划村居展评活动”优秀团队奖，2014 年金山区“骨干团队”称号，2015 年金山市民体育大联赛“车镜杯”舞龙比赛优胜奖等。

村女子舞龙队表演

2007 年上海枫泾场地高尔夫球国际邀请赛

乡村场地高尔夫球场

场地高尔夫球 2007 年 5 月 26 日，在中洪村乡村场地高尔夫球场举办 2007 上海枫泾场地高尔夫球国际邀请赛，共有来自中国、日本、韩国的 8 支球队 100 多名运动员参加比赛。2008 年 4 月 17—18 日，在中洪村乡村场地高尔夫球场举办上海市第八届老年人运动会场地高尔夫球比赛，全市 12 支球队 108 名运动员参加比赛。2011 年 10 月 24 日，在中洪村乡村场地高尔夫球场举办 2011 年“芙蓉杯”场地高尔夫球邀请赛，全市 7 支球队 70 多名运动员参加比赛。2014—2016 年，连续 3 年在金山区场地高尔夫球比赛中获团体第一名。队长陈林生（中洪村 20 组人）于 2011 年 10 月在上海市场地高尔夫球邀请赛中获个人第三名（42 杆）。2012 年，在他的带领下，枫泾镇高尔夫球队荣获上海市第九届老年人运动会场地高尔夫球比赛男子竞赛项目一等奖。

打（滚）铁环

此外，还有跳舞、打拳、摔跤、练刀、舞剑、打（滚）铁环、下军棋、打纸牌、打弹珠（“老虎进洞”）、掷飞镖、掰手腕、跳高、跳远、跳绳、“跳房子”、踢足球、踢毽子、打沙袋、打乒

健身器材

村篮球场

乓球、打羽毛球、爬竹竿（绳）、“老鹰抓小鸡”、拔河、负重跑步、挑重、荡秋千、捉迷藏（“躲猫猫”）、吃菱角、打陀螺、游戏棒等群众性体育娱乐活动。

体育娱乐设施 20 世纪 60 年代至 90 年代，各生产队打谷场上都建有简易篮球场。胜利中学、新农小学、胜利小学有运动场（操场）、简易篮球场和乒乓球台、高低杠、跳高杆、跳远用沙坑等各类体育器具。2000 年以后，村先后增设村民健身活动场所、篮球场、乡村嘉年华和占地 9303 平方米的乡村场地高尔夫球场（2015 年球场建房车营地）等体育娱乐设施，村健身器材和设施有：上肢牵引器、健骑器、腹背锻炼器、腰腿锻炼器、健身柱、下肢康复器、搁腿杠、扭腰器等。2007 年 5 月 26 日，上海市老年人体育协会主席金永昌为“金山农民画村 · 乡村高尔夫球场”命名、授牌。

◉ 卫生医疗

村卫生室 1960 年，村境内建卫生室，配备专职卫生员，负责全大队的卫生保健工作。1969 年，卫生室改名为合作医疗站，新农、胜利合作医疗站各配备专职赤脚医生，形成防治结合的农村医疗卫生网络。1993 年，原步杨村投资 15 万元建立标准的医疗卫生室。同年，中洪村投资 10 万元，在村老年活动室旁建卫生室。村民合作医疗参加率达到 92%。2002 年中洪、步杨两村合并后，原步杨村卫生室为中洪村中心卫生室，原中

村社区卫生室

洪村卫生室为中心卫生室分部。村卫生室设有咨询处、门诊、注射室、病房、药房和计划生育指导站等，添置血糖测量仪、观察床、补液躺椅、氧气袋、高压消毒锅、空调等设施。

医疗队伍 1960年，村境内有保健员4名，各生产队配有卫生员（兼职），其中大队保健员先后经过公社卫生院短期培训。1969年，保健员改称赤脚医生，新农、胜利大队各有赤脚医生4名。1980年起，赤脚医生恢复卫生员称号，两个大队（村）卫生员有8人，均取得“乡村医生合格证”。卫生员除日夜门诊、出诊服务，处理一般多发病、常见病（包括小外伤、针灸推拿、注射生理盐水等）外，还兼负村卫生、计划生育咨询、妇幼保健等工作。2016年，村8名卫生员均持有“乡村医生证书”。

特色医疗 1969年，新农大队合作医疗站利用中草药治病，配备采药员、草药工，建有草药园地、草药房，实现中草药的自种、自采、自制、自用。赤脚医生唐栋梁，刻苦钻研，先后到上海华山医院（复旦大学附属华山医院）、金山县人民医院培训学习。他擅长用草医草药、针灸推拿对患者进行治疗，一些常见病能一次治愈。“一根针、一把草，治疗病人效果好”，合作医疗中草药治病得到村民的赞扬和支持。1973

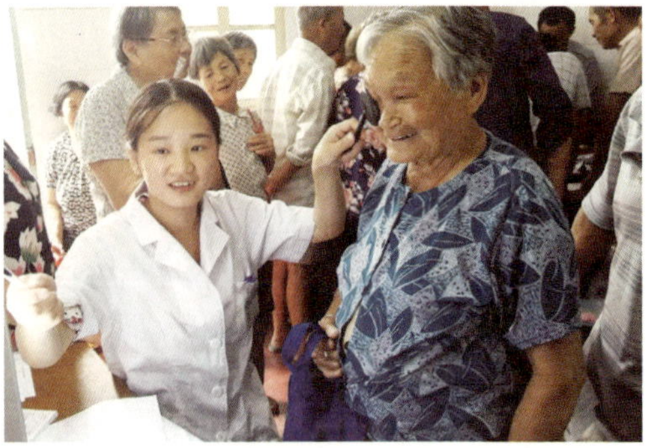
医生为老人检查眼睛

年 5 月 29 日,《解放日报》刊登了《“赤脚医生”小唐和他的草药包》通讯。同年，上海电视台拍摄了介绍新农大队合作医疗中草药治病的专题纪录片。报纸、电视宣传报道新农大队合作医疗站探索草医草药实践经验和唐栋梁的事迹，在上海乃至全国产生了一定影响。1987 年，村卫生室被评为“上海市模范集体”。乡村医生唐栋梁被评为“全国优秀乡村医生”“上海市劳动模范”。参见本志“乡贤名人 · 人物传略 · 唐栋梁”。

妇幼保健 解放前，村内有接生婆、助产婆，采用土法接生，孕妇难产与婴儿死亡率较高。1951 年，上级卫生部门为中洪村培训了 5 名新法接生员。接生员们使用消毒器械接生，婴儿破伤风、产妇产褥热发病率大为降低。1958 年后，新农、中洪大队各派 1 人参加县妇幼保健所接生员培训班，学习回来后承担孕妇的接生任务。1969 年起，在赤脚医生中培训接生员（兼），婴儿死亡率不断降低。1980 年后，村孕妇大多在乡卫生院分娩。

1959—1980 年，枫围人民公社卫生院先后 4 次对妇女病进行普查，使患病者及时得到治疗。1990 年村普查结果显示，18 ~ 80 岁的妇女患病率明显下降。2002 年，中洪村妇女普查率达到 80% 以上。以后每两年进行一次妇女病普查。2004—2016 年，中洪村参加妇女病普查人数达 4921 人，村委会支付检查费 14763 元。

1958 年起，婴儿出生 1 ~ 2 个月后可进行计划免疫预防接种卡介苗 1 次。此后，接种小儿麻痹疫苗 1 次（至 3 周岁），麻疹活疫苗 1 次（5 ~ 7 个月内接种），百日咳、白喉与破伤风混合制剂 3 次（3 个月时注射），乙型脑炎疫苗 3 次（1 岁时注射 2 次，2 岁时 1 次）。每年对婴幼儿健康检查（肠道寄生虫、皮肤感染、湿疹及五官科方面的疾病

村民体检

检查与防治）1 次。1984 年起，村内 1 ~ 6 周岁儿童每年体检 5 次，测量身高、体重、胸围、头围、骨骼、心肺、肝脾等项指标，进行健康评定，建立儿童健康卡片或档案。孩子进入幼儿园或小学、中学也作定期检查。

疾病防治 解放前，村境内有霍乱、伤寒、天花、麻疹、白喉、脑膜炎、肝炎、疟疾、痢疾等各种传染病，尤以霍乱为烈。1902—1946 年，枫泾地区曾发生 9 次大瘟疫，其中一次波及村境。这些传染病发病快、病情重，得病者不几日便死去，俗称“瘟人”。死人无人抬，田地无人耕，哭声遍野，其景象惨不忍睹。在此期间，卫生部门曾进行“种牛痘”“滴绿苗”的预防接种，但由于环境和医疗条件差，收效其微。村民得病，求神弄鬼，破财丧生。解放后，人民政府贯彻“预防为主、防治结合”的方针，各种传染病得到有效控制。20 世纪 50 年代，以预防天花、霍乱、鼠疫为主。1955 年 7 月起，建立传染病预报告制度，每年在疫病易发季节前，大队保健员配合上级卫生部门，深入到各生产队接种免疫疫苗。60 年代初，村内很少发现麻疹、百日咳、白喉、痢疾、肝炎、脑膜炎等病患者。一经发现病人，及时治疗，最终恢复健康。70 年代初，大部分传染病得到控制。1974 年，爆发病毒性肝炎（甲肝），村内有 5 人染病，经及时救治（隔离治疗）、环境整治、消毒、患者家属服药预防等措施，病人均治愈康复，病情很快得到控制。1990 年起，各类传染病感染率极低，且 100% 治愈康复。

解放前，村内血吸虫病流行，给村民带来了灾难。解放后，全村开展查螺灭螺、防治血吸虫病工作。50 年代初起，以人体排泄物（大便）沉淀检验为主，对 3 周岁以上村民进行血吸虫病普查，每年检查 1 ~ 2次，每次三送三检，达到一人不漏。自 1956 年起，

卫生整治

新农、中洪高级社发动村民大力开展消灭钉螺活动，组织灭螺队，采取以土埋灭螺、药物杀灭等方法消灭钉螺。1958 年，村域成为无螺地区。截至 1963 年，新农、中洪大队共查出血吸虫病患者 330 人，均及时送乡隔离病房集中治疗，之后全部康复。步石（原步杨村 2 组）唐康才、横埭佬（原步杨村 8 组）谢全根，属血吸虫病晚期，后接受开刀除脾手术，术后恢复良好。1980 年，经上海市血防办考核验收，村域内血吸虫病根治。为了巩固成果，验收合格后至 2016 年，在春秋两季，中洪村均组织人员开展查钉螺工作，几经复查，钉螺全面灭除。

公共卫生 村域内河流众多，水资源丰富，村民历来饮用河水。1964 年，许多村民房前皆有土井，生产队卫生员（妇女队长）定期投放漂白粉（片）消毒。1973 年，改打灶壁井，深 3 米，直径 0.7 米，用 300 块青砖砌成。至 1979 年，全村每户都使用灶壁井，生产队卫生员负责消毒管理。1984 年，原步杨村投资 10 万元在横埭佬 12 号河旁建百吨级自来水厂一座，村民开始饮用自来水。1990 年，步杨、中洪两村埋设铸铁管道，接通枫泾自来水厂，全村人饮用上了卫生达标的自来水。2013 年起，直接由金山自来水公司供水，村民饮用上了经处理的长江水。2016 年，切换为太湖水。

解放前，村境内大多粪坑露天，蚊蝇滋生，卫生环境较差。1958 年，全村对粪坑加盖。1964 年，实行粪坑集中搭棚加盖，生产队安排专人倒洗马桶。1969 年，每个生产队先后建造无害化厕所一座，人口多的生产队建两座，集中处理粪便，安排 2 ~ 3 名清洁员倒洗马桶。1985 年，由乡、村两级出资，分别为每家每户建小三格无害化粪池。至 1987 年，中洪、步杨两村全面建成无害化粪池。

建于 1984 年的步杨自来水厂

1958 年，全村开始人人动手除“四害”[①]。每年春季，开展除“四害”突击周活动，挖除粪坑周边的越冬蝇蛹，铲除住宅周围杂草，填平臭水沟，减少蚊蝇等滋生地。夏季，生产队卫生员上门发放烟熏驱蚊药剂。1960 年后，对村民住宅内外喷洒药物，消灭蚊蝇，同时发放灭蟑螂药。1986 年起，村境内成立灭鼠投药员队伍，在草木周边悬挂灭蚊灯等。2002 年起，各村民小组定期发放灭鼠药，粘蚊、蝇、蟑螂纸，除“四害”活动取得了一定成效。

20 世纪 80 年代起，全村开展以环境整治为重点的爱国卫生月活动，把治理“脏、乱、差”和美化村容村貌紧密结合。1997 年起，实行村民生活垃圾集中处理。2002 年，村投资 5 万元，建造两座生活垃圾中转站。各个自然村路边、村民屋前配置小型垃圾桶，并配有人力车，安排保洁员运输垃圾，划片承包管理。2002 年，村还安排河道保洁员 6 人，对村级 9 条长 19.48 千米河道实行分段保洁，打捞水面杂物，清理河边杂草，对污泥淤塞的河道，用机械疏浚清理，保障河道畅通，河水更清。同年，对公路两旁村庄住房外墙进行白化处理，大量植树，绿化、美化环境。2009 年 4 月起，结合村庄改造，整治环境卫生。2010 年 10 月起，开展美好家园建设。2012 年起，开展美丽乡村建设。至 2016 年，全村开展墙壁白化、河道净化、宅前屋后绿化、生活污水管道化等，为村民营造了优美舒适的生活环境。

① “四害”：蚊子、苍蝇、老鼠、麻雀，后由蟑螂代替麻雀。

风物风情

中洪村是鱼米之乡，土特名产众多，民间美食、农家传统菜肴、农家小吃品种丰富，百吃不厌。村民在长期的生产生活中积累和沉淀了社会风俗习惯，方言土语约定俗成。这些社会风俗，有村域的个性，也有地域的共性，有精华，也有糟粕，有官方推行，也有民间传承。刀耕火种，代代相传。中洪村的风物风情，是大自然的恩赐和村民经过长期社会实践而形成的，承载着水乡的温暖记忆，体现了历史文化发展历程和时代变迁痕迹的朴素优雅。

中洪村的风物风情，有着吴情越韵，是大自然的恩赐和中洪村村民智慧的结晶。

◉ 传统名产

中洪村地处枫泾镇北低洼田区域，箬帽荡、白牛荡、凫隐荡、潮里泾、洪泾浜市河、步石塘、后沙港、范塘港、横棣港等河流湖泊众多，自然条件得天独厚。这里水产丰富，为枫泾镇各村之首。不同的季节，有各种不同的水产上市。当地流传着的顺口溜，作了高度概括："正月螺蛳二月蚬，菜花三月甲鱼肥，出洞黄鳝四月底，五月青鱼吃不厌，抱籽弯转六月红，七月要吃四鳃鲈，八鳗九蟹十鳑皮，十一十二吃鲫鱼。"还有菱、藕、茭白等水生植物供食用，是名副其实的鱼米之乡。

野生"六宝"

青壳螺蛳　中洪村的大小河流中，均生长着青壳螺蛳，以白牛荡为最优。螺蛳壳青，个大，1 千克约有 50 只成年螺蛳。20 世纪 80 年代后期至 90 年代，由于环境破坏，水质差，这种螺蛳便很少见了。2000 年后，水环境得到了治理，水质好转，青壳螺蛳又快速繁殖。"三只手指捏个螺蛳"，在中洪的一些河流中，下水摸螺蛳，用不到多少时间，即可摸得 2 ~ 3 千克。也有村民一年四季撑着小船用土制的网兜耥螺蛳，然后到集市上出售。

耥青壳螺蛳

河蟹 旧时，中洪村一些村民以渔为业，在境内急水江中设簖捕蟹。范塘港的蟹簖直到20世纪70年代才终止。“秋风起，蟹脚痒。”一到秋天，河中的蟹结成“蟹团”，遇簖拦阻，即沿竹簖上爬，刚出水面，守候在小船上的渔民就将蟹捉入篓中。秋天的雄性“簖蟹”，一般每只4两以上。

四鳃鲈 本名“松江鲈”。肉嫩而肥，鲜而无腥，有四鳃。潮里泾水深流急，盛产四鳃鲈。清朝，枫泾南北分属嘉兴府、松江府，中洪村村民捕到四鳃鲈，只能拿到枫泾北镇卖，因当时松江府禁止将四鳃鲈拿到南镇卖。

黄牛头 又名“昂刺鱼”，因其叫声如黄牛，故名。其身黄黑相间，刺硬犀利，肉质鲜美。位于中洪村9组的横棣港，因水草茂盛，适合黄牛头生长，故这里的黄牛头量多个大。村民们一次捕得的量自己食不完，有送亲朋好友的，也有到镇上叫卖的。

鳑皮鱼与河蚌 洪泾浜市河多弯，水流较缓，水草丰盛，适合鳑皮鱼与河蚌生长。初冬时分是鳑皮鱼量多且最为肥美的时候，也是河蚌盛产之时。

水生“三白”

“三白”，即白菱、白藕、茭白，是当地盛产的水生植物，经过长期种植和不断改良品种，成为本地人喜欢的时令食物。

白菱 壳呈淡白色，无角，肉质脆甜，水分充足。清明时下种，处暑后采摘上市。鲜嫩时适合生食，成熟之后，剥壳可做各种菜肴。老菱肉配秋风豆是秋季的时令菜。

采菱

白藕 每年5月初种植，到立秋时起塘。中洪村年种植近8公顷，产量22500千克/公顷。藕去皮，切片，加醋后成为酒席上的冷盆。也可在藕中灌糯米，烧熟后切片，加桂花即为桂花糖藕。中秋时，一些农家还用藕祭月。

茭白 中洪村村民一般在自家的河滩边或承包的低洼田里种植，一年一季，秋天种植，翌年7月成熟，多年生长。具有鲜、甜、嫩的特点。味道糯而清甜。茭白清蒸后，用酱油蘸着吃，赛过“白斩鸡”。

起藕

◉ 美食小吃

随着村民生活不断改善，饮食也逐渐丰盛起来。2006 年起，配套旅游开发，饭店（农家乐）应运而生。这些饭店（农家乐）各自定位，开发一些农家传统菜，丰富本帮菜系。中洪村成了上海市郊闻名的美食天堂。

农家传统菜

农家菜是中洪村村民经长期实践而形成的具有地方特色的家常菜，有一定的历史和文化内涵。

“蛮八样” 中洪村村民为招待贵客而准备的一桌菜，名“蛮八样”。20 世纪 80 年代前十分普遍，进入 21 世纪后则少见。“蛮八样”分别是红烧原蹄、白焐原鸡、红烧原鸭、红烧元宝鱼、肉嵌油泡、红烧扎肉、红烧猪脚、酱和蛋。中洪村的“蛮八样”具有三大特点：选料讲究，量大质好，原汁原味。采用大汤文火煨制，口味纯真。营养丰富，烧法简单。

“蛮八样”

红烧原蹄

红烧扎肉

红烧原蹄：原料：猪后蹄 1 个。特点：皮亮色润，肉香皮酥。寓意：步步登高，前程似锦。

白焐原鸡：原料：散养草鸡 1 只。特点：汤清味浓，柔嫩味鲜。寓意：金鸡报晓，早得贵子。

红烧原鸭：原料：草鸭 1 只。特点：色红发亮，肉味鲜香。寓意：鸳鸯戏水，百年好合。

红烧元宝鱼：原料：野生鲤鱼 1 条，约 0.75 千克。特点：形似元宝两头翘，色红肉嫩味道鲜。寓意：鱼跃龙门，好运连连。

肉嵌油泡：原料：油泡（豆制品）16 个，夹心鲜肉。特点：荤素搭配，破口汁淌。寓意：笑口常开，幸福美满。

红烧扎肉：原料：猪肋条肉 1 千克。特点：红润光亮，满口留香，肥而不油。寓意：荣华富贵，财源广进。

红烧猪脚：原料：猪前脚 4 个。特点：肉酥皮脆，胶浓味鲜。寓意：脚踏实地，心想事成。

酱和蛋：原料：土鸡蛋 12 个。特点：红润甜滑，蛋香可口。寓意：代代相传，团团圆圆。

“蛋八样” 在中洪村，心灵手巧的村民用一种食料，便可以烧制出众多的菜肴，比较常见的是“蛋八样”。家家户户都养殖鸡、鸭、鹅。一般用鸭蛋制作皮蛋、咸蛋居多；鸡蛋有跑马蛋、水煮蛋、茶叶蛋、水炖蛋、荷包蛋、水蒸蛋等；鹅蛋一般以炒蛋、水炖蛋居多。当地还有农历三月初三吃鹅蛋的传说。农历三月初三这天，用荠菜花汁烧鹅蛋，据传有防头晕的功效。同时，蛋与其他食料搭配，又可烧制出更多的菜肴。

“豆八样” 中洪村村民历来有利用杂边地种植蚕豆的传统，在人民公社时期，生产队利用农田边地种植蚕豆。进入 21 世纪，为了改善土壤，政府免费提供豆种，鼓励农户或农场种植蚕豆。

蚕豆秋种夏收，青蚕豆在立夏时可尝鲜，当地有“立夏日，采豆节”之说。干豆可存放，又可制作多种菜肴和小吃，中洪村的“豆八样”，意即蚕豆有各种吃法。

油盐豆，少量菜油放入锅内，将干豆不断翻炒，至熟后撒上盐，是村民下酒时的菜；蒲鞋豆，将干豆放入锅中，加水，放入盐烧开，之后炒干，放入干草粉，豆形如蒲鞋，是待客聊天时的小吃；白白豆，豆在锅内炒熟，不加任何调料，原汁原味，随身携带，饿时可充饥；爆豆，冬季利用取暖的脚炉，将生豆放入炉内，爆响后可食用；油汆豆瓣，豆浸洗之后，去皮，用油汆后拌盐，香脆入味，可做早餐小菜；酱油豆，干豆炒熟之后，即放入酱油汤汁，待豆涨开，即可食用；剪刀豆，选后期鲜蚕豆，或将干豆浸胖，用剪刀将豆尾剪开，用鸡汤汁煨酥，味道极佳；焖蚕豆，锅热油温后，将新蚕豆倒入锅内，放水后盖上锅盖，烧 5 分钟，加盐炒一下出锅即可食用。

和蛋一样，蚕豆还可与其他调料搭配烧制一些菜肴，比如雪菜豆瓣汤等。

蚕豆炒蛋

蚕豆炒蛋 原料：蚕豆 250 克，鸡蛋 3 个，姜末、白醋、白糖、料酒等少许。制法：姜去皮用刀剁成姜末，把姜末放入盘中，同 4 勺白醋、2 勺白糖、1 勺料酒搅拌均匀；将鸡蛋蛋黄和蛋清分离到两个碗中打散；倒入少许食用油，油热后先倒蛋清，快速滑散；倒入一半姜汁拌匀，关火后盛出；重新起锅，油热后倒入蛋黄快速滑散；倒入剩下的另一半姜汁混合均匀，关火盛出，把炒好的蛋黄盖在蛋白上；清炒蚕豆，将炒好后的蚕豆摆放在盘沿，蛋黄居中，蛋清内围，就成了一道色、香、味俱全的夏至菜肴。

蒸三白 原名“雪上加霜”，因菜名不雅，后改为“蒸三白”。这道菜流传至今，除物廉价低外，咸蛋清多余的盐分渗入到猪脑，猪脑的高胆固醇与豆腐相融，营养丰富，相得益彰。原材料：豆腐 1 块，猪脑 1 个，咸蛋 1 个。制法：豆腐一剖为二，摊在盆中；咸蛋打开，将蛋清放到碗里，蛋黄碾碎，铺在豆腐上；放上已去血的猪脑，最后浇上咸蛋清，撒上姜末，浇上菜油；上蒸笼，蒸数分钟即成。特点：低档菜肴，高档口味，软糯鲜嫩，适合老年人食用。

芋艿鸭子 古时，中洪村凫隐荡中野鸭成群，当地又盛产芋艿，将芋艿和鸭一起煮，就形成了“芋艿鸭子”这道菜。20 世纪 60 年代起，野鸭渐少，后又因政府禁猎，村民们用家鸭替代野鸭，制作芋艿鸭子。原料：鸭 1 只，芋艿 250 克。制法：鸭宰杀后放血去毛，芋艿刮皮；鸭出水后，放进砂锅，加入老姜、黄酒、盐，用文火煲 2 个小时，然后放入芋艿再煮 20 分钟即成。特点：鸭酥入味，芋艿香糯。

三虾豆腐 虾仁、虾籽、虾脑与豆腐一起烧即为“三虾豆腐”。原料：抱籽虾 6 只，豆腐 1 块。制法：将虾仁剥出；将头和壳用水烧后，剥出虾脑和虾籽；豆腐预切块，下水过一下；起油锅，下姜片，翻炒后放入虾仁、虾脑、虾籽，之后加料酒、盐，最后放入豆腐。特点：价廉物美，老少咸宜。

土特小吃

方糕 又名“妆糕”，是村民过节、造屋、结婚、生孩子时的必备糕点，结婚时称“铺床糕”，造屋时称“抛梁糕”。

妆糕

制作方法：七成糯米、三成粳米混合洗净后晾干，用粉碎机打成粉，再放水、精白糖搅拌，然后放在竹团箧里“醒粉”，达到能一捏成状，在糕蒸框上铺竹帘，再在竹帘上铺妆糕纸，一般为粉红薄纸，撒上一层粉，中间加上豆沙后，再撒一层粉，刮平后嵌上红枣等，上笼蒸熟，出锅后趁热盖上红色“囍”字印。特点：不糯不粳，甜味适中。

糯米饭糍 又称“糯米锅巴”，是村民自制的土产食品。先将糯米洗净后煮成稀的米饭，用铁铲将饭在铁锅上反复贴直至形成锅巴，不能太厚，要用文火烧，锅巴烘干后铲下来，就成了独具特色的糯米饭糍。糯米饭糍加白糖，用开水一泡，是招待客人的上等食品，也是孕妇生孩子后的一种开胃食品。特点：香软糯滑，营养丰富。

糖水塌饼 村民在农闲时，家人会一起动手做塌饼。将糯米浸透晾干后磨成粉，再加入水，用手反复揉，取半两粉团，做成圆形，压扁；锅（平底锅最好）放油后将塌饼煎至两面稍焦黄，放水和糖，烧开后将汤汁收干即成。塌饼有实心和馅心两种，馅心分甜和咸两种，有豆沙馅、鲜肉馅、咸菜馅等。特点：软糯不黏牙，久嚼有劲。

店家特色菜

荷风嬉鱼特色菜 卤小蛋，选用鹌鹑蛋，煮后敲散保留外壳，用菜卤汁烧，风味独特，2012 年获“上海市十大经典农家菜”称号；鮰鱼豆腐，选用白点鮰鱼和绢豆腐，绢豆腐用油煎至两面黄，鮰鱼切块过油，合锅红烧后盛入瓷盆，点酒精盎加温，保持菜肴温度，2016 年获上海市“十大特色农家菜”称号；东坡鸭，麻鸭一只，切块，用酱油拌匀后放在带盖的盎内，加黄酒至沿口，在蒸笼上蒸 3 小时即成，2016 年获上海市“十大经典农家菜”称号；陈皮河虾，选用野生河虾，虾下油锅后稍炸，调味时放入陈皮细末，特点：壳脆肉嫩，充满陈皮味。

“十大特色农家菜”之鮰鱼豆腐

十大特色农家菜奖牌

中洪大院特色菜 金牌牛头皇，选用黄牛牛头，在汤汁中煨 8 个小时，将整个牛头分切舌头、眼睛、脸肉，配五种调料（辣酱、椒盐、番茄沙司、精盐、醋汁）上桌，2009 年获“迎世博金山特色美食”称号；鳄鱼龟，用养殖的乌龟与鳄鱼红烧而成，2009 年获“迎世博金山特色美食”；鸡汁豆，选用“牛踏扁”蚕豆，浸泡后剪开尾部，出水后用鸡汁煨 1 个多小时，特点：鲜而糯。

灶头屋里饭店特色菜 用土灶和木柴烹调，体现农家土灶菜特色。主要有红烧萝卜，选用大白萝卜，加入肉汁后在灶头上用柴火烧 2 小时，特点：酥、软、鲜；咸肉菜饭，咸肉切小粒，青菜切丝，用菜油炒后，加入米、咸肉粒、水，用柴火烧 30 分钟，焖 10 分钟，特点：咸淡适宜，菜饭锅巴更是一绝；卤汁豆腐，选用盐卤方式制作豆腐，用鸡汁、木耳煨成，特点：豆腐肥嫩，汤汁鲜美。

阿林果蔬园特色菜 拇指团菜，选用园内拇指团菜 20 颗，一切为二，用油煸炒，加盐少许即可食用；清蒸鲥鱼，选用园内养殖的鲥鱼，杀后不去鳞，放火腿片、花菇片蒸 15 分钟，加调料后即可食用。

波兰花园美食餐厅特色菜 伯爵猪排，选用猪里脊，配上李子调出来的汁，用黄油煎至两面焦黄，加马铃薯片，用烤、煮、烩等工艺制作，味道鲜香美味，肉质鲜嫩，具有纯正的东欧风味。

灶头屋里正门

◉ 生产习俗

长期以来，中洪村村民以农为本，冬春筑岸，夏取草灰肥田，秋冬兴修水利。在长期农业生产中，摸索出一套选种、播种、施肥、防旱防涝的管理办法，逐渐形成了独有的农事习俗。

春耕习俗 立春后，村民开始修田岸、积沤肥。而立春这天，旧时村里举行“春社”活动，祭祀土地公，保佑五谷丰登、六畜兴旺。杀猪后供上猪头，举行祀神仪式，结束后围席而坐吃肉喝酒，吃春饼、萝卜，也称“咬春”。立春一过，村民便投入到春耕农事中。在本地流传很多有关立春备耕的谚语，如“立春一年端，种田早盘算”“一日之计在于晨，一年之计在于春”等。

种植习俗 一年四季二十四个节气与植物生长关系密切。中洪村村民懂得“谷雨一下雨，一月无干土”，谷雨时土地潮湿，适宜种子发芽生长。“谷雨前，好种棉”，抓住时节，及时播种棉花，有利于作物生长。谷雨又是“落谷做秧田”的最好时节，“谷雨不冻，赶紧抢种”。“小满莳秧好，晚莳有白稍”，小满时节是移植秧苗的最好时节，移栽晚了，秧苗叶子会长出白稍，影响生产和收成。

20 世纪 70 年代村民插秧

收割麦子

田管习俗 惊蛰一过，天气转暖，百虫出洞，遍及田野，伤害庄稼。旧时，村民将田里枯叶残草烧掉，用水灌浇的方法来消灭虫害，而在宅基周围、猪栅四周则撒石灰等。将扫帚放在门外，请“扫帚神”帮忙消灭虫害；将剪成公鸡形状的红纸贴在窗上，意为“鸡吃虫”；还流传炒豆子、吃豆子，把豆子比喻为虫害，吃掉它们。“六月小暑连大暑，耘稻除草土松疏”，天气逐渐变热，村民忙着给晚稻拔稗除草。“小暑种秧勿算迟，木扁担挑稻两头滞（重）”，意为小暑时还可种植后季稻。

收获习俗 粮食作物中最先成熟的是大麦、元麦、小麦，到了芒种这天，村民要到田里，查看何时收割。立夏日，本地有烧野米饭习俗，此时蚕豆已成熟，头朝豆[①]又鲜又嫩，用刚摘下的新蚕豆烧饭，味道清香。

秋后收割新稻，轧成米，即可品尝用新米烧的饭，家境好的会蒸上一笼新糯米圆团，敬长辈、庆丰收。

◉ 生活习俗

造屋习俗 旧时，中洪村一些大户人家造前，先请风水先生看风水，定方位。一般村民造房子时，要置办“造屋酒”，特邀亲戚朋友到场，一般是新房上梁时要举行“抛梁”仪式，上梁的正梁中间用红纸写有“福星高照”字样，用铜板排列成吉祥图案，正

① 头朝豆：最先成熟的蚕豆。

盖屋面

梁两头用红纸包住，当“作头师傅”（包工头）喊一声“上梁”后，两边小工用绳子将正梁慢慢提升到屋顶。上梁结束后，东家手捧方盘，顺梯而上，“作头师傅”接盘，取出喜钿，边唱上梁赞歌，边抛馒头和糖果，其中最大的馒头里面的馅是一把长头发，寓意发财和房子结实。这天，还要吃“上梁酒”。房子造好后，选择吉日邀请亲朋好友来吃“进宅酒”。进宅也有讲究，要选择黄道吉日，进新屋，放鞭炮，驱赶邪气。接下来排床，随后正式入住。

“66 块肉”习俗 村内有个习俗，女儿要在父亲或母亲 66 岁生日时做“66 块肉”。其做法是，把肉切成黄豆大小的小肉丁，然后依父亲或母亲的个人口味进行烧煮；父亲或母亲则一口气把“66 块肉”吃完，以示无疾无灾、吉利、长命百岁。此习俗表达了晚辈对父母养育之恩的感谢和对父母安度晚年的祝福。

婚嫁习俗

合八字 男方聘媒人到女方家游说，称“请八字”或“讨八字”。女方家长同意，将女儿的“时辰八字”[①] 交给媒人，称“出八字”，男方拿到“八字”后要请算命先生与自己的“八字”合，称“合八字”或“排八字”，双方是否相克，如相克就要退回“八字”，不能定亲，如相合则要请媒人吃“话允酒”。

串鼻头 继“合八字”后，男方将备好的“小篮头”，内置干果、糕点，交给媒人，由媒人带到女方家，女方认可则证明两家已达成婚约，称为“串鼻头”。意为女方拿了

① “时辰八字”：出生年、月、日、时辰。

旧时嫁妆

旧时花轿

男方家的“小篮头”，就已经将两家婚姻像“牛鼻头被绳子串牢”一样，不能有悔意。

定亲 达成婚约后的一项十分重要的仪式。男方准备大鲤鱼、带脚猪后腿、干果、桂园、茶叶、首饰、礼金等礼盘（称大盘），还有尊敬老人的“小篮头”1 个，由媒人送至女方家。女方家收下礼物后，将送来的干果分送亲友，以示女儿已经定亲，之后双方办酒席。男方办酒席时必请媒人，媒人可拿到一份“媒人钿”。解放后，定亲仪式变为仅向亲友分送糖果。20 世纪 80 年代起，定亲酒席大多在饭店里举行，定上一桌“和菜”，双方父母、媒人参加。

带小盘 在中秋节这天，男方置月饼、藕粉等物和一定数量的钱给女方，用于购置脚桶、马桶等陪嫁物，称“带小盘”。

话亲 又称“起话”。男方家请算命先生“排周堂”“看大日”，择定结婚日期后通知女方家，男方家买上一块猪肉由媒人带至女方家，告之黄道吉日，如女方应允，就算“话落”；如女方不允，要多次上门，直到“话落”为止。

带大盘 男方备鲤鱼、带脚猪后腿、糕点、酒等重礼，用大红毡包“书盒”，盒内有谢帖、礼帖、“八字”、礼金、“抱舅钿”[1] 带到女方，通知迎娶日子，称“启话”，女

① “抱舅钿”：新娘上轿要大哥抱进去，因而要给其红包，故称。

村民观看婚船

方如收下彩礼就算“话落”，如女方“弹盘”嫌男方礼金少，提出讨价，男方则增加钱数；妥后，双方各自筹婚事、发喜帖，邀请亲戚朋友参加婚礼，俗呼“邀吃喜酒”。

好日 即结婚日，旧时排场较大，需几天，吉日前一天“请媒”，也称“待媒”，如媒人嫌“媒人钿”少时，会借口身体不适，称“肚皮痛”，男方知道其意，立即增加“媒人钿”以解决问题。第二天是正日，媒人领轿，吹鼓手吹吹打打至女方家。轿子必须从房屋左前方（所谓“青龙头”）进入，遇到佣人、丫头等拦在大门外讨红包，男方家必须把预先准备的红包丢在台阶上的栲栳[①]里，男方才能进门喝茶。不久即举行发妆仪式，由女方兄弟主持发妆，然后亲友们把嫁妆送到门外，由娶亲人把嫁妆抬回男方家。新娘梳妆打扮，身穿大红礼服。临“出门”前有两件事必须做：母亲端来一碗饭，喂给女儿吃，不吃菜，只吃饭，表示女儿“白吃饭结束”，以后要到夫家吃饭了；然后在红毯上换上新鞋，穿好新鞋后脚不能落地，这叫“娘家泥不带到婆家去”，由其兄弟或亲娘舅（即舅父）抱上轿。在鞭炮和鼓乐声中起轿离家。花轿到男方家，新娘出轿后，须先到老厢房略做休息，不能直接到洞房。

拜堂 新娘头盖红巾，与新郎并排而立，先拜天地，后拜双亲，再夫妻对拜。手挽

① 栲栳：用柳条编成的容器。

红花绸，送入洞房，新娘坐在床沿，新郎用秤杆挑去花头巾，是表示“称心如意”。

20 世纪 60 年代起，提倡婚事新办，婚嫁习俗有了很大的改变。90 年代后，村民有到酒店举办婚礼。

丧葬习俗

送终 旧时，老人临终前，晚辈须集于床前，不断侍候，并听临终嘱咐（遗言），直至气断，称为“送终”。老人临终前能有人（家人或亲友）送终，为有福气。老人死后，家人一面派人向亲友“报丧”；一面为死者擦（揩）身，换衣服，将遗体移置堂屋。移置时，遗体头南脚北，安躺在门板上，用白布遮盖，头边点一盏油灯，放一个荷包蛋、一碗饭、一双筷子。遗体前悬白布做的幔，幔前桌上点烛焚香，供果品，称“孝堂”，也称“灵堂”。拆下的床铺置于室外，帐子抛在屋檐上。大门门槛外置一碗清水，内放一枚铜钱；放一个钵，钵内焚“黄纸”[①]，并将“批书”，上书何时死亡等内容，贴在大门框上。继而将换下的死者衣被焚烧，称“落床衣”。焚烧时，家人亲戚围拜哭泣，称“送行衣”。当晚，请尼姑或道士、和尚诵经。解放后，僧尼诵经一度绝迹，其余旧俗尚存而从简。20 世纪 80 年代起，有少数村民用录音机放诵经音带代替僧尼诵经。亲戚朋友吊丧后，送上礼金，用白纸包，年长的老人用大红纸翻转包钱，常以 1 做尾数，如 301 元、501 元等。

入殓 旧俗，一般遗体存放 3 天才入殓。入殓前，先替死者理发整容，接着为死者穿衣服，称“小殓”。丧事规模视经济条件而定，穷人家一般丧葬从简，死者穿 3 ~ 5 件新布衣，称 3 个或 5 个“领头”；富人家则穿 7 ~ 9 个“领头”，面料以绸缎为主。民国初，死者服装，男穿蓝袍、黑马褂，戴有红结的瓜皮小帽，也有穿朝服的；女穿红袄、红裙，外罩披风，头戴凤冠。有的男女死者均穿绣花鞋（荷花鞋），甚至还以珠翠入棺。穷人则服饰不拘。灵堂前供“灵位”，众邻居赶制孝衣、孝鞋、白腰带等。死者家属披麻戴白，围哭于灵前。亲友以白布（称“上襄”）、“条箱菜”（内放菜肴八样）或素轴、礼金（人情）吊唁。吊唁时，客人在灵前腰束白带或穿白衣叩头礼拜，直系小辈在旁守灵陪拜，女眷在后堂“陪哭”。入殓时，长子捧头，次子捧脚，其余儿子抱腰入棺。盖棺后，长子钉上“子孙钉”，寓意“传宗接代”。棺木差别较大，穷人多为薄皮棺材，富人用 12 厘米厚材。

---

① “黄纸”：黄颜色的纸。民间习俗，用于祭祀。

送殡 俗称“出丧”或“开丧”。旧时，出殡时有4～8人抬棺材，棺材一出大门，即清扫屋室，把垃圾焚掉或倒掉。护送棺材时，子女在前，吹鼓手在中间吹奏哀乐，亲友随后，至殡房或墓地停放，子女及亲友绕棺3圈后即返，有“先回先发家”之说。到家后，每人喝一口糖茶，吃一片糕，名为“利事”。旧时，吊孝者须当天回去，不可过夜。富人家把棺材停放于殡房，也有停放于后堂，有停丧百日，也有停丧3年后再“落葬”。穷人家则无此举。出殡后，儿子、女婿须请僧道念经3～7天，以示孝心。解放后，丧俗仪式从简，甚至一度中止。20世纪60年代起，殡葬实行火化，吊唁者改戴黑纱，佩白色或黄色纸花。部分单位为死者开追悼会。遗体火化前，举行遗体告别仪式，三鞠躬后，绕遗体3圈瞻仰。火化后，将骨灰盒寄放于火葬场或由子女双手捧回，有立即安葬，多数家庭则将骨灰盒捧回搁置家中，1～3年后，于清明或冬至举行葬礼。2000年后，于火化当天落葬为多，称之为“热葬”。

孵茶馆习俗 孵茶馆，即到茶馆喝茶，是中洪村男性村民最传统的消遣方法之一。许多老年人一年四季风雨无阻，几乎是天天到茶馆喝茶；中青年人因农事，平时不去，只有在农忙结束后，才去茶馆。中圩村、洪泾浜村民喜欢到西边一江之隔的浙江省嘉善县清凉镇茶馆里喝茶；横埭佬村民喜欢到青浦区范浜新镇茶馆里喝茶；荷英荡、步石、杨进浜村民喜欢到枫泾镇茶馆。花几分钱，泡上一壶茶，坐上半天，谈天说地，悠然自在，无拘无束。村民孵茶馆习惯赶早晨吃茶，再买根大饼或油条作早点，吃完茶再办事。茶馆成为村民聊天、交流信息的重要场所。20世纪80年代起，村里为老年人办起了茶室，配备工作人员，一般茶叶、茶具自备，开水免费供应。

老年村民在孵茶馆

社交习俗

中洪村地处两省市四区县交界处，日积月累，社会交往方式众多，体现了平等、友好、团结、互助精神。

吃杠聚 村民社交的重要方式之一，俗称“劈硬柴”，即“AA 制”。召集人约定好“吃杠聚”的时间、地点，统计好人数后，安排桌数。吃的东西根据不同季节而定。如蟹刚上市时尝鲜吃蟹，夏吃鸡，冬吃羊肉。费用按人头分摊，有时无法分摊的，由召集人承担，一般在召集人的家里举行，比较节约。

大事帮工 一家有大事，村里的右邻左舍都会去帮工。造房帮工，一家造屋，百家帮忙，以出工出力为主，无报酬，请吃饭喝酒即可；结婚帮工，主要是女性，帮做婚宴上的一些杂事，如买菜、理菜、杀鸡宰鱼等；丧事帮工，谁家有人去世，作为大事，一般要帮工3天，从报丧到晚上守灵，置办“豆腐饭”招待亲朋好友，缝白衣，做白腰带，扯黑纱，买办器物，村里人都会帮忙，直至出殡结束。

一般吃喝 村民吃酒喝茶习俗很讲究。客人到家做客，先倒茶，当着客人的面洗杯子，加茶叶要适当，不宜过多或过少，冲泡水量为“八分盅”，太多则溢出，太少显得小气。端茶要得法，双手捧上，有杯耳的，一手持杯耳，一手托底，奉给客人。添水时，主人要主动，不能让客人自己站起来添水。

就餐入席也有讲究。客人入座后，要等主人打招呼，邀请大家动杯，才能动筷，“主人吹哨子，客人才能吃”。吃菜时，只夹面前菜，不能起身去夹离自己远的菜。细嚼慢咽，不能大块往嘴里塞，狼吞虎咽。

酒席座次，圆桌朝大门者为尊，八仙桌朝南坐者为大。

临时厨房内的婚事帮工场景

过年吃年糕（粘糕）

◉ 节庆习俗

春节 农历十二月三十（或二十九、二十八）为旧年之尾，正月初一为新年之首，在所有节日中为最隆重的节日。“过年”包含辞旧、迎新两个方面，村民从十二月二十起置办年货；二十四掸尘埃（打扫卫生），“斋灶”送灶神；二十七、二十八做团子，制作年糕；三十午后备酒菜祭祖，傍晚合家团坐吃“年夜饭”，长辈给孩子发压岁钱。村民有守岁到子夜，放爆竹、烟花，迎新年的习俗。有的村民到庙进香拜佛，祈求新的一年平安幸福。

新年伊始，家家户户放鞭炮或礼花，以示吉利。大年初一早上，小孩起来后爬门闩，以示长得高；大人起来后提水进屋，以示财富如水源般长流不息。家中不开后门、不扫地、不泼水，以示聚财。家人不骂人、不说粗话、不训斥孩子，以示和睦。早饭不吃粥、不吃淘茶饭，以示外出不淋雨。饭前喝一杯糖茶，以示一年甜蜜。正月初四晚置桌子，摆糖果、糕点接财神，直至初五凌晨，以示迎请五路财神。在正月十五之前，与亲朋好友第一次见面时要拱手拜年，以示祝福。

元宵节 农历正月十五，俗称“正月半”，家家户户做汤圆，以示全家人团团圆圆过新的一年。据传，元宵节是灶君从天庭返回人间的日子，故汤圆也有迎接灶君之意。

夜幕降临后，有“放野火”习俗，家家点稻草火在自家田头边走边放，意为烧掉田里的所有害虫，嘴里喊“哗啊哗，曲啊曲，鱼拉（我家）田里三石（一石为75千克）六，别人家田里一蚌壳，鱼拉田里长点苗，别人家田里长点草”。20世纪80年代后期，“放野火”习俗消失。

清明节 一般在农历三月初三前后数日。村民们上坟祭祖，给亡亲扫墓，烧“纸钱”，意为给亡灵“现钞”。人过世后的第一个清明节，称之为“新清明”，死者家属亲戚要扎柴囤、叠锡箔、做青团等，对亲戚挑来的青团于当日分给本村人或自家族门。落葬选在清明节当天的很多。

旧时，在清明节还有“放断鹞”，即在放风筝的时候，把自己预想的年内可能会发生在自己身上的“倒霉事”写在纸上，黏在风筝上，待它升到一定高度时把线放脱，任风筝随风飘走，带走“霉运”。清明节还是踏青的好时节，村民们开始春耕播种。

立夏日 此日，村里家家户户品尝青蚕豆，称为“立夏日，采豆秸”。解放前，有“称人”“烧野米饭”“吃米粉馒馒”等习俗。立夏称重，意为夏季可免中暑。立夏日吃野米饭，意为夏季不生病，小囡（小孩子）吃了好领养。立夏日，妇女禁止坐户槛（门槛），传说户槛是土地公的“枕头”。解放后，上述大多习俗已消失，但立夏日吃青蚕豆仍盛行。

青团

放风筝

端午粽子

端午节 农历五月初五，本地俗称为“当五日”。传说，此日古代诗人屈原投江自尽，后人为纪念他而有了端午节。届时，家家户户吃粽子、蛋、大蒜，饮雄黄酒，吃黄瓜、黄鳝、黄鱼等。家家户户还在门窗、床上挂艾蓬、蒜头、菖蒲等。旧时，本地流传着这样一首歌谣：“当五日吃只粽，死了有人送。当五日吃个蛋，死了有人喊。雄黄当五是灵药，当六是砒霜。”

六月六 此日若是晴天，村民习惯于把箱橱里的衣服、布匹放在烈日下暴晒，晒后的衣服、布匹不会被蛀虫咬破。此日又忌下河洗澡，如洗澡，传说要患“狐狗臭”。而在这一天，主人会给家里的猫狗洗澡。

七月七 旧时，视此日为斋星宿的日子，家家吃水红菱、藕。有的人家特地买来小黑鱼，放生，意为百事顺利。晚上放流星、水灯，水灯有西瓜水灯和草鞋水灯两种，水灯上面点燃蜡烛后顺水漂走，意为在日常生活中万事如意。解放后，此俗一度被废除，20 世纪 80 年代末期起又重现。

七月十五 此日，烧香，敬地藏菩萨，人们在水缸边、灶脚边、粪缸边和河埠头插棒香烧。又在家沿石上摆碗清水，碗里插凤仙花，传说用凤仙花浸的水洗眼睛，不会得红眼病。解放后，此习俗已基本废除。

中秋节 农历八月十五，俗称“八月半”，此日吃月饼，赏月。部分村民在家设香案，烧天香祈求玉皇大帝。供月饼、果品，“拜月神”祭毕，家人团聚，分果品，品月饼，赏月。据传，“八月半”又是“芋艿生日”，故这天村民还要吃圆子、毛豆、芋艿、菱角、石榴、梨、苹果、藕等多种果蔬。旧时，村民还忙于摇线制衣，传“八月半”这天摇的线不易断，缝制的衣服不易破裂。

敬老爱老活动——为老人理发

重阳节 农历九月初九，俗称“重阳节”。旧时，一些人家碾米做重阳糕，一些人家喝重阳酒（酒大多为购买的）。解放前，中洪村境内盛行龙舟比赛，东片以办重阳酒席居多，解放后此俗废除。1988 年，农历九月初九成为法定的老人节。此后，村里每年开展“敬老日”活动，为老人做好事，慰问老人等。

冬至日 农历十二月二十一左右，村民认为此日百无禁忌。20 世纪 60 年代前，择此日烧小囡棺材。大多数农户家会烧菜祭祖宗，经济困难的家庭，因接近年夜，故有冬至、年夜“一包捎”的做法。俗谚谓，冬至夜，“有钱人吃一夜，无钱人饿一夜”。冬至期间，落葬迁坟现象较为常见。

◉ 方言土语

中洪村因地处沪浙两省市四区县交界处，村域内方言带有松江、青浦、嘉善口音。随着普通话的普及和外来务工人员的聚集、城乡居民交往增多，村境内的方言发生了较大变化，相应减弱了乡音土语，除中老年人的地方方言较重外，青年人趋向上海方言，少年儿童则以普通话为主，本地方言日趋淡化。中洪村村民的方言土语有一定的规律，尤其是人称代词的语法结构与现代普通话基本对应。第一人称、第二人称、第三人称的单数与复数相比较，复数一般在单数后加个“拉”，相当于普通话中的“们”字。从现代汉语音标来看，村民对于声母“F”“H”的一般不

绿树环抱的凫隐桥

分，如“冯”与“洪”发音是一样的；也基本没有前鼻音与后鼻音、平舌音与翘舌音之分。以下选录的村内方言土语，与普通话对照，无字写的音节用近音字代替，不取义。

常用词语

人称代词

鱼（读吴方言中“鱼”的发音）——我

鱼拉——我们

奈——你

奈拉——你们

伊——他

伊拉——他们

称谓用语

公阿爹——丈夫的父亲

婆阿妈——丈夫的母亲

男客、男人、老公——丈夫

娘子、女人、老婆——妻子

大大（阿大）——祖父、外祖父

恒子——儿子

娘娘——祖母、外祖母

阿娘——姑母

阿爸——父亲

呒妈——母亲

大（读：杜）佬——哥哥

阿夫——姑父

大（读：杜）伯——丈夫的哥哥

小叔——丈夫的弟弟

动物用语

拉司——蟾蜍

弯转——虾

才节——蟋蟀

铁子——鼹鼠

夜狗——老鼠

麻雕——麻雀

鸬鹚——摸雕（方言）

河虾——弯转（方言）

摸雕——鸬鹚

新麟——蜻蜓

生产用语

做生活——劳动

打水——灌溉

上岸——收工

吃烟——劳动中间歇

望水——水田管理

捉稻——割稻

掼稻——稻谷脱粒

粜谷——出售稻谷

时令用语

今朝——今天

明朝——明天

一度歇——很长时间

天打——雷击

金线路——闪电

早派史——以前、从前

做冷性——天气变冷

告冰——结冰

上昼——上午

下昼——下午

早起头——早上

夜来快——晚上

生活谚语

坞荡——住所

六戗屋——四面落水正屋

拔披——房屋一面坡扩建

灶壁间——厨房

夹襟身——夹衣

包衫——外套

半裤——短裤

斜——跑步

着角超——走近路

店啥——糕点、糖果

四面落水正屋——六戗屋（方言）

咸酸——菜肴

卤水——汤

社交用语

谢谢礼拜九——不屑一顾

摊台——不光彩

夹水揿——落井下石

图死日——办事马虎

寻吼势——挑衅

乌里蛮理——不讲道理

犟头烈脑——不听指挥

牵头皮——丢脸

戳壁脚——搬弄是非

漏火棒——挑拨离间

笃定——有把握

航尽航是——许许多多

打圆场——调解

毛毛雨——微不足道

不买账——不服气

煞根——极致

习俗用语

好日——结婚

出门——出嫁

新相公——新郎

杜杜皮娘子——孕妇

有喜——怀孕

做客人——走亲戚

做女婿——入赘

请太太——祭祖

结婚——好日（方言）

菜花盛开的田野

谚语

农业谚语

黄秧搁一搁，到老发不足。

好种出好苗，秧好半熟稻。

庄稼一枝花，全靠肥当家。

种子年年选，产量节节高。

浅水插秧，深水活棵。

冬发长产量，春发长卖相（指三麦）。

人误地一时，地误人一年。

寒露捉（割）早稻，霜降一齐倒，立冬呒竖稻。

棉花靠鐯，水稻靠挖（耘），三麦靠压（培土）。

一尺不通，万丈无用。

气象谚语

蜻蜓成群绕天空，不出三日雨蒙蒙。

干净冬至邋遢年，邋遢冬至干净年。

当五（端午）不落当六落，当七当八落烂瓦。

清明断雪，谷雨断霜。

过了二月八，赤膊小囡冻勿煞。

乌云接日头，半夜雨蒙蒙。

三朝雾露发西风。

一场秋风一场雨，十场秋雨着棉衣。

生活谚语

吃勿穷，着（穿）勿穷，勿会打算一世穷。

牛吃稻柴鸭吃谷，各人自有各人福。

顶仔石臼做戏，吃力不讨好。

日里不做亏心事，夜半敲门不惊心。

勿做中人勿做保，一生一世不烦恼。

坐得正，立得稳，哪怕和尚尼姑合板凳。

乡村自然风光

冷拉（在）风里，穷拉（在）债里。

造房子看梁，讨娘子看娘。

◉ 宗教信仰

中洪村村民宗教信仰主要是佛教和道教。

佛教 佛教三国吴时传入村境，村内始有佛寺庵堂。明代佛教活动盛行。清初，村有庙宇5座，供奉如来佛、观音菩萨、弥勒、猛将（刘宰）、关帝、岳飞、海瑞等。清末时，当地信仰佛教者较多，吃素念佛在老人中盛行，有“长素”“短素”之分。有些人家供奉佛像，逢初一、月半点烛祈祷。相传，观音菩萨农历二月十九出生，六月十九得道，九月十九坐堂，这三天，善男信女都要拜观音菩萨，烧香、念佛（莲花经）。解放前夕，庙宇大多有庙田。1953年秋，横埭佬六神堂老爷出会。半年前就开始装修庙宇，彩绘四壁神像，佛像开光。出堂这天，搭台唱戏，8人大轿在村中巡游，3人摘肉提香在前面引路，数面钢叉在轿前开道，后面众香客相随，场面壮观。四周摆有食摊，售卖鸡蛋糕、马桶糕、糖葫芦、藕、菱等。老爷坐堂后，社戏（打唱班）开场，戏文有《空城计》《罗成叫关》《追韩信》《四郎探母》等唱段。每年农历三月十八、九月初五，也有庙会搭台唱戏。

1958年后，庙毁，庙会停止。1978年后，宗教政策得到落实。村民每逢农历初一、月半进香。20世纪80年代后，村内有信徒募捐重建庙宇，因未批而被取缔。每到清明、重阳等节，香客们到杭州、苏州等地拜佛，也有到山西五台山、浙江普陀山、安徽九华山等地烧香。

道教 道教在明万历年间（1573—1620）传入境内。民国年间，洪泾浜有胡姓住家道士，为村民做法事。解放前夕，枫泾道士包家岳（又名张士初）落户杨进浜里浜，给病人治病。他手拿两件法器，右手拨绳，左手净水瓶，口中念念有词，手舞足蹈，烧法符，随后举起利器，开始斩妖，末了叫病人家“谢土”。有些人家家门不幸，如经常生病、死人等，请道士做道场（又称“打蘸”）驱邪避灾。一些殷实人家，为死者超度亡灵，在五七忌日做道场，请道士“祭法”搭仙桥，幽灵能上天庭，下一世仍能投胎。

湮灭的宗教场所

中洪村境建有5座庙、庵，解放后，先后毁圮。

雨花庵

猛将庙 清末民国初，在中洪村19组建猛将庙，又名“蝗王庙”“八蜡庙（虫王庙）”。南宋进士刘宰死后为神，职掌蝗蝻，猛将庙供奉的就是刘宰，每年农历八月十八为庙会日。庙会极盛，特别是迎神赛会，很有特色。解放后，庙会停止。1958年庙毁。

回龙庵 民国初，村境内低洼田经常发生水涝，为祀盼龙王保佑消除水灾，在中洪村2组建回龙庵。1955年拆除。

关帝庙 建年失考，位于中洪村8组，朝南一开间，庙前有两棵银杏村，供奉关公。1958年庙毁。

雨花庵 建年失考，位于中洪村4组，供奉神像黑脸，舌头会动。1958年部分拆除，留存下来的后殿西厅曾为村办企业用房，21世纪初拆毁。

六神堂 建年失考，位于中洪村9组，三开间，单檐建筑，供奉杨老爷、猛将神等6个神。自置庙产几十亩，由田户轮种，所有收成为六神堂老爷出会时专用。农历三月十八为庙会日，分大年、小年，逢大年会搭台唱戏，庙里老爷出堂看戏。1958年堂毁。

◉ 老旧物件

中洪村村民在长期的生产生活中仿制或购买了许多农具、器具，有木制、竹制、铁制、水泥制品等，随着科技进步、现代工业的兴起和生产生活方式的转变，许多木制、竹制乃至铁制物件已逐步退出人们的视线。现代人将部分老旧物件，似古董般加以收藏。

耕田农具

铁铬　四齿铁制，装有竹柄，传统农具，使用广泛，村民家中都备有。种类有大铁铬、长齿铁铬、带乔铁铬、摊扒铁铬、黄霉铁铬等。大铁铬是铁铬中最大的一种，主要用于坌垄头或白田开沟；长齿铁铬，用于旱地或未灌水的田地翻耕；带乔铁铬，俗称“一别铁铬”，用于旱地开沟、除草、劈泥等；黄霉铁铬，用于摊田（平整田地）等。

犁　木制犁是村内古老的耕作工具之一，从古代一直使用到 20 世纪 70 年代初。犁由犁头、犁背（犁铧）、犁底、犁辕、犁梢等组成。犁铧为铁铸，其他为木制。依靠畜力牵引，用于田地耕作。

耙　方形木架，下面装有刀具，由横杠（也称“耙杠”）、耙耳朵、耙刀（又称“耙刀齿”）、压泥板等组成。依靠畜力牵引，用于捣碎田地土块。

耥　由 4 根竖杠和 3 根横杠组成，底部横杠长于另两根，下端装有 33 个木齿（由硬木制成）。依靠畜力或人力牵引，用于平整水田。

栽种农具

打潭锤　用青石制成，为圆锥形，装有木柄，主要用于种植豆类、油菜等作物。

钎子　实为铁齿，装有手柄，主要用于种植豆类作物及蔬菜移栽。

（左上）铁铬、（右上）锄头、（左下）耙、（右下）耥

经田绳 20世纪60年前用黄草搓制成，后逐渐改为尼龙绳，主要用于插秧时拉线，以控制植株行距。

除草农具

锄头 铁制，舌尖形，口薄，装有竹柄，常用于除草、松土、培土、下种开穴等，村民普遍使用。

耘稻马 有蓑草制、竹制和柳条制。耘田要耘三遍，分别称为头通、二通、三通。耘三通时，稻苗已经分蘖发棵，十分粗壮，容易划伤人的皮肤。耘稻马主要对跪着耘稻的人起到保护皮肤的作用。

耥 由耥板和耥柄组成，用于水稻田除草、松土。耥田是耘田除草、松土的前道作业。

收割脱粒农具

镰刀 本地人称“剑子”或“横”，由铁匠手工打制，装有木柄，用于收割油菜、麦、水稻，也用于割草等。

稻床 用树木做架，细竹为肋，用于脱粒。将稻床放在场上，把收割上场的稻穗一把一把往稻床上掼。稻穗撞击竹条，谷粒脱落。在未推行打稻机、脱粒机之前，稻床是主要的脱粒农具。

稻桶 木制方形桶，口大底小，配有小稻床、篷布遮拦，是田间专用的脱粒工具。

稻床

笆斗 柳条编成的容器，小的称“山笆”，大的称为“栲栳”，俗称“克栳”。主要用于搬运谷、麦、豆等。

筛子 用竹篾编成，扬谷用，以筛去稻谷中的杂质。

箩筐 俗称“箩”，用竹篾编成，上口圆，底部方，穿有绳索，用于运送粮食等。

风车 由木架、护板、风叶等构成。手摇生风，扇去谷中杂质。

扬谷扇 由电动机轮、风叶、轴组成，用于清除粮食中的杂质。

打稻机 由滚筒、齿轮、动力组成。

运输农具

农船 中洪村河流众多，离镇区又远，农船是重要的运输工具，也用于罱河泥等。农船有三舱，前后小，中间大。旧时为木结构，船型较小，人力手摇。20 世纪 70 年代有水泥船，5 ～ 7 吨居多，一些条件较好的生产队购买 11 吨的水泥船，装上机器后开展运输。时胜利、新农大队各有 15 吨机动船一艘，用作驳运大型拖拉机。80 年代，农船拥有量达到顶峰，后逐渐减少。农船还可用来装河泥。

扁担 有木制、竹制两种，木制扁担以榉树、枣树、合欢树、麻栎树为多，竹制扁担为毛竹。用于肩挑运输货物，是村民常用的运输农具。

旧农船

蓝花布、石磨等老旧物件

其他农具

砻 圆形，中间锯木段排列，周围用竹箍围之，上下两片圆盘上刻有斜档，上片圆盘上有投谷圆孔，人力拉动上片圆盘，投入稻谷后即可碾为糙米。

舂臼 有石臼、陶臼（窑缸臼），是将糙米加工成白米的工具。

石磨 圆形，上下两片圆盘上刻有斜档，上片圆盘上有投米圆孔，是将米、麦磨成粉的工具。

粪桶 用于施肥挑水的小农具。旧时为木制，20 世纪 80 年代起多数为塑料制品。塑料粪桶，上口直径为 38.5 厘米，底部直径为 29 厘米，高 36 厘米。上口两边有耳，用于穿绳索，俗称“粪桶索”。

挑粪桶

耖 种类较多，有铡耖、铧耖、深沟耖等。铡耖肩宽 15.5 厘米，略呈半圆形，锋口两角稍突出，宽 20.5 厘米，高 19 厘米，

装有木柄，用于铡岸脚，开沟时铡沟渠两边。铧耖宽 13 厘米，长 19 厘米，锋口向前凸出，呈半圆形，用于开、关放水，做秧田时塌秧板、抄沟底泥等。深沟耖，呈半筒形，用于开挖深沟。

罱 也称“罱网”，由网兜、罱排、罱竹组成。网兜用棉线或麻线编制而成，呈三角形状，网眼大小约 2 厘米。使用前，将新网兜在猪血中浸渍，然后晾干。网兜下端开口，固定在罱排上。罱排用毛竹片制成，长约 80 厘米，宽 2.5 厘米。前后两根罱排组成一个可开合的口子，中间各装有一个铁部件，呈人字形，两脚用于固定罱排。罱竹有两根，长约 5 米，直径 5 厘米左右。罱竹一般不用当地竹，而用山区出产的淡竹（长而直，光滑，耐用）。网兜系于罱竹上，高约 80 厘米。两根罱竹用绳扎紧，组成一个活动的器具，罱网便像剪刀一样可开可合。罱主要用于罱河泥、积肥。

蚕架 有木制和竹制两种，丁字形，高约 1.8 米，宽 1.2 米，一般为 7 ~ 9 层。横档中间连接处可左右转动，呈展开或折叠状。使用时，展开竖立，每层可放置一只蚕匾；不使用时，折叠放置，少占空间。

生活用品

草鞋 用稻草、麦秸、玉米秸作材料编织，由鞋底、鞋帮和绳子组成。穿时用绳子系紧，两边透风，雨天防滑，夏天凉爽。

蒲鞋 在草鞋的基础上，四周用稻草编实，是旧时村民冬季经常穿的鞋，起保暖作用。

蚌壳棉鞋 传统的冬季保暖鞋。由手工纳底，内衬棉絮，形似两片蚌壳。

木头拖鞋 木板作鞋底，上钉有横皮条，适合夏天穿。

钉鞋 皮制短靴，鞋底有锤式钉子，下雨天走泥路时可防滑。富裕人家皆有。

编织草鞋

假衣领 又称“假领头”，20 世纪 70 年代较流行。其保留了衬衣上半截，穿在外衣内。既节省布料，又方便清洗。

灶头 用砖泥砌的厨房用灶，分为二眼灶、三眼灶。三眼灶为大户富裕人家用，中间有汤罐和轧锅。用稻草和烂泥搪的叫行灶，一般用木柴爿作燃料。

火油灯 又称“洋油灯”，为家庭照明用具。下有握手，圆形玻璃罐中存放火油，上有玻璃罩，起防风作用。点火的灯头由金属制成，中有纱做的灯芯，可以调节火苗大小。初用菜油，之后一段时间用外国的火油。20 世纪 60 年代，村里有了电灯后逐渐淘汰。

八仙桌、长凳 八仙桌为 1 米见方的桌子，旧时一般人家均备有，并配有 4 个长凳。长凳长 1 米，宽 20 厘米，高 40 厘米，有 4 只脚。

供桌 放于厅堂上的长形桌子，比方桌略高，大户人家祭祀时供放香炉、蜡扦及供品。

脚炉 铜制圆形器皿，上有盖，盖上有洞孔。冬天取暖用具，用木炭点燃之后，放入砻糠和木屑，慢慢燃烧产生温度。用于暖脚和烘手，也可用来爆豆、烘山芋等。

坐桶 为美观整洁，将马桶放入坐桶，为正方形，高 40 厘米，防止臭气外溢，一般置放在床边。

木提桶 木制品，中间有提手，外有铁箍，用于提水和盛放东西。

木脚桶 圆形，有直径 50 ~ 150 厘米等规格，高 20 厘米，大桶常用作洗衣服，小桶用于洗脚。

水烟壶 用白铜制成的吸烟工具，由烟管、吸管、盛水的水斗等部分组成。将烟丝放入烟兜，用火擦纸点燃。烟在水中过滤后烟味更醇和。

香篮 到庙进香时的专用篮，长方形，为两层一盖，有提手，打开盖后可放香、蜡烛、供品等物。

客篮 竹篾编织，盖衬以薄板，一层一盖。正方形，外出做客时放点心、糖果用。

旧时客篮

状篮 正六角形。用竹篾编织花纹，宽边手提，两层一盖。

三联橱 20 世纪 70 年代至 80 年代流行的家具。木制大橱具，长 160 厘米，高 190 厘米，宽 60 厘米，中间为镜子玻璃门，两边为木门。橱内一边挂衣服，另一边叠放衣被。内有抽屉，放贵重物品。

五斗橱 木制小橱，上面有镜子。橱左边为门，右边是 5 个抽屉，用来放衣服。

樟木箱 用樟木制做，铜角镶边加锁，女儿出嫁时为必需的嫁妆。

箬帽 用竹编的帽子，中间衬以油纸，防雨水，沿边较宽，能遮雨。

棕簑衣 用棕树丝编织成雨服，上身为披肩，下为裙子状，防雨、防风，与箬帽配套用。

小家电

五灯机 20 世纪初产物，也称“真空管收音机”。以五管电子管为主，称“五灯机”。功率大，音质好，但较重，不易携带。半导体收音机出现后，五灯机逐渐退出市场。

五灯机

半导体收音机 便携式收音机。DVD、VCD 问世后，小型收音机逐渐淘汰。

高音喇叭 20 世纪 60 年代至 80 年代初，村里开始安装有线广播，家庭有小广播，生产队田头安装高音喇叭。在农忙期间，高音喇叭会发出早工信号。“喇叭一响，立即起床”，边劳动，边听新闻及音乐、戏曲。

“三五”牌台钟 20 世纪 70 年代至 80 年代，新婚家庭必备，外壳为木制，钟芯为全铜质，为机械钟。

计划票证 20 世纪 50 年代中期至 90 年代，村民购买东西大多凭票，粮、油、布、肉、烟、毛巾、袜子、民用线、胶鞋、火油、火柴、肥皂等都要凭票购买。

村民还有一些特殊票证，比如农民造房，先要用泥票换砖票，才能去窑厂购买砖，即使分配到砖票，也需要一定的泥票，才可提货。

村民养猪，吃肉也要凭票。肉票种类繁多，有猪肉票、咸肉票、猪头肉票、特殊照顾肉票。村民买猪后，还有奖售肉票。自己舍不得吃，把肉票卖到城镇里。每人每月计划有肉票 1 元，村民比城镇居民每月少 5 角，春节时增加 1 元 5 角，元旦、“五一”、国庆时增加七角五分。村民油票与城镇居民不同。1972 年，为鼓励多种油菜，增发社员留油票，面值最大为 1.5 千克。村民吃粮采取每年分配制，按劳动力和家庭人口直接分给口粮。现役军人回家探亲，部队按探亲时间长短发一定数量的全国粮票。

全国通用粮票

乡土文化

中洪村悠久的历史，秀美的田园风光，孕育了一大批诗人、画家，也吸引了许多文人墨客挥毫泼墨、吟诗作画，成就了中洪村绚丽多彩的乡土文化。这里，拥有农民画画家100多人，成为金山农民画的“半壁江山”；这里，古典诗词在诉说历史，动人的歌谣在田间荡漾，白牛荡、箬帽荡、凫隐荡、步石塘等传说故事广为流传，散发着乡土气息的刺绣、木雕、剪纸、灶壁画等民间艺术代代相传。这里，最值得一提的还有中国当代民间艺术的奇葩——金山农民画。本卷辑录的部分作品分为四大类，即“诗词歌谣”“散文故事”“书画摄影”和“民间传说”，所选作品的作者以中洪村村民和曾经在中洪插队的知识青年为主体。

中洪村是金山农民画的发源地，其诗词歌谣、散文故事、书画摄影、民间传说具有鲜明特色，构成了绚丽多彩的乡土文化。

◉ 诗词歌谣

古代诗词作品

骑牛歌

〔宋〕陈舜俞[①]

我骑牛，君莫笑，人间万事从吾好。
千金市骨骏马来，乘肥大约须年少。
蒲为鞭，草为辔，白牛塘上柳影里。
看云听水要行迟，轻叱缓驱尘不起。
布袍葛带乌接羃，田家装束不时宜。
匏樽注酒就背饮，皂囊贮书当角垂。
我狂吟，醉欲倒，同醉同吟白云老。
此老不可天下人，一住此间三十春。

---

① 陈舜俞，字令举，北宋庆历六年（1046）进士，湖州乌程人。中进士前随父移居枫泾。曾任屯田员外郎，在任山阴县令时因不奉行“青苗法”被贬，后弃官隐居枫泾，骑牛于白牛塘上。著有《都官集》等。

白牛居士陈舜俞壁雕

声如洪钟目如电，七十神光射人面。
上牛下牛不要扶，合与山中作画图。
汴州马上顾何如，春泥没腹仍溅帽，
夜半归来人亦痛。
天真丧尽百忧集，衣食毛发归妻孥。
争如来骑牛，水光云影俱悠悠。

白牛塘清风亭

白牛塘

陈贤良祠

〔明〕郁敦易[①]

青苗新法世无何，抗疏佳时志不磨。

庐阜峰峦曾眺览，星湖风浪几经过。

碧梧翠竹荒丘寂，野草寒烟落照多。

莫叹山僧为伏腊，裕陵无树长新柯。

晚过白牛塘

〔清〕沈承点[②]

日落水平湖，呕哑一棹孤。

人家烟树里，看似米颠图。

① 郁敦易，号斗野山人，枫泾镇中洪村人，明代学者、诗人。著有《言志稿》等。

② 沈承点，字东旸，号遂园，枫泾镇人。著有《梦花轩诗钞》等。

枫溪竹枝词

〔清〕沈蓉城[①]

一

庐山尝跨白牛游，居士高风此地留。
今日野塘惟白浪，村人来往尚呼牛。

二

乡农入市起中宵，蓏自篮提菜自挑。
细雨船来箬帽荡，秋风人渡米筛桥。

清风泾竹枝词

〔清〕陈祁[②]

一

黄梅小暑雨纷纷，透水新苗几遍耘。
才过三时三伏到，踏车好趁晚风薰。

二

风味田家亦美哉，催租人至稻园开。
肥鸡烂煮香粳熟，三白酴斟白宋杯。

枫溪棹歌

〔清〕程兼善[③]

一

布谷飞鸣春去时，白牛荡水碧琉璃。

---

① 沈蓉城，字书林，号秋航，枫泾镇人。著有《秋航诗钞》等。本书仅选录其《枫溪竹枝词》中的两首。

② 陈祁，字如金，枫泾镇人，官至甘肃布政使。著有《新丰吟稿》等。本书仅选录其《清风泾竹枝词》中的两首。

③ 程兼善，字达青，枫泾镇人。曾编纂《续修枫泾小志》等。

等闲莫唱鸳湖曲，听谱秋航旧竹枝。

二

马庄[①]西去有鱼矶，秋老河中紫蚬肥。

赢得渔郎常水宿，朝朝风露满蓑衣。

当代诗词作品

水田

陆文娥[②]

像块块晶莹的白玉

镶嵌着绿色的花边

如幅幅五彩的画卷

描绘着“四化”的春天

水田

① 马庄所产蚬皆为紫壳，味胜他处。

② 陆文娥，女，笔名陆雪琼，1946 年生，上海市松江区泗泾人。1968 年嫁入中洪村，爱好文艺，著有诗歌、散文、故事和小说、报告文学等作品。金山故事学会会员，本志“乡土文化”所载故事《害人害己》和散文《哦，渔场》也是其作品。

清晨
锃亮的犁尖抖落露珠
精心着意梳理
傍晚
绿色的秧苗裹着霞光
一起栽进水田

像一面面光洁的明镜
映照张张动人的笑脸
辛勤耕耘和着汗水
孕育金色的秋天

立体的中洪

——写在枫泾古镇

祁人[1]

小小的稻穗一串紧挨一串
它们身披金黄盔甲全副武装
如唐吉柯德般在风中呐喊
那些我家乡稻田里的稻穗呵
也是中洪村的稻穗

当稻穗离开土地收割在晒场的
碾轧碎壳剥了外衣的
赤裸着露出洁白身体的
就是一颗颗白花花的稻米
在阳光下刺痛人们的双眼

① 祁人，当代著名诗人。历任人民日报社《市场报》“文化广场”副刊编辑、中国新诗讲习所诗人培训中心主任、中国诗歌学会常务副秘书长、中国诗歌万里行组委会副主任兼秘书长。著有诗集《命运之门》《掌心的风景》，代表作有《命运之门》《和田玉》《天上的宝石》等。

祁人作品《掌心的风景》封面

那些江南的稻米啊
也是中洪村的稻米

是的，稻米，就是稻米
开水煮过筲箕沥过甑子蒸过
一粒粘着一粒亲密抱成团的
端上餐桌成为滋养人类的食物

所有中国的稻米人类的稻米
从稻穗到大米从稻田到餐桌
我所知道的这些
仿佛就是它们一生的宿命

可是，当我站立在一幅画前
却惊异地看见一粒粒稻米
以各种立体的形式呈现着
顷刻间便刷新我过去的认知
它们，多么像一首诗
引起我无限的遐思

祁人作品《报春图》

我走在上海市的郊区
走进枫泾古镇，走在中洪村
看见这些稻穗稻谷稻米呀
在中洪人手中异彩纷呈
它们，被赋予新的生命

中洪人将稻米视为一首首诗
它们原本是大自然的精灵
稻穗们一个个身姿妩媚

像训练有素的士兵听从指挥
在中洪人的号令中排兵布阵

看啊，在中洪人的智慧里
每一粒稻谷都是一个文字
每一块稻田都是一首诗篇
在农家人的精心照料下
它们鲜活了起来
长成一行字：是美
生成一幅画：是锦绣河山
完成一个理想：是中国梦

一块稻田或一片晒场
一幅画或一行字
一帧帧彩色的稻米画
轻轻地托起一个立体中洪
它们舞蹈着走向世界
成为“人类的一个思想”[①]

农田中的“马厅”（稻堆）

① 引自郑敏《金黄的稻束》中的诗句。

中国农民画村一角

鹧鸪天·咏枫泾中洪村

张青云[1]

带越襟吴景象新，桃源鸡犬日相闻。稻花垄垄香盈野，荷叶田田凉到门。
红蓼岸，绿杨津，酒旗高挂暖风熏。嬉鱼寻画情何限，信是中华特色村！

浣溪沙·农民画村

郁伟新[2]

溪转农家驽隐塘，桃花柳叶竞芬芳。绣娘彩笔绘图忙。
四海嘉宾常驻足，九州艺友共登场。画村魅力总难量！

① 张青云，重庆市云阳县人。2001年移居枫泾，中华诗词学会会员、上海诗词学会理事、金山区图书馆古籍部主任。

② 郁伟新，枫泾镇人，枫泾文史研究会副会长、上海诗词学会会员。

浣溪沙·荷风嬉鱼

郁伟新

水上人家一字排，竹廊湖景小亭台。接天莲叶绿无涯。

游客慕名垂钓去，骚人寻画赏荷来。中洪韵味醉心怀。

生查子·中洪春色

姚金龙[①]

中洪来踏青，明媚春光醉。田野满黄花，蜂蝶同嬉戏。

鲤鱼甩尾欢，竹笋探头喜。驻足曲廊边，魅力乡村议。

贺圣朝·阿林农社

姚金龙

阿林农社闻名久，幸来乡村走。大棚蔬菜绿油油，阵阵清香诱。

品尝莲藕，举杯喝酒，乐交田头友。新鲜无害果蔬求？特色农场有！

歌谣

十二月花名十二样生肖歌[②]

正月梅花暗里焦
夜狗头[③]眼睛像胡椒
半夜出来寻食吃
黄狸猫走过呒没[④]命来逃

二月杏花白芯球
阎罗王配侬[⑤]投只牛

---

① 姚金龙，枫泾镇人，上海兴塔中学语文教师、上海诗词学会会员。

② 口述：戚海英，女，上海市青浦区人，1980年2月嫁入中洪村，善唱田歌。记录整理：陆文娥。

③ 夜狗头：老鼠。

④ 呒没：没有。

⑤ 侬：你。

桃花

四重六月种田去
七八九月场浪[1] 走

三月桃花满树红
西山老虎果然凶
半夜出山寻人吃
家家场浪 弯只毛竹弓

四月蔷薇叶头青
兔子双双草里蹲
人人讲我兔子夫妻能容易
一年四季落[2] 几窝

五月石榴芯里红

① 场浪：场上。
② 落：产。

老龙取水取到海当中
一口二口清水起
一条白帘挂在南天空

六月荷花透水前
青梢蛇过江草里钻
端午雄黄刚刚过
捉蛇叫花子又把命来追

荷花

七月凤仙七七凉
老伙计侍马上高粱
歪头裂脑难服侍
手拿工具仍烟枪

八月桂花喷喷香
阎罗王配侬投只羊
羊啊羊，架好木爿烧滚水
三根细麻绳套侬头颈浪
拉侬拉到杨树下
“咩哈，咩哈”叫杀羊

桂花

九月菊花满地铺
阎罗王配侬投只猴
猴啊猴，拨拉[①]要猴班子来看见
三根细麻绳套侬头颈浪
拉侬到镇浪场角头
叫侬去扮小丑翻跟斗

① 拨拉：被他们。

十月芙蓉簇崭齐
阎罗王配侬投只鸡
鸡啊鸡，一更二更叫侬啼
三更四更杀侬行灶煨

十一月水仙开来湿糟糟
阎罗王配侬投只狗佬佬
好粥好饭吃侬份
馊粥冷饭也蛮好

十二月蜡梅雪花吹
阎罗王配侬投只猪
猪啊猪，大秤秤来小秤卖
七两五钱当半斤[①]

梅花

① 半斤：十六两制的八两为半斤。

十姐妹梳头歌 [①]

一姐梳头爱插花，杏花面孔粉来搽，搽到细皮白肉红彤彤，十指尖尖采荷花。

二姐梳头不会难，青铜镜子照眉眼，照到眉毛三弯九转，九转三弯。四穿八角盘龙结，插朵珠花小牡丹。

三姐梳头抹香油，山楂油塌起亮油油，若要姑娘巧打扮，一副挑眼引上来。

四姐梳头沃木香，脚上鞋子三寸长，百凌子雪袄搭配薄纱绸，四根飘带到鞋头。

五姐梳头北到阎门，苏州城里有座张叔桥，烧香看戏人，人流如海断桥。

六姐梳头讲体面，前半段扎起后半段，十八只牡丹当头插，丈夫看见不喜欢。

七姐梳头叹喜良，万喜良搭刹孟姜女，一口白牙三十六，口口吐出粉花香。

八姐梳头八木仙，寄信情郎摘花田寄，有心摘朵全蕊花，无心榭堂不要回。

九妹梳头九重阳，重阳吃酒菊花香，老娘格吃酒陈三白，后生格吃酒望风凉。

十姐梳头打浓霜，蓬头赤脚在西窗，青铜镜子失落在娘屋里，娘无公爹我无郎。

十二个月歌

正月马灯二月戏（春台戏），三月垛坝结抢篱。

四月塘草泥，五月里种秧落早起。

六月里耘稻山歌唱到闹齐齐，七月里修破船打油灰。

八月里修摇车看布机，九月里杨老爷出堂看花鼓戏。

十月里赤稻晚稻全收起，十一月里农民出莳稻还租米。

十二月里穷人无铜钿还租米，一把领头拖到牢监里。

穷人难喝薄粥汤

白牛荡，箬帽荡，

夏天水汪汪，秋天白茫茫。

九年三熟二头荒，穷人难喝薄粥汤。

① 口述：姚趣英、俞永明，中洪村人。记录整理：唐瑞龙。

韩和平作品《沪杭普客》

年头做到年尾巴

年头做到年尾巴，纸马香烛仍要赊。
扇扇子人吃白米饭，爬烂泥人粥也难。

西风一起稻收场

西风一起稻收场，轧稻做米呒兴相[①]。
岸上河里都要来，不是少爷就是相。

◉ 散文故事

散文

难以忘怀的那个年代[②]

韩和平

每次乘沪杭线经过几座大桥，我的脑海里便漂浮起石湖荡、新浜、枫泾几个站名。窗外河塘农田碧绿交错，一片扬帆的航船，一幅水乡风情画呈现眼前，使我浮想联翩，这块富饶的宝地孕育着多少文人志士，造就出来的吴越文化长远在历史长

① 呒兴相：枫泾方言，即没有心思。
② 杜飚主编：《丹青蕴情——名家书画在枫泾》，上海人民美术出版社，2002年。

河中闪闪发光。

那是一个受人压抑而不可理解的年代，当我得到解放而成为一个革命群众的时候，作为一名文化工作者，我必须接受工农兵的再教育，所以我因地位的改变而有自己去什么地方的选择权，于是我选择了向往已久的枫泾。

在胜利大队的小楼上，我安睡在厚实、发出稻草清香味的床上，站在窗前可以俯瞰全村，时值夏末，蓝天白云下映现着金黄色的稻田，使我久已麻木衰颓的情怀突然地振动起来，知识分子的触物生情的旧病复发，宇宙人生等等理念，似得到某种启示。第一天晚上结识了陈富林、龚明华、曹秀文，我们的美术组因而成立。作为图画，无论什么人都喜欢，这也是人的一种天性，因而，我们的小楼也成为村民经常光顾之地。在那个没有电视，没钱买收音机的年代里，小楼理所当然地成为他们得到精神满足的地方。灯光太暗影响我们作画和他们的观赏，七嘴八舌叫电工装上四只日光灯，每晚从远处就能看到小楼发出白色的灯光，成为大队带有标志性的景点。

人们有一个很重的乡土观念，都想使自己生活的所在地能有特色而自豪。在那种年代也不例外。现在机会来了，在必经之路画壁画，成了共同的愿望，美术小组第一次上阵，他们心中早已有谱了。于是买来最廉价的墙粉和胶水，制作了三天，一看确实使村里有种欣欣向荣之感。公社政工干部也闻讯下来，看看这件新事物，公社似乎感觉到应该在这基础上能有所作为的想法。在大队里的生活怎么能讲苦，饭能吃饱，乡亲把我当自己人，精神交往使我得到莫大的满足，我爱他们，我想尽我所能为他们做点实事，那

韩和平作品《班轮》

韩和平作品《长廊早市》

是所谓的再不是一个精神贵族，所以我在大队里就很高兴地融合在农民当中，我想这是早已形成的苦乐观所决定的吧！

从枫泾镇到胜利大队，有一条田埂小路，不应该说它是路，而是沿水渠的杂边地，到大队前还要摆渡，一下雨那就泥泞非凡。正当秋雨季节，单位工宣队师傅受上峰之命来看我，滚了一身泥巴。我不知道他是怎样在不认识路的情景下连滚带爬地找到打谷场的。这时离收工还有一段时辰，我在打谷场不能歇手，同时我也有意让他看看被教育者是怎样在接受贫下中农的再教育。我正壮年之际，体力十分良好，所以干得很起劲，而他是教育者应起身教胜于言教作用，也捋捋袖子上机器来。大概是连饿带累，不久，他脸色发白就躺在稻草堆里。我随即陪他到住宿地安排他休息和用餐，他才渐渐恢复过来。他没有在小楼过夜，又像来大队时的样子到枫泾赶火车回上海。从此，他再没有到我受再教育的地方。

邓小平复出，抓革命、促生产，公社对此是很积极的。为了响应，宣传的机器被动员起来，给人们一种踏实的走正道之感，社会渐渐走上了正常的轨道，广播喇叭一日三次的宣传与报导，大队的美术组在公社政工干部的领导下创作大量的带枫泾特色的宣传画，风俗画，同时又调集其他大队的一些美术爱好者都来加以复制。这些“农民画家”都在这次宣传中起到自己应起的作用。在相互观摩中，逐渐形成了金山农民画的特色。从此他们就不断地从事创作，作品多起来了。

在“四人帮”（王洪文、张春桥、江青、姚文元在“文化大革命”结成的帮派——编者注）猖狂的年代里，他们的倒行逆施，促使了人们的义愤与觉醒，对党和国家的前途忧心重重。枫泾镇上到底与农村乡下不一样，首先的区别在于知识文化层，初期的接触仅是见他们每早提着篮子买小菜，或寒暄几句天气好吧！时间呆久了，大家也熟悉了，他们的见地与人生的价值观逐步的在交谈中表现出来。他们的情操与德行使我们成为终生好友。这就是我在纽约的几年中也不时地想到他们，也促使我早日回到祖国的原因之一。

我经常讲枫泾是我第二故乡，其原因就在于此。

哦，渔场

陆文娥

人说西湖景色最美，但在我眼里，我曾经工作过的村淡水养殖场的渔场景色更美。

清晨，朝阳仿佛是位娇妆的新娘，羞答答的撩开薄雾轻纱，露出绯红姣媚的脸蛋，柔如晨风，抚拂着塘埂上的麦叶，草儿。轻吻着烟水袅袅，肥水粼粼的水面，那麦晃晃悠悠……

突然，一阵“咚咚”的脚步声惊醒了佯淌流连在清晨肥水中的鱼儿，一涡水花，他们争相涌来，仿佛朵朵滚滚的乌云，又象万马奔腾在绿草如茵的草原，弄得粗犷淳厚的场员忙不迭扬起大手，撒开饵料，刹时，鱼儿撞击水面发出的“啪啪”声和吞食的“沙沙”声，犹如一曲震撼人心的交响乐，而溅起的水花，在朝阳映照下，如熠熠生辉的珍珠……待它们拖着鼓鼓的身子懒懒的沉入水底时，象年轻的小妈妈看着自己的小宝贝衔着奶头满足地沉入甜梦，场员露出染有烟垢的牙齿笑了……

夜晚，渔场弥漫着淡淡的黑麦草和野花的幽香，也掺入着一丝鱼味儿。月亮，仿佛是一位俏丽、丰腴的少妇，风姿万种地拽上长裙，姗姗步入鱼塘，塘埂上的麦叶、草儿仿佛涂上了一层薄薄的银粉，进入了梦幻般的世界。啊！在这花香景美的梦般情景中，我把脚步放得轻轻的，从这条塘埂漫步到那条塘埂。尽管夜半温柔、晶莹的露珠亲吻着我的面发，但我还是不忍离去，长长地留恋在这馨香的夜景中。

哦，渔场……

渔场人员起“百角笼”

“赤脚医生”小唐和他的医药包

程志强[①]

《赤脚医生小唐和他的草药包》原文插图

说起金山县枫围公社新农大队“赤脚医生”唐栋梁，大家都知道他有两个“与众不同”：一是干部、贫下中农都像自家人一样地称呼他为“阿水根”，二是“阿水根”除了身背医药箱，几年来，出出进进总还背着一只用黄麻细布缝成的草药包。这只普通的草药包，曾容纳过几十千克药草，装进过成千个药壶。它伴着唐栋梁走东村、串西宅，送医送药遍四方，把党的温暖送到贫下中农的心坎上。这只草药包，正是唐栋梁同志实践自己所说的“赤脚医生贵在赤脚”的生动的写照。

经过锻炼，唐栋梁深深地懂得，贫下中农交给自己的医疗大权，来之不易的。他下定决心：艰苦朴素不忘本，完全、彻底为人民。一九六九年，大队实行了合作医疗。为了减轻社员的负担，节省集体开支，小唐虚心地向群众学习，向卫生院的医务人员请教，亲口尝了百余种药草，逐步掌握了二百多种中草药的药性、功能和应用方法。不久，大队又掀起了群众性的献草献药运动。小小的卫生室里，散发出阵阵药香；群众的热情深深感动着小唐。他想起毛主席关于“中国医药学是一个伟大的宝库，应当努力发掘，加以提高”的教导，想到贫下中农对自己的期望，心里平静不下。一天，小唐托人从市里买来了几块旧的黄麻布，自己动手缝制了一只大背袋。从此，大家看到，小唐的肩上多了一样东西：草药包。出外诊疗时，他的药包里装着为社员代煎的草药，送药到户；回来路上或劳动时，他一路上采摘收集，包里装满了橘皮、蛋壳、蝉衣、鸡内金……四年来，不管春夏秋冬，他天天如此；外出开会、参观学习，他也

① 程志强，1949 年生，枫泾镇人，中洪村插队知识青年。曾任金山县县长、中共上海市纪委副书记。该文发表于 1973 年 5 月 29 日《解放日报》第二版。

背着这只草药包。

去年初夏，小唐被推派去江西参加全国中草药经验交流会。启程的前一天晚上，队里举行了欢送会。领导的嘱咐，群众的叮咛，一次次地在他耳际回响："'赤脚医生'贵就贵在赤脚啊！"第二天一早，小唐和平常一样，和社员们一起，卷起裤管下田劳动了。临走时，他背上了草药包，放下了裤管，上面还沾着许多泥浆哩。

"阿水根回来了！"一个多月以后，新农大队的贫下中农迎回了"阿水根"。只见他还是戴着那顶麦秆帽，穿着那双解放鞋，肩上背着饱鼓鼓的草药包。见了大家，小唐高兴地取出草药包里的草药说：这是从革命老根据地江西采来的！他还表示："在那里度过了一个多月，使我更加坚定了为贫下中农服务的决心！我要当一辈子'赤脚医生'，背一辈子医药箱和这只草药包！"

没有比这更令人高兴了

王玉萍[①]

元旦刚回家，妈妈就喜滋滋地把一份《上海科技报》塞给了我，并用一种我从未看到过的眼光瞅着我。我心知有异，急忙打开一看，在第四版上赫然登着"金山县爱写小说的大婶"几个黑体字。在这标题的左下方是我妈妈的一张工作照。啊，这竟是一篇报道妈妈写作成才的文章！我疑心是看错了，使劲眨眨眼，睁大眼睛看了又看，千真万确，妈妈的心愿终于实现了。我的眼泪不由得流了下来。透过朦胧的泪眼，我看见妈妈的双眼也噙满了泪花，而她的脸上却挂着微笑。这是怎样的微笑呀！还有什么比这更高兴的呢？

妈妈是大队渔场的会计，小时候由于经济拮据，只上过小学。但是妈妈非常地爱读书，常常为了借到一本书而跑上几里路。去年开始，做好本职工作之后，妈妈就以满腔热情学习文学创作。为了掌握创作方法，她报名参加了浙江温州举办的《文学青年》函授创作班。学习文学创作，这对于只上过小学的妈妈来说，是何等地艰难！但是妈妈抱定了决心，发誓要在文学这个领域内创出一条路子。为此，妈妈还和我约法三章：在三年内妈妈争取有文章在刊物上发表，而我则考上大学，成为国家有用人才。

---

① 王玉萍，女，1969 年生，中洪村人，爱好文艺。本文曾获上海市首届高三学生作文竞赛一等奖，原载于 1988 年《中学语文》第二期。她本科毕业后任上海市金山区商业学校教师、金山区山阳镇副镇长等职。

渔场工作非常劳累。在围捕季节，妈妈整夜不归，和场员们奋战在第一线。难得有一夜休息，妈妈又摊开稿子不停地写呀改呀……我寄宿在学校，不能催促妈妈休息，就常写信嘱咐她不要太劳累，可她回信总说不要紧，让我放心。我能放心吗？每次回家，看着妈妈瘦削的脸和疲倦的神色，我的鼻子总是酸溜溜的。我能说什么呢？妈妈一见我回来，总是特别高兴，捧出《辞海》《文学理论研究》等问这问那，恨不得把一星期来积下的问题全都马上提出来。啊，妈妈，您什么时候能实现您的心愿呢？我在心里默默地问着。

有个星期天，邮递员送来一封信。这封信是《萌芽》杂志社寄来的。我接过信，把信封看了足足有两分钟，但不敢拆。在这之前妈妈已收到好几封退稿信了。打开一看，果然，这又是退稿信！我爱我妈妈，我不想让妈妈难过。但是，我有什么办法呢。妈妈回家后，我不安地把信给了她。出乎意料，妈妈平静地看完信，没有说什么。我呐呐地说："妈妈，您不要难过，您一定会成功的。"妈妈瞅了我一眼，问道："你认为妈妈这条路走得对吗？"我吃惊地看着她。妈妈期待地看着我。我慌了，不知怎样回答。说实话，我不愿看着妈妈忘我写作而累垮了身体。妈妈见我不答，叹口气说："知道妈妈现在有多大的压力吗？妈妈学写作，既为了提高文化水平和素质，又为了争口气，为我们农村妇女争口气。可有些乡邻和领导却不理解，以为妈妈想出风头，想搞名利，不安心本职工作，千方百计地阻止我上函授班，冷嘲热讽说啥难听的都有。孩子，你说，妈妈该不该坚持下去？"我点点头。妈妈"嘘"了口气，激动地说："我知道女儿会支持我的，我也不甘心就此罢休。我一定要让那些人瞧瞧，我也会写作。"我一动不动地听着妈妈的话，慢慢地把退稿信撕了，一片又一片。妈妈怔怔地看着这些碎片，泪水，悄悄地流了下来。我终于忍不住，飞快地跑出家门……妈妈呀，我爱您，爱您的慈祥，更爱您的坚强，您一定会成功的。

是的，妈妈成功了。前不久，小说《盈盈明月》终于在《文学青年》上正式发表了。妈妈的愿望终于实现了。乡邻和渔场领导们也改变了看法，还邀请广播站记者来采访妈妈。作为一个仅小学文化水平且忙于仔猪、麦子、稻子的农村妇女，能发表小说，走的是一条怎样的路！而现在，妈妈的事迹又在《上海科技报》上介绍，还有什么比这更令人高兴的呢？

妈妈以坚强的毅力实现了自己的愿望，我是她的女儿，又怎能不高兴呢？妈妈，我祝贺您，愿您取得更大的成功！

家在农民画村

庄庆娟[①]

芳草如茵，竹木葱笼，农舍栉比，水桥相濡，作为“乡村游”精品旅游线路的金山农民画村生态休闲园，展现出“以画为魂，以农为本”的画乡的魅力，她以清新迷人的风姿，张开注入了“中国元素”的双臂，笑迎来自四方的游客。

中洪村是金山农民画的“故乡”，我作为生长于斯的“村里人”，自然欣喜于她的日新月异。我总是习惯远远地观望她的美丽，看着她每天的“身体”变化。经过旅游开发的大手笔，一个翠竹和绿树掩映下的古朴村落已活脱脱地呈现在人们面前。我每一次经过她身旁，总会有一种喜悦的心境油然而生。今日心情使然，我再也按捺不住那份兴奋与激动了，随着涌动的人流，走进了画村这个“家中之家”。春风和颜悦色的在耳畔低语，阳光灿烂的洒在每一个人的脸上。在本村的许多游客中，有母亲陪着孩子的，有三三两两的年轻人的，有爷爷牵着孙女的手的，更有七八十岁的老人相互搀扶着而来的。有一对可爱的老夫妻，头戴旅游帽，乍一看还真像游客呢，“不错不错，想不到我们的农民画村真是好看，可惜没带相机！”在游乐园里，孩子们的叫喊声此起彼伏，“老师，你来啦！”可爱的又漂亮的晓微兴奋地向我跑来，“这儿好玩吗？”我问。“是的，这儿太美了，今天是我玩得最开心的一天！”她意犹未尽的冲我直笑。

我们沿河漫步，行走在树木花径间，流连于水乡田陌中。站在凫隐桥上极目远眺，凫隐河两岸的咿呀水车、竹篱茅舍、菜园池塘、果林修篁尽收眼底，那独特的乡村风情和秀丽的田园风光，让人尽情享受到那种融入大自然的逸致与乐趣，最引人注目的是犹如珠玑般散落在田园里的8幢农舍，白墙黛瓦，短檐花窗，古色斑斓，典雅严谨，毕现陶潜笔下的那种“方宅十余亩，草屋八九间。榆柳荫后檐，桃李罗堂前”的田园风光，让我们咀嚼到早已成了一种历史记忆的古村落的“本来味道”。这就是被称之为农民画村的核心，生态休闲园灵魂的丹青人家。入住丹青人家的，都是中洪村土生土长的农民画家。自20世纪60年代以来，中洪村涌现出了如陈富林、龚明华、曹秀文、朱素珍、陈芙蓉、陈卫雄、李金华、龚彩娟等一大批优秀农民画家。中洪村成为名副其实的金山

① 庄庆娟，女，1976年生，中洪村人。中洪村党总支委员、村委会委员，金山故事学会会员。2014年荣获首届“全国书香之家”“上海市学习型家庭”称号。本志“乡土文化”中故事《寻找马大哈》也是其作品。本文选自其作品集《心灵放牧——庄庆娟作品选》，中国文联出版社，2017年。

农民画画乡。应该说，正是一批醉心于农民画艺术的农民创作者成就了今天的金山农民画村的辉煌，而金山农民画艺术的发展也促进了一大批农民画家的脱颖而出。在金山农民画艺术发展中应运而生的金山农民画村，为枫泾古镇旅游增添了文化内涵，她正以古朴而清丽的万种风情，展现出“中国特色村”的迷人风采。

家乡是美丽的，我深深地爱着自己的家乡。

丹青人家

故事

害人害己 ①

陆文娥

为了宝贝女儿小燕从小能在师资力量雄厚、教育质量一流的学校读书，平时一直省吃俭用、一钿如命的阿金嫂，硬着头皮，咬牙忍痛在镇上买了两间底层商品房。

闲着也是闲着，精壮、结实的阿金嫂和丈夫阿金商量后，将房子装饰一新，开了爿“金燕杂货店”。

阿金嫂头脑活络，手脚勤俭，再加上一张甜得蜜糖样的巧嘴，像韭菜一拌就熟的面孔，生意是红火得让同行眼红。也难怪，阿金嫂在村里时就以“精明”著称，人们在背后都称呼她“刮皮嫂”。

啥意思？门槛精。

门槛精有时也会精出头。这不，有事了吧！这天一早刚开店门，就见小区里人称“竹杆嫂”怒气冲冲地到店里来退货。只见“竹杆嫂”砰砰嘭嘭地把几箱白酒放在店堂地上，揩了揩额头上汗水，双手叉腰，气喘嘘嘘，伸长脖子活像只母鸡生蛋“呱呱”叫：“阿金嫂，怪我两只眼睛瞎脱当出气洞，我一家门吃用开销都在你店里买噢，你倒好？把这些假酒买给我，斩我‘冲头’！如果酒里掺点水，顶多我出钞票吃白水，要是有工业酒精啥的，哪可是要吃死人的大事体啊！今天，要是不退钞票不赔偿，我可不罢休，我去工商局。”

“刮皮嫂”心里明白，今天碰到“硬块”，但她也不是软柿子让人捏的货。否则，“刮皮嫂”大号不是白叫了！眼珠一转，点子在胸：“老阿嫂呀，有话好商量。请你帮帮忙，喉咙轻一点，现在小区里居民都在睡觉，别吵了人家，咱们也得讲点文明呀！其实，这事也不能单单怪我们小店，我可是从人家厂里的三产批来的呀。”

“厂里的三产批来的？”“竹杆嫂”瞪起一对细小的绿豆眼，步步紧逼：“哪个厂？是瓶贴上的那个厂家？哼！要我说，你是从哪个地下窝点廉价弄来的吧！”

“刮皮嫂”心头别一跳，头上“唰”虚汗冒了出来。喔哟，这乌鸦嘴厉害！为啥？这一批酒确实是从地下加工点，以每瓶比正规批发部低一角二分批进来的。啊呀，这事如果闹出去，那可不得了……慌忙说：“没这种事，阿嫂你可不能开这种断命玩笑。”接

① 本文发表于 2002 年 4 月 30 日《金山报》。

着，面孔一板，咬牙切齿地说："现在的厂家，有几个是讲良心的？为了钞票，啥五花八门的都有……嗨！不说了。反正，向厂家退货、打官司是我阿金嫂的事，和你不搭界。喏，酒钿全部退给你，喝掉一半我赔偿，我就是蚀本，也决不坑害你这样的老顾客，以后要买，你尽管来噢！"。

看着"竹杆嫂"细指头沾上唾沫，笑咪咪地边走边数票子的背影，"刮皮嫂"心痛得差点落眼泪。为啥？蚀本了呀！那个"绝子孙"加工点早已人去楼空，我啥地方去退货？

"刮皮嫂"心痛了好长一段日子。于是，千方百计，绞尽脑汁，想着如何"堤外损失堤内补"，办法终于被她想出来了。原来，在"五一"节前食品卫生大检查，小店一批巧克力聪明豆、王子麦丽素和云片糕都已到期，只得撤下柜台，放进冰柜。眼下，冬至已过，春节将到，节日里孩子们收到不少压岁钱，一到开学，那时肯定会掀起一个购物小高潮。小店距学校仅五、六十米，孩子们的压岁钱，还不是"哗哗"地流进我的腰包。哈、哈！想到这里，不禁心花怒放。对！说干就干。"刮皮嫂"找来开个体印刷厂的表弟帮忙，重新印刷了一批包装纸，并把出厂日期退后了半年。再从乡下喊来婆婆做帮手，加上夫妻二人。一开始，阿金因惦记着牌桌上的麻将，死活不肯，还说，这是犯法！后来，吃不消她独创的一套"修理"法——骂、拧、揪、掐、捏，只得乖乖就范。改头换面的新包装"工程"，足足忙了半个多月才告完工。同时，阿金嫂又对女儿千叮咛、万嘱咐，说那几样糕点、糖果不能吃，放在春节后派用场。

《害人害己》原文插图

"刮皮嫂"的女儿小燕，长得活泼，可爱聪明，就是脾气特别拗，个性特别犟。也许是逆反心理作祟，也可能是好奇心驱使，怎么，妈妈越不叫吃的，她就偏要吃，况且，这几样东西她又最爱吃。于是，每天放学后，又饿又累的她，躲在房里边做功课边偷吃。就这样，小燕吃了不少过期、变质的糕点和糖果。没过多久，原本红艳艳的苹果脸，慢慢地成了黄兮兮的“进口橙子”，而且，常捂着肚子喊不舒服，拉肚子。没办法，只得三天两头跑医院。于是，西药、中药，市医院、名大夫，连乡间郎中也看过，病情却毫无起色。直到学校里许多小朋友生了和小燕一样的病，才引起学校老师、有关领导和医生的重视，最后，真相才大白。

小燕经过这番折腾，耽误了学习，成绩直线下降，且严重影响了身心健康。“刮皮嫂”花去大量钱财，却不能消灾，学生们的家长、工商局、公安局，排队轮番找上门来。这一下，“刮皮嫂”成了害自己骨肉的“刮肉嫂”和祸害他人的“精怪嫂”。

真是害人又害己呀！

半只玉手镯[①]

庄庆娟

互联网上风行微博，芝麻大点事只要一上微博，立刻便会广为传播，热翻整个互联网。最近一段时间，微博上一会儿风行“艳照门”，一会儿又风行“打架门”，这几天，又有一个新的事件传得飞飞扬扬，有个小伙子在微博上发文征集半个玉手镯，有图、有文字，一下子便被网友们称之为“玉镯门”。

这个发微博的小伙子叫陈丹杰，今年 32 岁，人长得既帅气又阳光，工作也不错，大学毕业后在滨海市一家大型企业任白领，但就是玩性太重，业余时间全泡在网上，不是玩游戏，就是玩博客，连个女朋友也不找。最近，陈丹杰突然在微博上发文，说是要寻找半个玉手镯，是他爷爷的未了心愿，一下子引发了网民的关注。

陈丹杰这个微博好像是个连续剧，不断地在更新内容，一连发了三天，大约发了有 200 多条，终于把全部内容讲清楚了。原来，陈丹杰的爷爷是个老革命，16 岁就参加了八路军，经历过抗日战争、解放战争和抗美援朝，可谓是身经百战，立下过许多战功。前几天，陈丹杰的爷爷因年老体弱，一下子病倒了，在爷爷生命的最后三天，陈丹杰去陪了他三天，爷爷断断续续地给他讲了件事，并拿出了珍藏 60 多年的半只玉手镯，要陈丹杰去寻找主人，并说这是他最后的一个心愿了……

这半个玉手镯是陈丹杰爷爷当兵时的班长的，那班长是山东人，抗日战争时，日本鬼子打进了他们的村庄，烧杀掠抢，无恶不作，班长的母亲惨遭鬼子杀害。班长在整理

---

① 本文摘录自《2011 年上海市金山区艺术文化节故事比赛获奖作品选》。

母亲的遗物时，一只玉手镯落在地上，当即一分为二。班长知道，这是母亲最心爱的首饰，也是母亲唯一的一件首饰。他捡起两只半个的玉手镯，一个交给刚有身孕的妻子，另一个自己带在身边，告诉妻子，自己要去当兵，杀日本鬼子，为母亲报仇。等杀完了鬼子再回家，让两半只手镯团圆。可是，在太行山一次战役中，班长牺牲了，临终前，他把那半只玉手镯交给了陈丹杰的爷爷，告诉他，等打完日本鬼子后，有机会到他的家乡去，把那半只玉手镯交给他妻子，并帮他带句话，就说对不起她……

班长的最后遗愿，成了陈丹杰爷爷的心愿。抗日战争胜利后马上就是解放战争，接下来又是抗美援朝，陈丹杰的爷爷接连奔波在战场上，一直到从朝鲜回来，转业到了地方，他开始寻找老班长的家人，可一直没有结果。离休后，他干脆亲自去山东寻找，可几乎跑遍了整个山东，还是没有半点线索，眼看自己就要去见班长了，可这半只手镯还在自己身边，于是，他便求助玩电脑的孙子陈丹杰，要小杰想想办法，帮爷爷完成这个心愿。

爷爷的叙述是断断续续的，于是，陈丹杰在爷爷的病床前，用手提电脑断断续续地发起了微博，以“寻找半个玉手镯”为题，一连三天发微博，才把这个故事讲述清楚。

陈丹杰的微博被网友广为转发，一下子成了互联网上的热门事件。不少网友纷纷留言支持陈丹杰，特别是那些山东的网友，纷纷成了陈丹杰的粉丝，各自都在当地发起了一场寻找半只玉手镯的活动，还有的专门建立了一个“寻找半个玉手镯”的 QQ 群。连日来，有许多热心的网友发来了不少半只玉手镯的照片，可经陈丹杰仔细比对，发现网友发来的没有一个能与爷爷留给他的对上号。

半个多月过去了，回复的消息越来越少了，“玉镯门”开始在网上冷起来了，陈丹杰急了，这可是爷爷的未了心愿呀，自己答应过爷爷，一定要帮爷爷完成这个未了的心愿。现在是信息时代，如果连用互联网还找不到的话，那其他的办法更不用提了。想来想去，还是得利用网络。于是，一动脑筋，又发了条微博。这条微博上说，帮他找到这半只玉手镯的人会得到一份神秘的礼品。常言道“重赏之下，必有勇夫”，这一下，网上刚冷下去的“玉镯门”又热闹起来了，不时有网友跟帖留言发问，会是什么样的礼品？陈丹杰只是简单地回答“保密”两字。是呀，神秘的礼品一说出来就不神秘了呀……

也有网友怀疑陈丹杰是在故弄玄虚，是故意摆摆噱头罢了。为了解除怀疑，陈丹杰又发条微博，公布了一个电话号码，说那神秘的礼物已经在那家公司放着，不信可以打电话去问。嘿嘿，还真有人去问了，果真确有其事。还有人根据电话号码找到了那家公司，这是家有名的大公司，负责人拍着胸脯说确有其事，至于具体是什么东西因客户要求给予保密。这一来，“玉镯门”增加了不少神秘的色彩，在网上更加火爆了……

这天，陈丹杰发现他的微博下有一个网友注册为“也许我就是那另半个玉手镯”，并给他留了言。那留言中说：“记忆中我奶奶也有半个玉手镯，每年清明都会捧着那半个玉手镯流泪。那时我还小，并没问奶奶那半个玉手镯的故事，但我想，有可能奶奶手中的那半个玉手镯正是你想找的那半，因为我奶奶正好也是山东人……”

陈丹杰一下子兴奋地跳了起来，当即回复：“太好了，你能不能把那半个玉手镯拍个照片，发上来……”

那位网友又跟帖了，说一自己在外地工作，奶奶在老家，家里人都不会上网，只有等清明节小长假回老家时再说了。

陈丹杰一想，离清明节还不到一星期了，于是就让那网友清明节后发照片给他看，并留下了自己的电话号码。

当天晚上，一个陌生的电话打了进来，陈丹杰一接听，电话中传来悦耳的女声：“是陈先生吗？我就是‘也许我就是那另半个玉手镯’，我昨天打电话回家了，奶奶一听我说完就哭了，说是爷爷就是留下了半个玉手镯后走的……”

“真的！太好了……”陈丹杰开心极了。

“陈先生，清明节你有空吗？我想请你和我一起回老家，奶奶 97 岁，留给她的时间已经不多了……”

“好的，我一定去！”

于是，两人商定 4 月 4 日在山东烟台火车站碰面。

很快便到了约定的日子，陈丹青和那位网友在烟台火车站碰面了，那网友是位二十多岁的女孩，名叫左小铃，长得十分靓丽。左小铃与陈丹杰一见面，就提出来要看看那半只玉手镯。陈丹杰当即小心翼翼地把那半只玉手镯取了出来。左小铃翻来覆去地看了半天，说：“天呀，真和我小时候看到的一样呀。”陈丹杰也十分激动：“这下我可把爷爷的心愿了却了。”

左小铃的老家在烟台乡下，一路上，小铃向丹杰介绍着家乡的风土人情。很快便到了小铃的老家，那 97 岁的老奶奶早就等在家门口，一见小铃就急急地问：“铃儿，那半个手镯带了吗？在哪？”

陈丹杰掏出了那半只玉手镯，老奶奶一看到那半只玉手镯，当即失声痛哭：“孩他爹呀，我终于又见到这另一半啦……”

好半天，奶奶才平静了下来，掏出了另半只玉手镯，陈丹杰把将它们一拼，丝毫无差……

当天晚上，陈丹杰留在了左小铃的家里。小铃问他："对了，你不是在微博上说，找到这半个手镯的人有神秘的礼物吗？我想知道，这神秘的礼物是什么？能告诉我吗？"

陈丹杰笑了，说："那件礼物是一趟免费旅游，我在一家旅游公司预定了一份太行山革命老区双人五日游，凡是找到那手镯的人我将和那人一起，去凭吊牺牲在那里的先烈。你爷爷可长眠在那里啊！怎么样，小铃，你愿意和我一起去吗？"

小铃开心地拍起手来，"愿意，我愿意！"说着，她把手伸向了丹杰，两双年轻的手握在了一起，两颗年轻的心也跳动在一起……

◉ 书画摄影

书法作品选

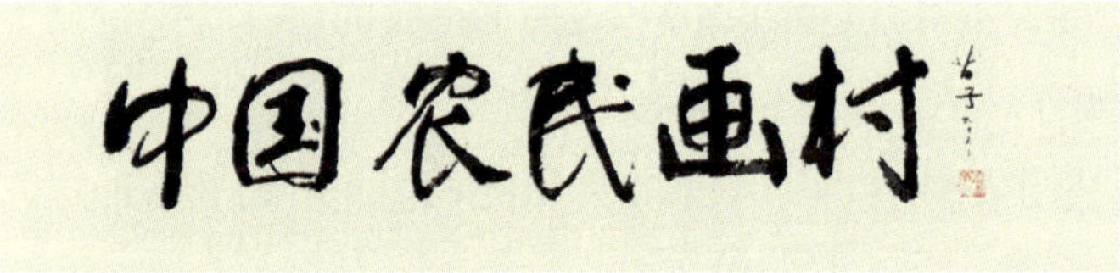

书法《中国农民画村》（著名书法家黄苗子题）

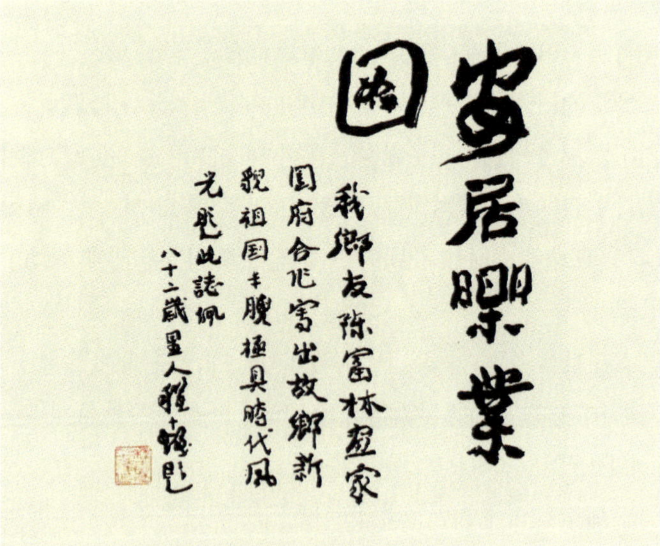

书法《安居乐业图》（著名书画家程十发题）

书法《气象万千》（著名书画家程十发题）

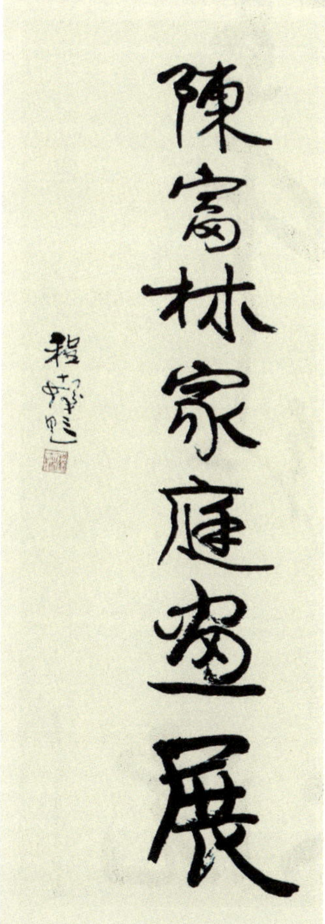

书法《陈富林家庭画展》（著名书画家程十发题）

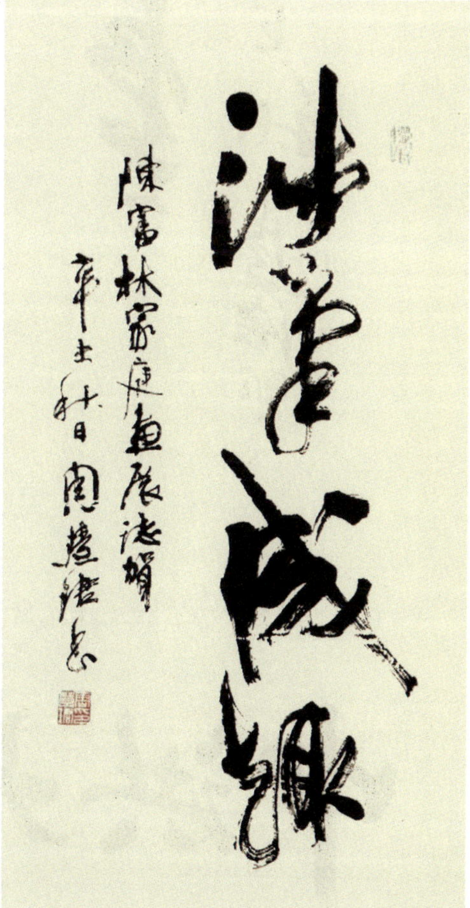

书法《涉笔成趣》（著名书法家周慧珺题）

书法《万紫千红总是春》（著名书法家周慧珺为陈富林家庭题）

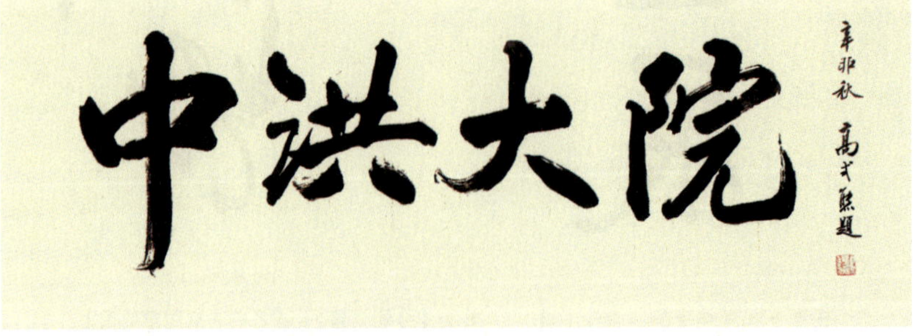

书法《中洪大院》（著名书法家高式熊题）

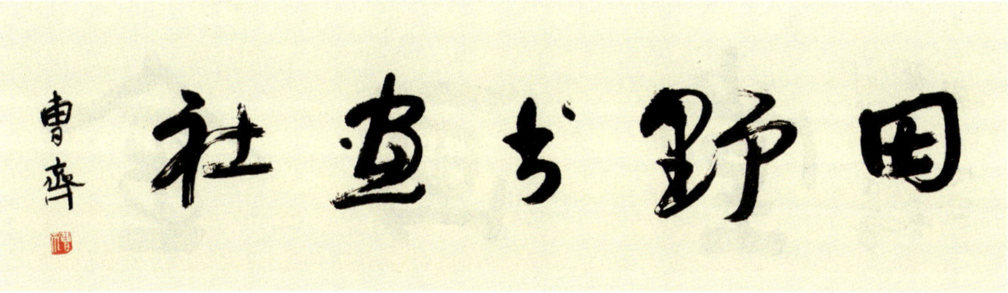

书法《田野书画社》（著名书画家曹齐为李林根题）

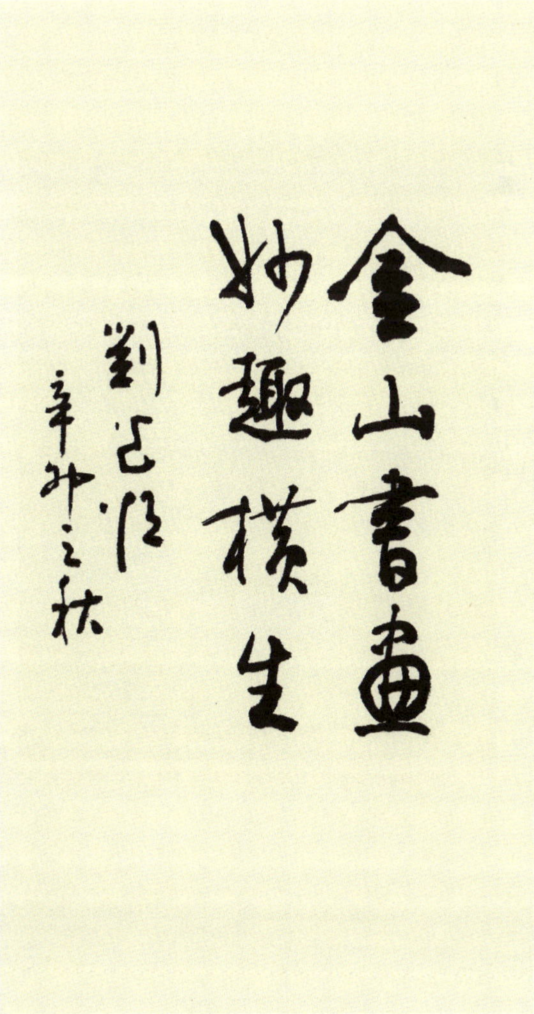

书法《金山书画妙趣横生》（书法家刘光恒题）

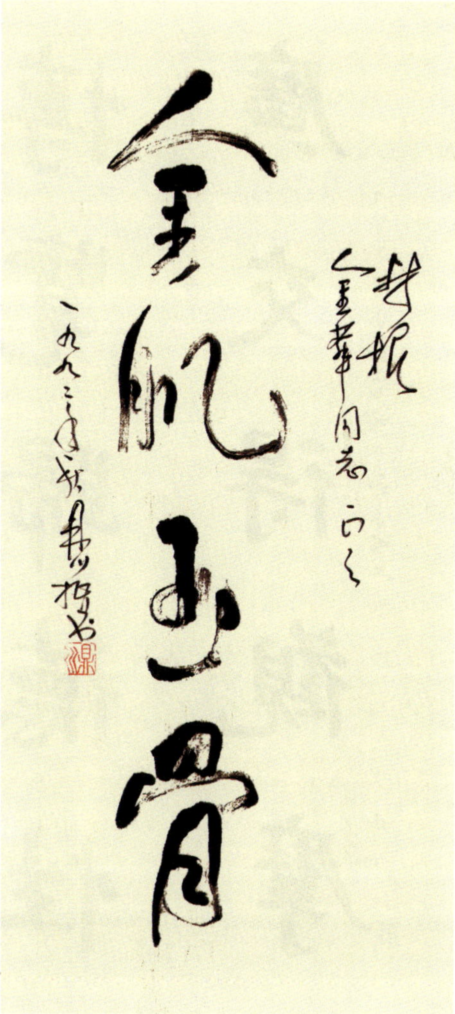

书法《金肌玉骨》（书画家刘鼎川题）

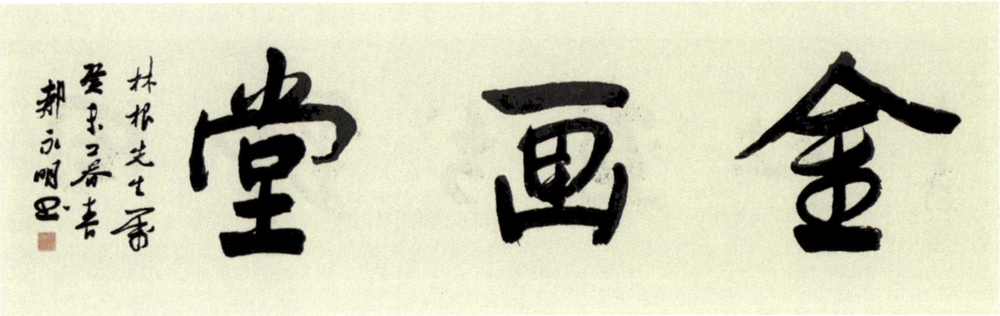

书法《金画堂》（金山区书法家协会会长郑永明为李林根题）

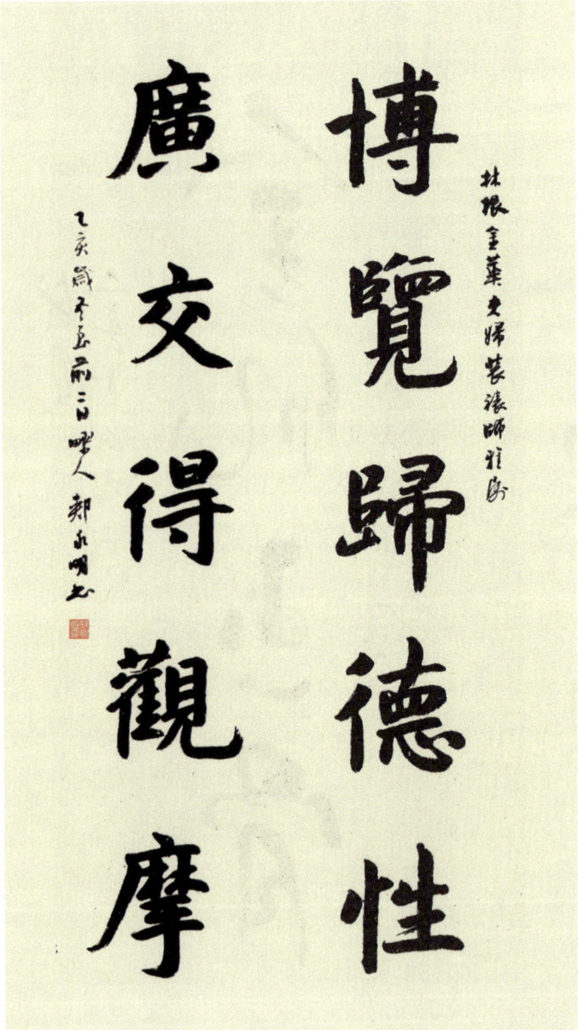

对联《博览归德性，广交得观摩》（金山区书法家协会会长郑永明题）

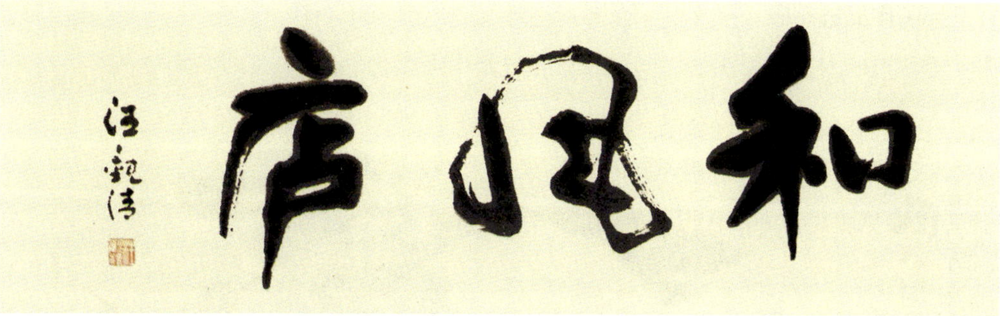

书法《和风庐》（著名画家汪观清题）

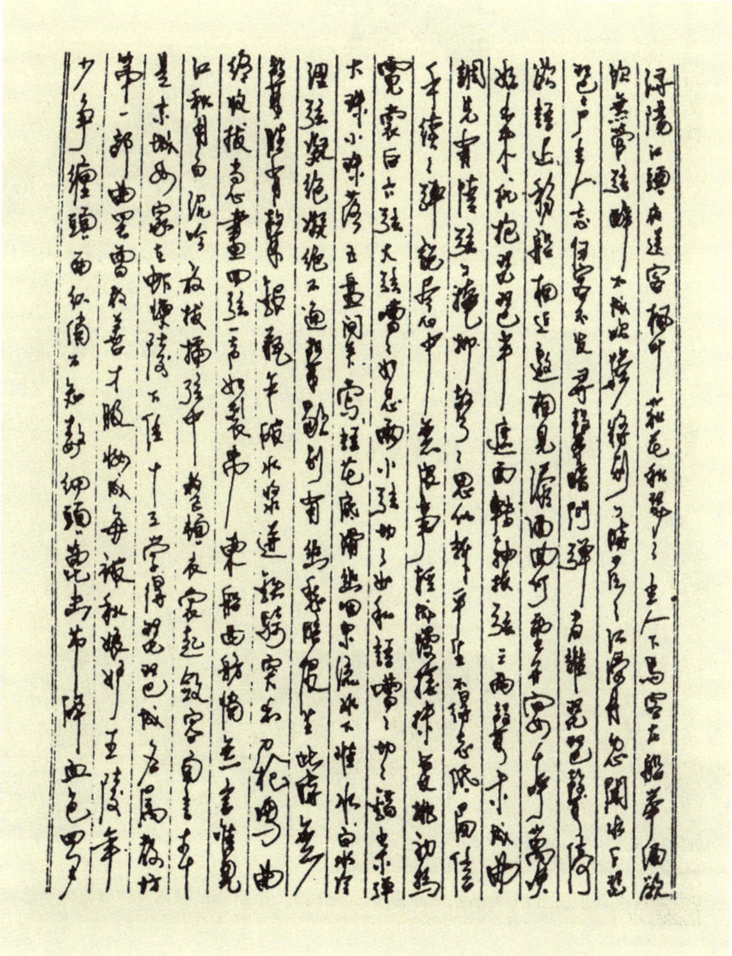

书法《枫泾民间传说》（张京林题）

硬笔书法《浔阳江》（张京欣）

绘画作品选

国画《欣欣向荣》(著名画家刘旦宅、程十发、韩和平、郑家声、汪观清和中洪村陈富林等 8 人联手创作于枫泾)

国画《中洪春茂图》(著名画家苏春生、施作雄、金正惠、张伟人、杨秋宝合作画于中洪)

国画《春色满园》（著名画家陆俨少之子陆亨、王康乐之女王守中、乔木之女乔苏苏、钱笑呆之子钱尔成、吴野洲之子吴谷生合作画于中洪大院，著名书法家任政之子任舜华题字）

国画《松阴垂钓图》（著名画家郑午昌之子郑孝同、钱笑呆之子钱尔成、苏渊雷之子苏春生、程十发之子程助、颜梅华之子颜志强、吴野洲之子吴谷生、刘海粟之女刘蟾、董天野之女董之蕾、钱慧安之曾孙女钱德敏和著名画家徐有武等合作画于中洪）

国画《秋韵》（著名画家苏渊雷之子苏春生、钱笑呆之子钱尔成、王康乐之女王守中、女婿胡震国、吴野洲之子吴谷生、著名书法家任政之子任舜华合作画于中洪大院）

国画《春羊》（著名书画家程十发赠陈富林）

国画《十喜报春》（中洪村插队知识青年程家舜）

国画《仕女图》（中洪村插队知识青年程家舜）

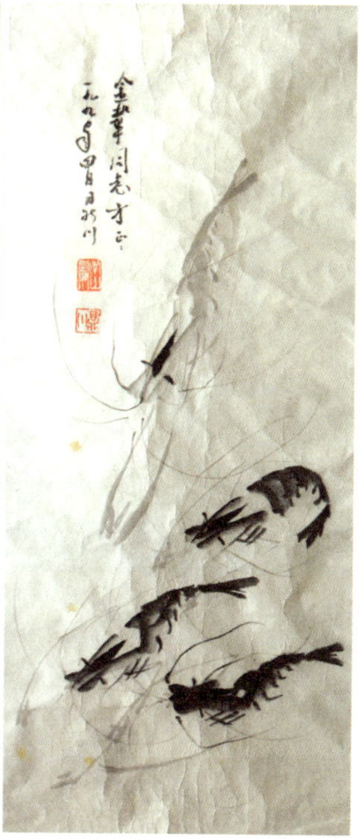

国画《虾》（书画家刘鼎川赠李金华）

国画《春江水暖》（龚明华）

油画《早茶》（著名画家韩和平）

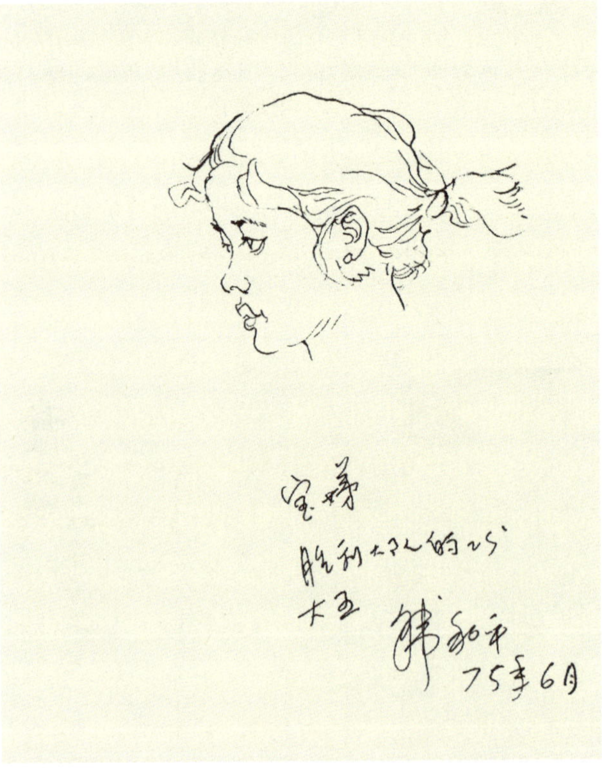

素描《宝娣——胜利大队的工分大王》（著名画家韩和平）

农民画《记住乡愁》第二季（曹秀文）

农民画《出嫁》（曹金英）

农民画《牧春》（龚明华）

原派绘画《东风染尽三千顷》（陈修）

原派绘画《天高地厚》（陈修与丈夫高风合作）

摄影作品选

摄影《响了》(中洪村插队知识青年赵炎华，第十届中国上海国际艺术节“印象家园”摄影大赛三等奖)

摄影《耕耘》(陈兴龙，上海市银行杯“走进枫泾”摄影比赛二等奖)

摄影《雪景》（金宝芳，上海市摄影协会“枫泾寻画”摄影比赛二等奖）

摄影《水乡婚典》（陈黎洁，金山区第二届“水乡婚典”摄影大赛一等奖）

◉ 民间传说

步石塘的传说 枫泾镇古称荷叶地，四面环水。镇的北面有条大河，河面宽广，两岸村民来往都靠摆渡通行。河边有个渡口，有一户人家世代靠摆渡为生，一直传到阿金这一代，仍操橹持篙，接送行人来往。

有一天，有位江西觅宝人路过渡口时，在渡口河滩上发现了一块石头，乌黑晶亮，半浮于水面。时值六月暑天，江西人等候渡船时坐在石头上，谁知不坐犹可，一坐顿觉浑身清凉，于是猛悟，此石非同一般。他站起身，弯着腰，左看右摸，仔细琢磨端详。阿金见江西人如此举动，便讲："这块石头是我家祖上传下来的，已有好几百年了，专供摆渡客人休息，已经有成千上万的人坐过哩。"江西人边听边说："知道，知道。"经过一番闲聊后，江西人竟然话题一转，提出要买走这块石头，并许诺以十两银子作价。阿金没有思想准备，未做出反应。江西人以为开价太低，立即又加价到二十两银子。此话一出，阿金反而醒了。他是个聪明人，心里仔细掂量，一块石头，转眼间开价二十两银子，这里面必定有文章。莫非这石头是个宝物，我怎能轻易答应，让他赚个便宜？于是借口是祖传之物，一口谢绝。

江西人走后几天，阿金去听书，说书人在讲"女娲补天"的故事。女娲补完天后，不小心落下一块石头，失落在人间，如今人们都在寻它。又说这是块有仙气、灵气的宝

原步石塘渡口

石，是无价之宝。阿金听到这里，立即联想起江西人买石之事，他想：莫非渡口的那块石头就是女娲补天时落下的，要是真的，那可要发大财了。同时，庆幸自己没有上江西人的当而洋洋得意。

这天晚上，趁着月夜，阿金和儿子一起找了一块形状相似的石头，换下河滩上的那块，然后用船运到家里。石头搬进屋里，阿金想，这块石头如今在自己屋里，偷不走，抢不去，万无一失了。但是究竟派什么用场，倒确实伤脑筋，一不能吃，二不能用。正在犯愁之际，正好家里的老母鸡孵出了一窝小鸡，小鸡叽叽喳喳叫声不绝。突然，阿金的聪明脑袋一下子开了窍。何不像孵小鸡一样，用这块石头去孵出小石头，再将小石头卖给江西人。那岂不是财源滚滚，取之不尽了。他想，孵小鸡要有窝，孵石头也该有窝。于是，他挖了一个坑，铺上稻草，将石头放在上面，盖上厚厚的一层土。等呀等，时间一晃便过去了一个月，小石头没有孵出来，阿金渐渐失望，也懒得把那块石头搬出来。

半年后，江西人又一次路过渡口，见原来的石头不见了，于是问阿金。阿金这才想起那块石头。那块曾值二十两银子的石头，至今还未孵出小石头来，不如趁今天开个价卖给江西人。他故作玄虚说："这块石头价值贵重，我已移到家里，保护起来。今天你要存心要的话，你出三十两银子，我把石头卖给你。"江西人听后一口答应，跟阿金来到其家。阿金连忙叫来儿子，一起挥锄起土，把石头挖了出来。江西人看到这块从土中挖出的石头，立即变了脸色说："这块石头我不要了，就是出三个铜板的价钱，我都不要了。"阿金急着追问："为什么？"江西人说："这块鸽石，原来得天地之气，润江河之水，特别是每天有那么多人坐过，可是块活石头。如今你把它埋在泥里这些日子，它早已被闷死了，死的东西还有何用？如今已是一钱不值了。"阿金听到此话，气的一下变了脸色。

此事后来在乡邻中传开。大家都讲："阿金阿金太滑头，异想天开孵石头。一门心思想发财，空心汤团过瘾头。"因为"孵"与"步"在枫泾方言中是同音，"孵石头"便念成了"步石头"，那条河便慢慢地被人称为"步石塘"了。

白牛荡的传说 相传很久以前，枫泾镇北栅外有一片芦苇荡，十几里水面，茫茫一片，雾气缭绕，蟹壮鱼肥。荡边住着一户渔民，以捕鱼捉蟹为生。

一天，有位江西人到枫泾觅宝，经过渔民家时，看见荡边停船处有一对双眼破石磨，一个磨眼里拴着渔船缆绳，另一个磨眼里长着一棵红艳艳的小草，看上去红光闪闪，十分喜人。江西人定神细看，认定这石磨是盘仙界天磨，小草是棵天庭仙草。于是

白牛荡湖一角

就去敲渔夫家的门，问这石磨卖不卖。渔夫心想，反正是一块破石磨，就是拴拴缆绳，派不了什么大用场，拴缆绳打个桩头也一样，就问出多少钱。江西人见渔夫动心，便说三两银子买下，渔夫一口答应了。

江西人买了天磨、仙草，心里十分高兴，心想，荡畔有天磨、仙草压境，荡中必有仙界奇禽异兽，何不用此宝物将它们引出来，一举两得。就对渔夫说："渔家，我再出一两银子，能否雇你的渔船到荡中兜一圈，看看这里的风景？"渔夫见又是一两银子，当即一口答应。于是，江西人就把天磨和仙草搬到船头，叫渔夫把船划往荡中央去。

渔夫点篙上橹，将船划到荡中央。江西人坐在船头，瞪大眼睛观察荡中动静。忽见船旁冒起一串水泡，船摇到哪里，那串水泡就跟到哪里，船速越快，水泡跟得越紧。江西人见后，心中暗喜："果然不出所料，这荡中真的有稀世活宝。"急忙吩咐渔夫："渔家，快撒网，渔家，快撒网！"渔夫抽起橹走到船头，急忙把渔网撒了下去。一会，只见一根锚链似的金链条网在船板上，金光闪闪，一头还拖在水中。江西人一把抓住金链，将金链的一头拴在磨眼里，像起锚似地拉了起来。不多时，一条长蛇似的金链盘在石磨上，却一直拉不到尽头。渔夫看在眼里，不觉浑身发抖，害怕地对江西人说："客商，这金链长期在水底，一不沾泥，二不生污，恐怕是个不祥之物，我看还是不要的好。""胡说！马无夜草不肥，人无横财不发。天赐之物，哪有不要之理！"江西人哪里听得进去，只顾一个劲地拉。正在这时，水面忽然翻滚，露出一头雪白的神牛，那金链穿过神牛的鼻子，原来是条牛鼻绳。白牛一见江西人，仰头"哞"地猛吼一声，牛头一

白牛塘畔的白牛雕塑

扭，快速沉入水底，金链跟着直泻而下。江西人急忙抓住金链，用尽力气，想把白牛生擒活捉，但怎能敌得过白牛那股犟劲，白牛拖着金链，把渔船拉得像射箭一般。眼看天磨和仙草都要随着金链被拉下水中，江西人顿时慌了手脚，随手拿起渔夫船上的柴刀，向金链砍去。谁知这一刀下去，只砍到拴在磨眼里的最后一节金链，却砍掉了自己一个手指头，痛得他直喊救命。正在这时，只听到“嘭”的一声巨响，渔船猛地一下颠簸，水面飞起数丈高的浪花，石磨和仙草一起跌入荡中，不知去向。

原来，石磨、仙草和白牛都不是凡间之物。石磨原是天庭磨坊里的一具天磨，仙草由一粒未磨碎的天谷长成，白牛是拉磨的神牛。一天，看守磨坊的童儿偷懒睡觉，忘记了喂神牛，饿得神牛“哞哞”直叫，可那童儿就是不醒。于是，神牛便起了犟劲，拼足力气，四脚一蹬，头一甩，用双角把天磨挑出磨坊。那天磨像飞碟一样，带着那粒未磨碎的天谷，穿云破雾飞落凡间，将地面砸出个大凹荡。神牛知道自己闯了大祸，犯了天条，就冲出磨坊下界，栖身荡中，以石磨为伴，以仙草为食。如今，江西人要带走石磨和仙草，白牛怎肯罢休？白牛等江西人把石磨、仙草搬上船后，一直尾随在渔船旁，待船划到荡中央，便故意把金链投进渔网，待江西人拴住石磨后，再把石磨拉下水中。白牛为了惩罚那个贪婪的江西人，用一节金链换了他一根手指头。据说，那江西人断指后，流血不止，四处求医，等把那节金链换来的钱全部花光，才医好了他伤口。那白牛呢？有人说，一天晚上，只见一道白光，白牛拖着那块石磨和仙草腾空上了天。更多的人说，白牛仍在芦苇荡。有人信誓旦旦地说，曾经几次在夜深人静之时，听见过白牛“哞哞”的叫声。

白牛的故事传开后，人们就把这里的芦苇荡称作“白牛荡”了。

乡贤名人

中洪村钟灵毓秀，人才辈出，众多的乡贤名人构成了深厚的人文底蕴。本卷辑录的乡贤名人，分为“人物传略”“人物辑录”和“名人与中洪”三部分。“人物传略”所记均为中洪籍已故人物。“人物辑录”部分辑录中洪村获得市、部级以上荣誉的先进人物。“名人与中洪”辑录了对中洪村产生过重大影响的韩和平、吴彤章、韩素音3位代表性人物。而对中洪村具有一定影响的名人事迹还有很多。如北宋名士陈舜俞隐居枫泾时，在这里留下了骑牛畅游白牛塘的故事；清代奇士柏古时常月夜泛舟于白牛塘以观天象；近代，国民革命时期的中共党员陆龙飞、袁世钊，曾在中洪村发动农民参加枫泾农民协会；当代，金山农民画的知名度，吸引了国内外许多知名人士前来观摩，也留下了众多的墨宝和踪迹，尤其是上海著名画家曾关注中洪、相聚中洪，对中洪村产生了很大的影响。

◉ 人物传略

郁衮（生卒年不详） 字九章，后改名天民。生活于明成化至嘉靖年间（1465—1566），世居枫泾镇（南镇）奉贤乡四北区郁家湾（今中洪村15组）。明代学者、诗人。

枫泾郁家是嘉善望族之一，郁衮六世祖贵一，与西塘郁耀宗七世祖秀一为昆弟，是为本宗。郁衮出身于书香门第，幼承家学，博览群书，记忆力强，人称“读书过目不忘”，在江南文坛有较高的声誉。郁衮于嘉靖元年（1522）赴考乡试时，原已拟定为第一名（解元），却因一个小失误而落榜，人们都替他感到可惜，但他却不以为然。此后，他放弃科举，专心致力于研读古文辞。郁衮善诗文，“援笔立就”，曾与苏州唐寅、沈周，嘉善袁仁、沈概、谭舜臣，平湖陆文选，嘉兴包凭等为诗文好友。其对地方掌故尤为熟悉，受到时嘉善县令、嘉兴知府的器重。袁黄曾称其“长于记事，有史才”。正德十二年（1517），郁衮应嘉善县令倪玑之邀，与好友沈概一起参与编纂嘉善置县后的第一部地方志书《(正德）嘉善县志》，并撰写了跋。嘉靖二十九年（1550），又应嘉善县令于业之邀，编修《(嘉靖）嘉善县志》。他

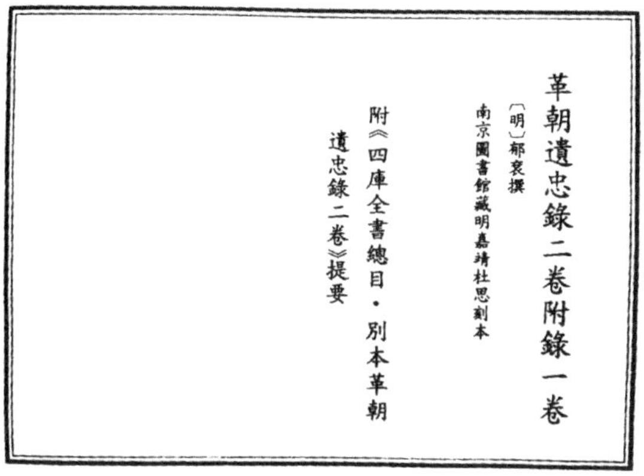
革朝遺忠錄二卷附錄一卷
（明）郁袞撰
南京圖書館藏明嘉靖杜思刻本
附《四庫全書總目・別本革朝
遺忠錄二卷》提要

郁衮《革朝遗忠录》内页

两次参与编修《嘉善县志》，为嘉善地方志编修作出了贡献。

郁衮著述颇丰，流传于世的有《革朝遗忠录》二卷，附录一卷，所列一百六十“传”，皆明惠帝时死难诸臣。该书撰写年月无考，但书中有正德十五年（1520）黄佐作序，则撰写时间应在此前。清《四库全书》所录为嘉靖四年（1525）刻本。又著《顺命录》一卷，载入《明史・艺文志》。子敦易，孙从儒，皆酷爱古文辞，熟悉地方掌故，在地方教育事业中享有较好的声誉。

郁应元（生卒年不详） 字槐泉。生活于明嘉靖至万历年间（1522—1620），世居枫泾镇（南镇）奉贤乡四北区郁家湾（今中洪村15组）。明代学者、诗人，官至黟县县令。

郁应元生于文化世家，其父郁钺，与郁之章曾祖郁钛为兄弟。郁应元少时即从学于从父郁天民（郁衮），研析典故，颇有文名。又与本宗从兄弟西塘郁耀宗、枫泾郁敦易等经常在一起研讨诗文，在文坛皆有声誉。郁应元于嘉靖四十三年（1564）乡试中举人，返乡途中结识明代著名古文学家归有光，因性格相似，诗风相近，谈得非常投缘，于是结为道义之交。郁应元中举人后，经朝廷考核，于万历十一年（1583）被选用为黟县县令。当时，黟县诉讼风气盛行，百姓彼此之间常因小事纠纷而诉讼至县衙。郁应元到任后，每次都对诉讼当事人好言相劝，晓之以理，经反复劝导，百姓感悟，黟县的诉讼案件日益减少，民风由此转为好学耽书。

郁应元于公务之余喜爱吟咏诗词，常以诗歌自娱，且早有归隐之心。万历十一年，任职不久的他便乞请辞官回乡。当时，归有光的幼子归子慕（字季思，号陶庵），仰慕陶渊明隐士之风，迁居嘉善西塘祥符荡涯荻秋讲学，与嘉善吴志远、无锡高攀龙最为友

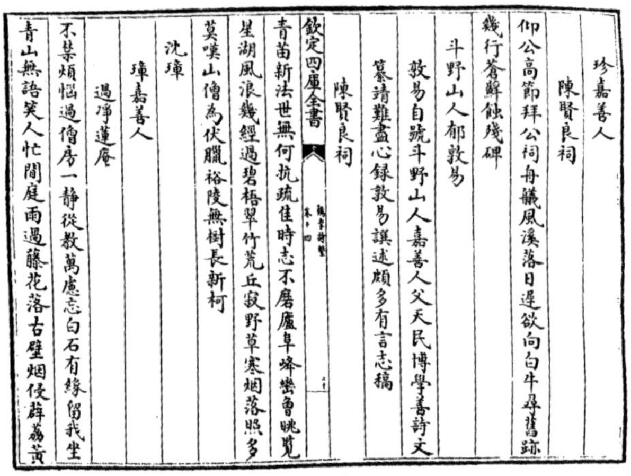
珍嘉善人
陳賢良祠
仰公高節拜公祠舟艤風溪落日遲欲向白牛尋舊跡
幾行蒼蘚蝕殘碑
斗野山人郁敦易
敦易自號斗野山人嘉善人父天民博學善詩文
纂靖難盡心録敦易撰述頗多有言志稿
陳賢良祠
欽定四庫全書　檇李詩繫　卷十四
青苗新法世無何抗疏佳時志不磨廬阜峰巒曾眺覧
星湖風浪幾經過碧梧翠竹荒丘寂野草寒烟落照多
莫嘆山僧為伏臘裕陵無樹長新柯
沈瑋
瑋嘉善人
過淨蓮庵
不禁煩惱過僧房一静從教萬慮忘白石有緣留我坐
青山無語笑人忙閒庭雨過藤花落古壁烟侵蘚荔黄

清沈季友《槜李诗系》中郁敦易诗稿影印件

善，皆为清远之士。郁应元回乡后常与他们往来相聚，切磋诗文，史称“有吏隐风”。著有《北征草》《南游杂编》，收录于《千顷堂书目》。其事迹编入《(康熙)嘉善县志》《嘉禾征献录》。

郁敦易（生卒年不详） 自号斗野山人。明嘉靖年间（1522—1566）人，世居枫泾镇（南镇）奉贤乡四北区郁家湾（今中洪村 15 组）。明代学者、诗人。

郁敦易生于文化世家，其父郁天民（郁衮），博览群书，熟悉地方掌故，擅长古文辞，在江南文坛有较高的声誉。郁敦易秉承家学，博学强记，善诗文，在地方教育事业中享有较好的声誉。其父撰《革朝遗忠录》，郁敦易作注述颇多。又与本宗从兄弟西塘郁耀宗、枫泾郁应元等经常在一起研讨诗文，均有文名。著有《言志稿》。所撰《陈贤良祠》诗入选清沈季友《槜李诗系》。

张定楷（生卒年不详） 字晴川，号予田，生活于清乾隆至嘉庆年间（1736—1820年），华亭县（今上海市松江区）秀才。世居枫泾镇杨俊浜（今中洪村 4 组）。清代书法家。

张定楷少时即聪明好学，记忆力过人，“读书过目成诵”，因此很早便中了华亭县秀才。考取秀才后，屡赴江南乡试不中，再赴顺天乡试，仍名落孙山，于是对科举心灰意冷，居乡读书耕耘。张定楷性好客，家中经常高朋满座；又热心行善，乐于为人排难解纷。一生酷爱书法，尤工楷书，80 岁时还能书写蝇头小楷，让人叹服。清《续修枫泾小志》有传。被选入《中国美术家人名辞典》（上海人民美术出版社，1998 年版）。

张朝勋（生卒年不详） 字竹垂，号纯斋，生活于清乾隆至嘉庆年间（1736—1820），世居枫泾镇杨俊浜（今中洪村 4 组）。清代金山秀才。

张朝勋幼聪明，好读书，但自考中秀才后，未能在科举上再有建树。平生酷爱宋、元、明时期的先儒之学，并且对此深入研究，悉心考订。其品格高尚，每当阅读书卷时，凡读到有关忠孝节廉的事迹时，都会肃然起敬。他博通经史，所写文章常能引经据典。亦工书法，笔力遒劲。《续修枫泾小志》有传。

唐在明（1892—1961） 步石村人（今中洪村 2 组）。生于农民家庭，从小热爱劳动，13 岁时便会干基础农活。成年后，刻苦钻研水稻栽培技术。20 世纪 50 年代初，他种植的“老来青”“松江种”单季稻，平均产量超过 6000 千克 / 公顷。1954 年秋，松江县各乡干部及种田行家慕名前来参观。他的水稻栽培技术得到了水稻专家陈永康的赞许和肯定。50 年代中期至 60 年代初期，在枫围地区全面推广。

陈求是（1893—1935） 中圩村人（今中洪村 18 组）。原名陈光荣，属陈氏家族“光”字辈。清末民国初，曾任枫泾南镇、北镇两所小学的校长，为枫泾“兴新学”的先驱者。

陈求是

清末，陈求是原本是私塾先生，后受“教育救国”思想的影响，积极投身到“兴新学”事业中。为实事求是地为大众服务，他特意把自己的名字改为陈求是。由于他在镇上的工作业绩突出，很有影响，人们只知道他叫陈求是，早已淡忘了陈光荣这个名字。

1907 年，陈求是与王建斐、陈占奎、姚占虞等人共同创办了枫泾义务初等小学（后改名贫民小学），是枫泾最早创办的几所学校之一。学校由枫泾同善会承办，陈求是任校长，自此他踏上了基础教育之路。枫泾义务初等小学专收贫困孩子，并免费入学，开启了枫泾地区贫穷子弟进学堂读书识字的先例。校址在嘉善县枫泾镇（南镇）下西街米筛桥堍的同善会馆内（今枫泾镇友好街 130 号），学校经费由同善会馆划拨。该校至抗日战争爆发时停办。

此后，陈求是出任枫泾详通小学校长。详通小学创办于 1910 年，由晚清举人叶理封任董事，属公立学校。校址在松江县枫泾镇（北镇）太平坊原详通庵内（今枫泾镇和平街泰平桥堍），陈求是为第三任校长。他管理有序，教学有方，被人称道。在一次上级督导的总评中，曾这样评价详通小学：“教学极有精神”，“教态活泼，教育明爽”，“其发达为各校之冠”。详通小学于 1914 年后易名为松江县立枫泾第一初等国民小学，

1938 年改为松江县枫泾小学，1946 年改为松江县枫泾第一中心国民小学，解放后与松江县枫泾第二中心国民小学合并，即上海市金山区枫泾小学的前身。

陈求是对教育事业兢兢业业，但由于日夜劳累过度，在 40 多岁时便因病离世，葬于中洪村九曲港（开挖潮里泾时填没）岸边。其妻子李玉英带着两子一女在枫泾生活，解放后移居上海市区。陈求是在学生中威信很高，“文化大革命”时，其妻子李玉英从上海市区回到枫泾，走在大街上还不时有人叫她“陈师母”。

朱辛岩

朱辛岩（1902—1959） 杨俊浜（今中洪村 4 组）人，木工，第二次国内革命战争时期曾为中共枫泾区委委员。

朱辛岩出生于松江县新浜陈家河（今松江区新浜镇），以做木匠为生，拿手活是做农用水车、犁、耙等。婚后，因妻子（杨俊浜人）娘家有老宅空着，于 1927 年迁至杨俊浜居住生活。不久在共产党员袁世钊、陆龙飞的影响下，加入了枫泾农民协会，积极参加抗租抗息运动，并参加了 1928 年年初的“枫泾暴动”，此后加入中国共产党。“枫泾暴动”失败后，由于陆龙飞等人的牺牲，中共枫泾区委遭受到严重破坏而瘫痪。1928 年 8 月重建的第二届中共枫泾区委也因书记王子琴、委员薛照生等被捕遇难，于 1929 年年初解体。1929 年 8 月，朱辛岩在中共松江县委负责人袁世钊带领下，与张杏松等中共党员转至嘉善姚庄、里泽、枫南一带活动，成立了第三届中共枫泾区委，由陶铭任书记，委员有张杏松、盛阿贵、朱辛岩、袁进元等，下有 15 个支部，67 名党员。在中共枫泾区委的领导下，兴起了枫西地区姚庄、里泽和枫南地区的农民运动。曾发动了“网埭暴动”“里泽暴动”，坚持斗争 40 余天，震动了嘉善、平湖、金山、松江、青浦一带。1930 年春，由于国民党反动当局的搜捕镇压，中共枫泾区委委员朱辛岩被捕，盛阿贵牺牲，区委委员张杏松随袁世钊转移至上海，区委书记陶铭和委员袁进元两人因无法继续活动而转移他地，去向不明。第三届中共枫泾区委被迫解体。

朱辛岩于 1930 年春被捕后（金山县党史资料误载被捕后牺牲），关押了一年多后释放，回到家乡杨俊浜。但因中共枫泾区委已经解体，朱辛岩寻找不到党组织，此后便脱离了关系。从此，朱辛岩仍以木匠手艺养家糊口，直至 1959 年因病逝世，卒年 58 岁。

唐栋梁（1946—2013） 中洪村 1 组人，上海知名的中草药医生和全国优秀乡村医生。

唐栋梁出身于农民家庭，中专毕业，并通过了医士升医师的职业考试。20 世纪 60 年代初，他从蛇脱壳炒蛋治疗流行性腮腺炎开始，尝试中草药治病。60 年代中期，在他的带动下，村里中草药使用率达到 60%。当时，其身上有“三个宝”：一只药箱不脱身，一根银针治百病，一个荷包袋内装中草药标本和书籍。由于勤奋好学，医术日益精进，他在上海市郊区乡村医生中首创了针麻拔牙，还大胆在村诊所办起了小化验室，能做男性包皮手术和体表肿瘤、疮节痛等手术，并为周边乡村的狐臭患者做手术，达 400 多例，积累了相当丰富的临床经验。

唐栋梁

他行医生涯 40 多年，廉洁自律，医德高尚。共计诊治病人几十万人次，在病人中有很好的口碑。他始终秉着“救死扶伤”的人道主义精神，无论是寒暑天、节假日，还是风雨夜，都能做到随叫随出诊；需要转院的，也能为病人着想，尽力做好紧急救护措施。

他参加过上海的全国针麻研讨会、北京的全国中草药展览会、江西的全国中草药采种制用大会，受到过朱镕基等中央领导和部级领导的接见。荣获“全国优秀乡村医生”“上海市劳动模范”“上海市第一批优秀乡村医生”“上海市乡村医生先进工作者”“上海市卫生战线先进工作者”等称号。

张敏辉（1949—1979） 中洪村 4 组人。出身于农民家庭，小学毕业后务农。1969 年 12 月参加中国人民解放军，在空军 87310 部队服役。1971 年 7 月加入中国共产党，因表现优异，1974 年升为排长，1979 年升为空军宝鸡油料仓库副中队长。1979 年 11 月 29 日在执行任务中牺牲，1979 年 12 月被追认为革命烈士。骨灰安葬于金山区烈士陵园（枫泾公墓内）。

张敏辉

◉ 人物辑录

中洪村市、部级以上先进人物一览表

表 21

序号	姓名	年份	荣誉称号	出生地址	备注
1	唐栋梁	1978 年	上海市劳动模范 全国优秀乡村医生	中洪村 1 组	
2	李阿全	1978 年	上海市劳动模范	中洪村 19 组	
3	曹在高	1987 年	上海市劳动模范	中洪村 18 组	
4	陈小金	1988 年	全国农村青年科技示范户标兵	中洪村 20 组	后改名陈卫雄
5	俞永芳	1991 年	上海市劳动模范	中洪村 9 组	
6	张瑞康	1995 年	上海市劳动模范	中洪村 6 组	
7	蒋永华	2015 年 2016 年	上海市先进工作者 全国优秀党务工作者	中洪村 6 组	

◉ 名人与中洪

韩和平的中洪情

著名画家韩和平常说中洪村是他的第二故乡，并亲笔题写“中洪居民韩和平”，以证实他与中洪村的关系。他还撰写《难以忘怀的那个年代》《吴跟越角话流年》等文章，为中洪村留下了许多墨宝和作品，表达了对枫泾镇和中洪村的难忘之情。

韩和平，1932 年生于黑龙江省哈尔滨市，著名画家，国家级非物质文化遗产连环画传承人之一。1953 年毕业于中央美术学院华东分院，后受聘于上海人民美术出版社。曾任上海大学美术学院绘画系副主任、教授，美术创作研究所主任，油画研究室主任，中国美术家协会会员。他是一位社会风俗画卷的大师，擅长油画、连环画。连环画《铁道游击队》(与丁斌曾合作)获得首届全国连环画创作评奖绘画一等奖。著有《韩和平油画作品集》《韩和平绘画精品集》等。

韩和平与中洪村的缘分要从 1974 年说起。在那个特定年代，知识分子被要求“边劳动边创作”，于是他被上海人民美术出版社的“出版革命组”下放到枫泾镇中洪村接受贫下中农再教育。他当时对中洪村还不了解，对枫泾也只是一个模糊的印象——处于沪浙交界的小镇，沪杭线上的一个小站，离上海很远的乡下地方。1974 年 5 月，按照单位要他“沉到底”的要求，他来到了当时交通十分不便的中洪村 17 组(时为胜利大队

韩和平（左二）在中洪村签名“中洪居民韩和平”

第五生产队）。也正是当时无奈的选择，结下了他与中洪村的不解之缘。

到中洪村后，村民热情友好的举动给他留下了深刻的印象，无论走到何处，不用自我介绍，人们都叫他老师。尤其是当知道他是连环画《铁道游击队》的作者后，村民们倍加尊重。他深受感动，于是就有了后来的故事。

指导美术爱好者 韩和平到中洪村后，除了参加农业劳动外，主要是与村美术组的陈富林、龚明华、李祖尧 3 人一起创作连环画。起初，他只是对村美术组的 3 人讲授一些绘画知识。后发现他们都是灶壁画的能手，有的曾为村里画过村史、家史组画，有的创作过一些反映农村劳动景象和生活风俗的乡土作品，具有较好的绘画基础，于是与美术组成员共同在村里画起了壁画，由他负责主题，如农业机械化、丰收的欢乐等，不久，在全村的墙壁上画了许多画，受到了村民们的称赞。后来枫围人民公社分管宣传的领导知道了，要他带领村美术组成员，创作一批宣传画，贴在木板上，到各村（大队）去展出。在中洪村生活了一段时间后，他看到村里的民间艺术，如刺绣、剪纸、灶壁画等乡土气息浓厚，很有特点，由此想到如果加以点拨，这些人将大有前途。在村干部的支持下，他在村里办起了美术学习班，选了十几名美术爱好者，从速写、素描入手，手把手地辅导作画，使一批原本并无绘画基础的村民逐步掌握了绘画技巧，中洪村村民创作农民画的热情自此被点燃起来。不久，金山县文化馆知道了中洪村创办美术学习班的事后，就派吴彤章等人到村里蹲点采风，并在枫泾举办了三期学习班，学员以中洪村美术组成员为骨干，从全县各地抽调一批农村青年学习、创作绘画。其间，韩和平和县文化馆辅导老师一起，对学员进行了精心辅导。从此，农民画队伍得以不断发展壮大，农民画也从枫泾遍及到全县。不久，韩和平选了几幅农民画推荐给上海市文化局分管美术的副局长沈柔坚，得到了其赞扬和支持，并同意由金山县选送一批农民画到上海美术馆展出。金山县文化馆选了 50 幅农民画到上海美术馆展出，而后又被推荐到中国美术馆展出，受到文化部和有关专家的好评。最初的枫泾农民画从此被命名为“金山农民画”，而中洪村成了金山农民画的发源地。

帮助村民学习裱画技术 韩和平对中洪村有深厚的感情。他觉得村里几位美术组成员都是可教之才，便想到要帮助村民学习裱画技术。1978 年 7 月，他凭借与新任上海书画社社长赵坚的关系，推荐了中洪村的陈富林、龚明华、陈奎金 3 人到上海学习裱画。书画社裱画车间有很多从荣宝斋调来的老师傅，与韩和平以前有过交往，对他介绍来的这 3 名青年教得特别认真。3 个月后，3 人学成归来，村里就创办了一个裱画作坊（集体企业），业务均由书画社派下来，以后又接到上海古籍出版社的业务。程十发回到上海画院后，听说中洪村办起了裱画作坊，也把画院的画交给村里去做，裱画作坊一度很有起色。此后，虽然裱画作坊关闭了，但其培养的许多技术骨干仍在，他们便自己办起了裱画店，这些人既是农民画画家，又是裱画师，业务依旧很红火。如村民龚明华，是

韩和平当年居住的小楼

韩和平作品《田园小径》

韩和平第一批送到上海学习裱画的3人之一，成为上海裱画业一流的裱画师。不但能高质量地裱一般的画，还能修补古画，在画家圈子里很有声誉。还有李林根、李金华夫妇，既能画农民画，又能裱画，单独经营裱画作坊已有近40年，娴熟的修补古画技巧吸引了上海市区、外省市甚至海外的书画收藏者慕名前来。2016年，李林根被评为“上海工匠”。中洪村村民在裱画业上的成功，充分证明了韩和平当年培养人才的眼光和发挥的重要作用。

带动了一批画家云集而来 韩和平到中洪村后，精心指导村民创作农民画的消息，在文化圈里传开，许多上海画家受其影响，纷纷来到枫泾镇和中洪村，中洪村由此名闻遐

著名画家在枫泾合影（后排左起韩和平、郑家声、汪观清、刘旦宅，前坐者是程十发）

迹。20 世纪 70 年代中期以后，著名画家程十发、刘旦宅、郑家声、汪观清先后到枫泾，一时间，枫泾成了上海名画家的乐园。程十发是松江人，祖籍枫泾，听了韩和平的推荐，对枫泾十分感兴趣。刘旦宅与韩和平是同事，得知他在枫泾后，也赶到枫泾。还有他的老朋友汪观清更是经常到枫泾小住。郑家声也以下乡创作为由，到枫泾与他同吃、同住、同创作。而后负责上海市美术家协会的吕蒙与夫人黄准也到枫泾看望他，老领导李槐之，画家顾炳鑫、赵宏本、钱大昕，还有他的同学中国美术学院院长肖峰偕夫人也到枫泾。这么多的著名画家和文化名人来到枫泾，与中洪村的陈富林、龚明华、曹秀文等一批农民画画家结下了深厚的友谊，对中洪村留下了深刻的印象。若干年后，汪观清、郑家声等还念念不忘地来到中洪村，与韩和平一起签名自称为中洪村民。在韩和平的影响下，名画家云集枫泾，为指导枫泾和中洪的美术爱好者作出了贡献，同时也留下了一批墨宝，成为枫泾珍贵的文化遗产。2002 年，枫泾镇人民政府汇集了韩和平等 8 位著名画家当年赠送给枫泾民间人士的 100 幅画作，刊印了《丹青蕴情——名家书画在枫泾》画册。程十发、刘旦宅、韩和平、汪观清、郑家声 5 位著名画家还与陈富林等联手创作了大型国画《欣欣向荣》，留下了美术史上感人的佳话。

《韩和平绘画精品集》

韩和平后来虽然离开了中洪村，但经常通过信函，保持着与中洪村的联系，还经常对陈富林、曹秀文等创作农民画进行指导。中洪村村民也始终称他为良师益友，村里很多农民画的初期作者，正是受了他的启蒙与指导，才跨进了绘画世界，有几位还成了著名的金山农民画画师。金山农民画代表人物曹秀文曾撰文道："韩和平老师是我绘画的启蒙老师，到现在，我还十分感激他。"之后，韩和平创作了《吴跟越角画当年》画册，怀念"落户"中洪的往事。韩和平在中洪村可谓妇孺皆知，人人敬佩。

吴彤章与农民画

20 世纪 70 年代，金山县文化馆美术工作者吴彤章曾多次到中洪村（时为胜利大队），辅导中洪村村民创作农民画，挖掘培养农民画人才，为金山农民画艺术定型和推动农民画走上全国美术大舞台、扬名世界作出了积极的贡献。从此，吴彤章的名字在中洪村家喻户晓，中洪村也以金山农民画的发源地而名扬四海。

吴彤章，1933 年生，上海市奉贤区人。金山农民画开拓者，擅长中国画，为中国美术家协会会员、中国民间文艺家协会会员、上海农民画协会副会长，副研究馆员，享受国务院政府特殊津贴。1949 年，就读于上海美术专科学校国画系。1965 年，从海军转业至松江县亭林供销社（1966 年亭林镇划归金山县）。1972 年，调至金山县文化馆，主持群众文化美术工作。1989 年，创建金山农民画院并任院长。曾被文化部授予"全国农村文化艺术先进工作者""中国民间美术工作开拓者"等称号。

吴彤章最早到中洪村是在 1972 年春夏期间，当时他刚调至金山县文化馆主持群众

吴彤章（右）与韩和平在中洪村

文化美术工作，听说枫泾镇中洪村的陈富林、龚明华等美术爱好者画了一套村史、家史的组画，创作了一批表达农村劳动场景和生活习俗的乡土作品（枫泾农民画的早期作品）后，引起他的关注，从此以后，他与农民画便结下了不解之缘。

培训辅导，培养了一支农民画创作队伍 吴彤章于 1974 年起倾注精力开拓金山农民画，他与韩和平一起在枫泾先后开办了三期美术学习班，学员以中洪村美术爱好者为主，加上一些插队知识青年。通过这三期美术学习班的绘画辅导，使中洪村基本形成了一支农民画创作队伍。此后，他又在金山县文化馆开办辅导班，在全县范围内选择一批农村青年、插队知识青年和能工巧匠，分期分批进行农民画创作培训。经过一期又一期的学习班辅导培训，中洪村一批从来没有受过正规美术教育的农民画作者终于在民间艺术的土壤中茁壮成长，脱颖而出，形成了一支颇为壮观的金山农民画创作队伍。从此，中洪村农民学习绘画蔚然成风，有夫妻双双、母女结伴学画，也有全家齐上阵，共同挥笔泼墨，为塑造金山农民画品牌作出了积极的贡献。

正是在吴彤章的精心辅导下，中洪村的金山农民画创作队伍不断扩大，从起初的 10 多人，到 1986 年已有 60 多人，进入 21 世纪后更达到了 100 多人，中洪村的农民画画家成了金山农民画创作队伍的“半壁江山”。至 2016 年，中洪村已有 11 位农民画画家被金山区政府命名为金山农民画画师，有的成为中国美术家协会、中国民间文艺家协会、上海市美术家协会、上海民间文艺家协会会员，有的成了知名农民画画家和金山农民画的代表性人物。

伯乐识宝，造就了一批知名农民画画家 1977年年初，吴彤章在中洪村采风时发现几位能织善绣的农村妇女，认为她们是创作农民画的好苗子，于是组织她们参加培训班。在农民画创作中，他根据各人所熟悉的民间艺术，因人而异地进行启发式的辅导，充分发挥作者的生活经历、艺术个性和想象力，使其作品不断成熟，日趋完美，最终成为知名的农民画画家。如当年他发现中洪村曹金英的刺绣技艺很高，绣得很像一幅幅画，就邀请她参加农民画创作学习班。1935年生的曹金英，当时是个40多岁的农村妇女，第一次参加农民画创作学习班，非常紧张和害怕，甚至要“临阵脱逃”，但在吴彤章的鼓励和指导下，她克服了胆怯，开始学画，把纸当布，以笔代针，把颜色当成有色的丝线，像绣花一样去构图布局，画出了代表作《庆丰收》。该画色彩明快，形象生动，成了金山农民画艺术风格的雏形。曹金英于2006年被金山区人民政府命名为金山农民画画师，成为金山农民画的代表性人物。正是吴彤章伯乐识宝并精心辅导，中洪村的陈芙蓉、曹秀文等人得以成名。1925年生的陈芙蓉，1978年起参加金山农民画创作班，代表作《贺新年》，表现了民间超时空的造型观和传统审美意识，被中国国家画院收藏。一位年过半百的农村大娘，因农民画而成名，后来还担任金山农民画协会副会长，2006年被命名为金山农民画画师。1956年生的曹秀文，原本只是文化不高的农村女青年，于1976起参加金山农民画创作班，代表作《采药姑娘》被中国美术馆收藏。现为上海市非物质文化遗产项目金山农民画艺术代表性传承人，2006年被命名为金山农民画画师，还被评为“全国十大优秀农民画家”和“全国推动社会进步十佳杰出贡献人物”。

艺术定型，形成了金山农民画的独特风格 吴彤章在刺绣、剪纸、灶壁画等民间艺术中得到启迪，对开辟农民画新途径有了想法，于是在枫泾农民画的基础上进行艺术定型，树立起金山农民画独特的艺术风格。从1976年到1979年，他在全县举办了几期农民画辅导班，开始摸索创作农民画的新途径。在此期间，他将农村妇女擅长的刺绣等工艺元素融入农民画创作中，大胆使用大红大绿等鲜艳的色彩，使农民画在颜色搭配上仿照刺绣配色的方法，凭借醒目奇异的色彩，释放出极其浓郁的乡土气息，构成了金山农民画特有的艺术风格。同时，他鼓励能绣善织的农村妇女们充分发挥民间艺术的功底，以浪漫主义的想象力，大胆采用夸张的艺术手法，进行构思和造型，绘出各具个性的艺术画。为了表现对美的追求，作者可以不计较于形象的逼真，不机械地追求物象的再现，而是什么美就画什么，怎样美就怎样画。允许把不同时间、不同空间、不同视角和各种物体的特征概念交错在一起，在同一幅画中出现仰视、平视、

吴彤章在枫泾（前排右三，摄于 1979 年，在枫泾林园场拍摄培训班合影）

吴彤章（中）在枫泾林园场举办培训班

俯视、侧视、反视等现象，构成了特殊的艺术风格。这种独特的表现手法，使作品形象质朴，构图饱满，极具江南水乡的风俗情趣和浓烈的农村格调，夸张、浪漫成了金山农民画独特的标志。金山农民画的形成和发展，艺术定型是十分重要的环节，经过他的创新和艺术定型后，中洪村的农民画犹如脱胎换骨，也带动了金山县的农民画创作，于是，具有乡土特色的金山农民画成为了民间艺术文化中的一朵奇葩。

推向外界，树立了金山农民画的特色品牌　吴彤章对金山农民画的推广功不可没。1976 年，在上海市文化局领导的关心支持下，吴彤章从散发着泥土芬芳的金山农民画中选了 50 多幅送到上海美术馆参展，金山农民画首次出现在上海大都市的画展上。1977 年，“金山农民画展览”在上海美术展览馆单独举办画展后，金山农民画的名字也由此诞生。1980 年，“金山农民画展”在中国美术馆举办，在登上国内最高美术殿堂的同时，金山农民画从此名闻全国。1980 年，在美国举办了“中国金山农民画展”，标志着金山农民画走出国门，扬名世界。此后，吴彤章依然不断努力把金山农民画推向外界，先后在北京、上海、天津、广州等城市展出近百场次，共计 5000 多幅作品参展。先后有 120 多幅作品被中国美术馆、中国画艺术研究院、上海市美术家协会、上海美术馆等单位收藏。并有 30 多人次获国家及省市级一等奖。1988 年，被文化部命名为“现代民间绘画之乡”。2006 年，《党史信息报》将金山农民画、长城、黄河、大熊猫、京剧脸谱、兵马俑等列为十大“中国元素”。

吴彤章（中）辅导曹金英、曹秀文

吴彤章作品《吴彤章口述历史》

在国内展出的同时，他又先后组织金山农民画远赴美国、英国、法国、德国、加拿大、澳大利亚、比利时、日本等数十个国家展出。所到之处，均受到热烈欢迎，专家、学者和各大媒体好评如潮，金山农民画被誉为“中国最优秀的民间艺术”。

金山农民画为中洪村和农民画画家们赢得了很多的荣誉，极大提升了中洪村的知名度。金山农民画已成为中洪村的主要特色，也是一些村民谋生致富的重要途径，中国农民画村也成了中洪村的旅游品牌。中洪村面貌的大改变，与金山农民画密不可分，与金山农民画开拓者吴彤章密切相关。

韩素音对金山农民画的关爱

20 世纪 70 年代，著名英籍华人韩素音到枫泾镇，尽管没有来得及去中洪村，但她对金山农民画的关注，对曹秀文等代表人物的赏识，在中洪村产生了重大的影响。她对金山农民画的热心推介，为金山农民画的发展、壮大和走出国门、扬名世界发挥了很大的作用。

韩素音（Elisabeth Comber，1917—2012），本名周光瑚，生于河南信阳，著名英籍华裔女作家，一生致力于中国和西方世界的沟通与理解，著有《周恩来与他的世纪》《赤潮：毛泽东与中国革命》。作品还有自传《伤残的树》《凋谢的花朵》《无鸟的夏天》等，自传体小说《瑰宝》奠定了韩素音在国际文坛上的地位，1956 年，据此改编的电影《生死恋》获得了三项奥斯卡奖。她先后出版了约 40 部著作，被翻译成多种文字，是一

韩素音传记作品《周恩来与他的世纪》

位世纪传奇人物。

正确预言了金山农民画的发展前景 1977 年 9 月 24 日，韩素音为撰写关于中国文艺的文章，在上海美术馆负责人张云聘的陪同下，到枫泾镇专访农民画创作情况。在枫泾镇政府礼堂里，韩素音认真细致地观看了金山农民画作品，当看到中洪村陈富林的《罱河泥》《种子迷》两幅作品时说："这两幅画中的内容深深打动了我，以后有机会定要去看一看、划一划画中的小船。"韩素音在看完全部作品后，很高兴地说："金山农民画有着江南民间艺术的独特风味，也适合西方人返璞归真的审美情趣。如出国展览，定能成功！"韩素音的这番话，对正在起步阶段的金山农民画是莫大的鼓励，她对富有江南民间艺术风格的金山农民画作出了很高的评价，极大地提高了农民画作者的创作信心。同时，她传递的信息，即金山农民画的艺术风格适合西方人返璞归真的审美情趣，也为金山农民画明确了发展方向和目标。更值得一提的是，她所说的预言"如出国展览，定能成功"，后来的事实也验证了这位国际名人的预言，金山农民画果真于 1980 年走出国门，先后到美国、比利时、英国、日本、法国、德国、加拿大、澳大利亚等国展出。所到之处，均受到热烈欢迎，专家、学者和许多媒体好评如潮，被誉为"中国最优秀的民间艺术"。

热心关爱曹秀文等农民画创作代表人物 韩素音在了解金山农民画的同时，也十分关注农民画创作的代表人物。1976 年 11 月，韩素音来到上海，在上海锦江宾馆，韩素音采访了上海专业的国画家、漫画家、版画家和工人、农民画画家。中洪村的曹秀文作为农民画画家代表参加了这次采访活动。在集体采访结束后，韩素音单独采访了曹秀

韩素音（摘自《中国是我的骨肉，我的灵魂》）

文，并特意收藏了曹秀文的代表作《采药姑娘》手稿，由此可见她对曹秀文的赏识。当时，曹秀文仅仅 20 岁刚出头，1976 年参加金山农民画培训班并踏上创作之路，能够受到韩素音的关注和厚爱，实属不易。不久，韩素音在海外发表了一些文章，介绍上海画家和曹秀文的绘画经历。通过她热情洋溢的推介，曹秀文能够像著名画家沈柔坚、唐云、关良、林风眠、张培楚等一样，被推介到国际舞台，向世界展示了中国民间文化艺术的新生力量。

韩素音第二次与曹秀文见面是在 1977 年 9 月 24 日，这次是韩素音专程到枫泾，点名要见曹秀文，同时看看农民画和中洪村。在枫泾镇政府礼堂里，她与金山的十几位农民画画家一起座谈交流。如果说韩素音第一次与曹秀文见面是组织推荐促成的，那么第二次见面绝对是韩素音本人的特意选择。受到韩素音赏识的曹秀文之后的表现确实很出色，成了金山农民画的代表性人物，连续三届当选为上海市政协委员，2006 年被金山区人民政府命名为金山农民画画师，继而又成为上海市非物质文化遗产项目金山农民画艺术代表性传承人，还被评为全国“十大优秀农民画家”和“全国推动社会进步十佳杰出贡献人物”。韩素音连续两次与曹秀文会面，充分表达了对金山农民画和曹秀文的关注，也因此为中洪村留下了一段佳话。

最早向世界推介金山农民画　1977 年，韩素音就已经开始把金山农民画推荐给国际社会，成为最早向世界推介金山农民画的国际知名人士。金山农民画 1974 年起步，1977 年时还处于摸索阶段，这一年，金山农民画首次在上海美术展览馆单独举办画展，正需要向外界展示形象和扩大影响。就在这个非常关键的时间节点，韩素音来到枫泾专访农民画创作情况，并撰写文章，在有关场合，热情为金山农民画作推介。特别是她专门介绍金山农民画和曹秀文的文章，所产生的效果相当大。她的文章发表后，立即在世界美术界引起了不小的轰动，许多西方人士忽然发现，原来在中国农村还有那么美的艺

韩素音（右一）与美术界人士座谈（摘自《七十年代》杂志）

术，也让世界领略到，散发着泥土芬芳的金山农民画，是中国当代民间艺术的一朵奇葩。金山农民画也终于在 1980 年走出国门，先后远赴美国、比利时等许多国家举办展览，取得了很好的成果。自此，金山农民画植根泥土，走向世界。

中洪村依靠金山农民画改变了面貌，改善了经济、文化和生活质量，饮水思源，中洪村人始终铭记着韩素音所作的贡献。

大事纪略

◉ 村民参加枫泾农民协会

1926年下半年，大革命的浪潮在全国各地高涨，枫泾地区在中国共产党的领导下，中共枫泾独立支部负责人陆龙飞、袁世钊组织农民在枫泾镇东栅城隍庙桥堍积谷仓（今古戏台北）成立了枫泾农民协会。中洪村村民纷纷参加枫泾农民协会。到1927年上半年，中洪村村民参加者众多。洪泾浜（今中洪村15组）在一位穿长衫的胡先生的带领下，30多户村民中仅1户半没有加入农民协会。农民协会提出了“打倒土豪劣绅”“打倒封建地方豪绅”“要求土地革命”等口号，掀起了反对封建恶霸的革命风暴。农民协会领导农民抗租抗息，并镇压了一批地主、土豪劣绅。1928年大革命失败后，陆龙飞等人相继牺牲，枫泾农民协会受到沉重打击。在斗争中，杨进浜（今中洪村4组）村民朱辛岩加入中国共产党，并成为中国共产党枫泾区委委员。1930年年初，枫南农民举行武装暴动。由于嘉善和枫泾的国民党反动派加强对枫泾地区的搜索镇压，朱辛岩和一批农运骨干被捕或牺牲。至此，枫泾农民协会走入低潮。

枫泾农民协会旧址——积谷仓

低洼地圩堤建设

◉ 1950—1951 年实行土地改革

1950 年 10 月，中共枫泾区委领导农民进行土地改革。按各户人口计算耕地，对土地实行分配。1951 年春，境内土地改革完成。是年秋，枫泾区人民政府向境内农民颁发土地证。

◉ 生产队（大队）始末

1958 年 9 月，成立火箭人民公社，后改为枫围人民公社，境内两个高级农业生产合作社改为生产队，为新农生产队和中洪生产队，下设 23 个生产小队。1962 年，公社核算单位下放，生产队改为生产大队，生产小队变为生产队。1984 年 4 月，实行政社合一，取消公社、大队、生产队，改为行政村、村民小组，建立步杨行政村和中洪行政村。

◉ 治理低洼地圩堤

中洪村地势低，低洼田面积多，易受洪涝灾害威胁。1954 年，上游洪水下泄，受灾面积近 70 公顷，一些低洼荡田颗粒无收。1955 年冬起，大力开展加高加固圩堤工作。60 年代初，白牛荡、箬帽荡实行联圩并圩。70 年代起至 1992 年，境内白牛荡、箬帽荡圩区基本建成，总排涝能力为 8.80 立方米 / 秒，达到日降雨量 200 毫米不受涝的标准。2015 年至 2016 年年底，中洪村境内所有圩区列入了上海市西部地区流域泄洪通道防洪堤达标工程，为 2016 年上海市政府重点督办项目。堤岸标高为 4.9 米。

◉ 开挖潮里泾

潮里泾，原九曲港，河道弯曲，浅滩多，通航吨位低，农田排灌不畅，低田常受内涝威胁。1977 年，经上海市水利航道部门批准，部分河道西移 0.8 千米，建设成为市级航道。南起旺郁港，北达范塘，全长 2.47 千米。为开挖潮里泾，金山县枫围人民公社与浙江省嘉善县姚庄人民公社（今嘉善县姚庄镇）吴新、展丰两个大队（今嘉善县利锋村）签订协议，协作开挖，由枫围人民公社投入 8000 个劳动力，于 1978 年 1 月 15 日动工，2 月 4 日竣工。共 14.4 万个工日，开挖土方 41 万立方米。河床标准底宽 20 米，底深海拔 −1 米，边坡 1∶2.5，面宽 41 米，开挖后可通航百吨级船只。为了保证农田水土不流失，由枫围人民公社投掷块石 4750 余吨，由浙江省负责铺设潮里泾西岸（嘉善境）护坡工程 2.47 千米。挖废的浙江省土地由新元大队（新元村）划给 1.89 公顷，农作物损失、房屋（24 间）拆迁费均由枫围人民公社补偿，上海市、金山县补助金额 19.83 万元。潮里泾开挖后，填废九曲港，造田 10.67 公顷。东西两圩连成一片，为中洪村、新元村圩区建设创造了条件。全线建斜式干砌块石水泥浆勾缝护坡 2.61 千米。中洪村共投入劳动力 1000 余个，投工 1.5 万个工日。西片村民小组（生产队）家家户户住有民工。缩短航程 1.6 千米，为北片低洼田改造创造了条件。

开挖潮里泾场景

朱枫公路

◉ 境内建朱枫公路

朱枫公路（朱家角—枫泾）起始点：318 国道上海市青浦区朱家角至 320 国道金山区枫泾镇。中洪村境内由青浦区蒸淀镇和尚泾桥以南至步石塘桥，全长 2 千米，宽 7 米，沥青路面。1983 年修筑，1986 年竣工。2005 年 3 月至 2006 年 4 月道路拓宽，红线宽度为 40 米。定为二级公路，设计行车速度为 80 千米 / 小时，其中双向行车道 16.5 米，双向非机动车道 7 米，两侧设宽度为 3 米的机非分隔带及 1.5 米土路肩。拓宽后的朱枫公路为上海市青浦区、松江区、金山区和浙江省嘉善县四区县的交通要道。2008 年 10 月起，在中洪村境建朱枫公路收费站，2010 年 12 月竣工并投入使用，对外省市车辆征收贷款道路建设车辆通行费。2012 年 1 月 1 日停止收费后拆除。

◉ 村境通公交车

1986 年 11 月 7 日至 2016 年年底，中洪村有 5 条公交线路途经并设站。1986 年，朱枫公路建成通车。11 月 7 日，青枫线（青浦—枫泾）公交车首次运行，在中洪村境内设泖新路（横埭佬）、中洪路两个公交车停靠站。之后又开通了松新枫线（松江—新浜—枫泾）公交线路，途径中洪村，设步石塘、横埭佬两个停靠站；莲枫专线（上海莲花路站至枫泾镇），由上海地铁 1 号线莲花路站开往枫泾牌楼，在中洪村设横埭佬、步石塘两个站；浙江省嘉善县至俞家汇公交线路途经中洪村，设泖新路（横埭佬）、中洪路两个停靠站。2006 年 8 月 28 日，枫泾一路公交车正式运行。是日，在枫泾镇举行了通车仪式，由 4 位村民代表参加运行剪彩仪式。该线路起始站为枫泾牌楼，终点站为新元村。新元村到枫泾牌楼中途设 12 个停靠站，即新元刃具厂、泖新路、中洪村、枫兰路、服装城、俞汇村、新春小区、朱枫公路、泾波路、枫阳新村、汽车站、白牛新村。枫泾牌楼到新元村多了枫景家园、大新桥等几个招呼站。全程票价为 1 元，运行时间：新元村 06：00—18：00，枫泾牌楼 06：00—18：00。2016 年枫泾镇交通枢纽站启用后，枫泾一路公交车又增设了部分站。

◉ 1997 年桑树圩立松、金、青三县（区）界碑

桑树圩位于中洪村最北端，是四面临水的小岛，东西长 1500 米，南北宽 300 米，面积约 0.43 平方千米。该小岛旧时风景秀丽，草肥水清。桑树圩面积虽小，但属松江、金山、青浦三个县（区）共同所有。

1997 年，松江、金山、青浦三县（区）民政部门的领导共同到桑树圩，设立县界交叉点界石。界石为三角形立面，分别刻有：松江、金山、青浦，各自面朝所辖县（区），

桑树圩三县（区）界碑

“金山”面向中洪村 9 组的土地。

◉ 2006 年中洪村荣膺“中国十大魅力乡村文化产业奖”

2006 年 5 月，中央电视台启动 2006 年度“中国魅力乡村”推介活动，中洪村集美丽的水乡田园风光、农民画村、乡村旅游于一体的特色，在全国众多参评乡村中脱颖而出，荣膺“中国十大魅力乡村文化产业奖”。是年 11 月 23 日，中央电视台主办的 2006 年“中国十大魅力乡村”颁奖典礼上，中洪村的颁奖词写道：“日出而作，锄头与土地恒久的对话，日落不息，画笔和梦想激情的交谈。大红大绿是中国农民千年的方言，自然的心灵，成了艺术殿堂的敲门砖。一群农民，一个村庄，让世界为之惊叹！”至 2016 年，中洪村又先后荣获“中国十大书画村”“中国绿色村庄”“中国特色村”“全国农业旅游示范点”“中国美丽休闲乡村”等称号。

◉ 2007 年“中国农民画高峰论坛”在中洪村举行

2007 年 11 月 15—18 日，由金山区人民政府主办，枫泾镇人民政府、金山区文化局、金山画院及金山区博物馆承办的“中国农民画高峰论坛”在中洪村中洪大院举行。其间，开展了一系列活动，主要有画乡调研、论文征集、农民画培训、农民画展览和高峰论坛等。上海市人大常委会、中国民间文艺家协会、中国农民画研究会有关领导和农民画画家等出席。

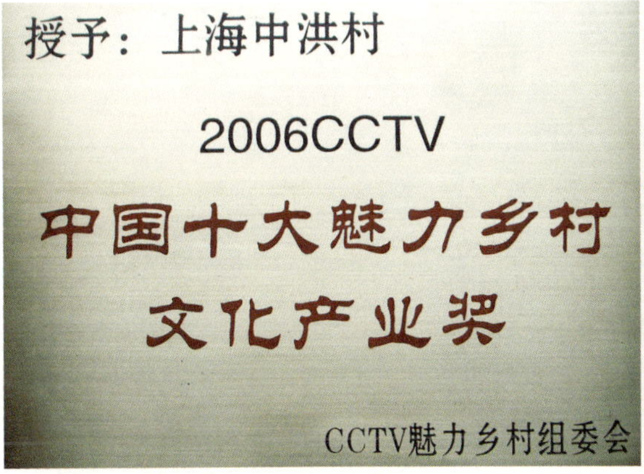

“中国十大魅力乡村文化产业奖”铭牌

中国农民画高峰论坛

中国农民画村

◉ 2008 年建成中国农民画村

2005 年 5 月，枫泾镇人民政府启动“金山农民画村”的建设规划。是年 9 月，在中洪村 14 组举行了“金山农民画村”奠基仪式，于 2006 年 4 月 28 日建成并举行开放仪式。建成后的金山农民画村，将复古的江南老式民居与中洪村原生态的江南水乡风貌有机地结合在一起，沿河配以水车、菜园、打谷场等景物。

2008 年 4 月 28 日，金山农民画村升格为中国农民画村，并举行揭牌仪式。首批来自全国各地农民画乡的优秀农民画家入驻画村，包括吉林东丰、陕西户县、山东日照、云南腾冲、青海湟中、江西永丰、江苏邳州、湖北黄州、辽宁金州、天津杨柳青等。2009 年 6 月，中国农民画村被评为国家 AAA 级旅游景区，成为上海市乡村游十条精品旅游线路之一、全国农业旅游示范点。是年，接待中外游客 20 余万人次。

◉ 实行土地承包经营权流转

中洪村于 2006 年开始实行土地承包经营权流转，当年委托流转的农户为 266 户，面积 84.48 公顷。2015 年，中洪村认真落实金山区《关于引导农村土地经营权有序流转、发展适度规模经营的实施办法》（金委办〔2015〕159 号），规范土地承包经营权流转程序。至 2016 年年底，全村委托农户 951 户，面积 276.09 公顷。土地统一流转给村级经济合作社。每年流转金额按每公顷 3375 千克稻谷的当地政府收购指导价及政府指导性意向进行计算。土地承包经营权流转，为中洪村土地向种田能手集中和办好现代农场打下了基础。至 2016 年，中洪村已基本建成了达一定规模的大棚绿色基地、精养鱼塘基地、生态休闲农业基地等现代农场及一批家庭农场。

◉ 村境枫泾镇国际教育园区拆迁安置

枫泾镇国际教育园区规划在中洪村，首期动迁安置涉及中洪村1组、2组90户村民，动迁建筑面积41256.96平方米。2011年7月，经金山区规划土地管理局动迁备案后，枫泾镇人民政府于2011年8月5日发放《动迁告知书》。8月27日，对所涉及的房屋开始进行评估、丈量、测算。9月15日，发放《房屋评估报告核对书》。9月19日，开始听取动迁户意见并进行核对、商洽。9月26日，旧房拆除招投标，经金山区房屋拆除工程施工安全管理所批准备案，领取开工报告后开始旧房拆除。至2011年12月底，完成63户。2012年年初，镇动迁部门对剩余的27户继续动员，到2012年7月底，仅剩2户未签订动迁协议。2015年5月，剩下的2户签订了动迁协议，全部动迁完成。劳动力实行货币补偿。动迁户安置于枫香名苑和桃源名庭。

◉ 2014年外国驻上海领事馆女官员一行考察中国农民画村

2014年6月18日上午，由20名外国驻上海总领事馆女官员组成的考察团来到中国

村民动迁安置房桃源名庭一角

领事馆女官员一行考察中国农民画村

农民画村。在中国农民画村，领事馆女官员们观赏了曹秀文等农民画画家的绘画。乌克兰驻上海总领事智娜告诉随行记者，文化魅力、江南特色是她观后深刻的印象。在观看农民画绘制时，她深刻感受到了别样的上海风采。

◉ 2016 年老农民陈锦祥上央视

2016 年 10 月 5 日，中央电视台《新闻直播间》作了“七彩水稻来作画，‘水稻地图’迎客来”的报道。用七彩水稻作画的是中洪村 20 组 72 岁的老农民陈锦祥。陈锦祥以大田为纸，用水稻作笔，在自家的农田里勾勒“中国梦”。

几年前，陈锦祥就开始试种彩色水稻。2016 年 6 月，他在稻田里挖了 380 条小渠，用 500 多根木杆和 500 多米长的草绳，按照图纸勾勒出中国地图的形状，然后种下 20 多种颜色不一的水稻种子。经过 3 个多月的培育，2016 年国庆节期间图案成型：中间是中国地图，地图上方有“庆祝建国六十六周年”9 个字，地图右边和下方分别写着“中国梦”和“彩色梦”。旁边的水稻田里种着 400 多种水稻，是陈锦祥的“种子大会堂”。他种出彩色中国地图和文字的水稻种子，就是从“种子大会堂”里培育的。

陈锦祥在节目中告诉人们，他“情系‘三农’，热爱祖国；感恩乡土，大地满座”。

◉ 村庄改造

中洪村从 2009 年 4 月到 2016 年 12 月完成了全村 18 个村民小组（第一、二村民小组整建制拆迁）887 户村民的村庄改造工作。2009 年 4—7 月，首先在第十三、十四村民小组进行试点，完成了 76 户改造计划。2011 年 9 月起继续推进，至 2011 年 12 月，完成第十一、十二村民小组 83 户；2012 年 9—12 月，完成第十七、十八、十九、二十组的 204 户；2013 年 9—12 月，完成第十五、十六村民小组 99 户；2015 年 9—12 月，完成第三、四、五、六、七、八、九、十村民小组 389 户；2016 年 9—12 月，完成第八村民小组剩余的 36 户。

村庄改造的主要内容是墙面白化、道路拓宽、环境整治、景观小品、河道整治、雨污水管改造、绿化等。经费实行市、区、镇三级补贴，户均为 2 万元。其中，市级 60%，区级、镇级各 20%，总经费达 1856 万元。中洪村村庄改造由金山区村社改造工作推进小组协调各方，枫泾镇和中洪村相应成立工作小组，具体落实各项工作。

改造后的中洪村各村庄，达到了“路平、桥稳、水清、宅洁、村美、人和”，符合安全与防灾的要求，保护了中洪村的田园风光、自然生态环境和建筑风貌。

中洪村村庄改造新风貌

附录

中洪村依据国家法律和有关政策，结合实际情况，制定了《中洪村村民自治章程》《中洪村村民代表会议制度》《中洪村村规民约》。

中洪村村民自治章程

（2012 年 8 月 12 日村民代表会议通过）

第一章　总　则

第一条　为加强基层民主政治建设，保证村民实现自我管理、自我教育、自我服务，调动村民建设社会主义新农村的积极性，促进本村社会主义物质文明、政治文明、精神文明建设和构建和谐社会，根据《中华人民共和国村民委员会组织法》和《上海市实施〈中华人民共和国村民委员会组织法〉办法》和国家有关政策，结合本村实际，制订本章程。

第二条　本村实行村民自治是在党的政策和国家法律、法规所规定的范围内，在上级各部门指导和本村党组织领导下进行。

第三条　本章程由村民委员会具体组织实施，村民会议和村民代表会议监督执行。

第二章　村民组织

第一节　村民会议和村民代表会议

第四条　村民会议由本村 18 周岁以上的村民组成，是本村村民自治的最高权力机构。召开村民会议由本村 18 周岁以上的有选举权的村民过半数参加或由本村三分之二以上的户代表参加。

第五条　村民会议的职权：

（一）讨论村民委员会的设置规模；

（二）选举、撤换和补选村民委员会成员；

（三）讨论决定涉及全体村民利益的重大事项；

（四）制定村民自治章程和村规民约；

（五）听取并审议村民委员会的工作报告和财务收支情况的报告；

（六）讨论决定村民或村民代表向大会提出的需要讨论决定的有关提案。

第六条　村民代表会议由本村村民代表组成，每个村民小组按 5 ～ 15 户推选产生一名代表，村民代表总数不少于 35 名。

第七条　村民会议授权村民代表会议在村民会议闭会期间行使下列职权：

（一）讨论决定本村的经济和社会发展规划以及年度工作计划；

（二）讨论决定新建、扩建工程项目和公益事业；

（三）修订村民自治章程和村规民约；

（四）听取并审议村民委员会的工作报告和财务收支情况的报告；

（五）讨论决定从事村务人员的报酬或补贴方案；

（六）推选村务监督小组成员；

（七）讨论决定涉及村民利益的其他重要事项。

第八条　村民会议每年至少召开一次，村民代表会议每年至少召开两次，必要时可随时召开。

有十分之一以上的村民提议，应召开村民会议；有三分之一以上的村民代表或者村务监督小组书面提议，应当临时召集村民代表会议。

村民会议和村民代表会议讨论决定的事项不得与宪法、法律、法规、规章和国家的政策相抵触，不得有侵犯他人人身权利、民主权利和合法财产权利的内容。

村民会议、村民代表会议由村民委员会召集和主持。

第二节 村民委员会

第九条 村民委员会是村民自我管理、自我教育、自我服务的基层群众性自治组织。村民委员会由3人组成，设主任1名、委员2名。每届任期三年，其成员由村民直接无记名投票选举产生，可连选连任。

第十条 村民委员会应当履行的职责：

（一）宣传《中华人民共和国宪法》（以下简称《宪法》）、法律、法规和国家的政策，教育村民履行依法应尽的义务和爱护公共财产，维护村民的合法的权利和利益，促进村与村之间的团结、互助，开展多种形式的社会主义政治文明和精神文明建设活动；

（二）根据区、镇区域规划，提出本村经济和社会发展规划以及年度计划意见；

（三）建立、健全村民自治制度，开展村民自治活动，执行村民会议和村民代表会议的决议、决定，教育村民自觉遵守《中洪村村民自治章程》；

（四）办理本村的公共事务和公益事务；

（五）协助公安部门维护本村的社会治安，做好本村范围内社会治安的综合治理；

（六）调解民间纠纷，防止矛盾激化，促进村民和睦友好相处；

（七）支持和组织村民发展生产，承担本村生产的服务和协调工作。

尊重集体经济组织依照法律规定独立进行经济活动的自主权，维护集体经济组织和村民、承包经营户、联户或者合伙经济组织的合法的财产权和其他合法的权利和权益；依照法律规定，管理本村属于农民集体所有的土地和其他财产，教育村民合理利用自然资源，保护和改善生态环境；

（八）在镇人民政府指导下开展工作，向镇人民政府及其有关部门反映村民的意见、建议和要求。

第十一条 村民委员会下设生产服务、人民调解、治安保卫、社会福利、文教卫生、计划生育等委员会。各委员会负责人由村民委员会成员兼任，成员由村民委员会提出意见，经村民代表会议讨论通过后确定。其主要职能和任务：

生产服务委员会负责本村的农业生产管理、服务，推广科学种植和养殖知识；

人民调解委员会负责法制宣传教育，调解民间纠纷，协助政府司法部门做好司法行政、信访接待工作；

治安保卫委员会负责发动和依靠群众维护本村的社会治安秩序，协助政府公安部门做好治安保卫工作；

社会福利委员会负责办理本村的公共事务和公益事业；

文教卫生委员会负责本村文化教育、卫生、体育等方面的工作；

计划生育委员会负责本村和流动人员的婚育管理，做到无计划外生育。

第十二条 村民委员会决定的事项，采取少数服从多数的原则。进行工作时，应坚持群众路线，充分发扬民主，认真听取不同意见，坚持说服教育，以理服人。

第十三条 村民委员会实行村务工作公开制度。公开的形式为建立村务公开栏和召开村民代表会议等多种形式。公开的内容主要包括：上级党委、政府的有关政策、法规和规定；本村重大公共事业；村干部的分工及工资报酬；财务收支；宅基地报批；计划生育；救灾救济；征使用土地的情况；优抚政策等有关村民关心的重大事项，其中涉及财务的事项至少 3 个月公布一次。

第三节 村民小组

第十四条 村民小组在村民委员会领导下开展工作，是村民委员会联系村民的桥梁和纽带。

本村设 20 个村民小组，每个村民小组设组长一名，由该组村民推选产生，任期 3 年。村民对小组长工作不满意的，可以随时撤换。

第十五条 村民小组长职责：

（一）宣传、贯彻党的路线、方针、政策和国家法律、法规。传达村民委员会作出的有关决定；

（二）负责召集村民小组会议和组织本组村民具体落实镇、村交给的各项任务，及时向村民委员会报告工作；

（三）做好本小组村民在生产经营活动中的协调服务工作；

（四）及时向村民委员会反映本组村民的意见、要求和建议。协助村民委员会作好调解、治保工作。

第四节 村 民

第十六条 凡本村的村民，在村内享有以下权利：

（一）依照《宪法》规定，享有公民应当享有的一切权利；

（二）参加村务活动，提出有关村务的意见建议和要求；

（三）年满 18 周岁以上的村民，有选举权和被选举权（剥夺政治权利的除外），享有讨论本村重大事项的权利；

（四）享有本村举办的各项公共事务和公益事业的利益的权利。

第十七条 本村村民同时应尽以下义务：

（一）自觉履行《宪法》、法律、法规规定的各项义务；

（二）遵守《中洪村村民自治章程》，执行村民会议、村民代表会议的决议、决定；

（三）按时完成村民委员会分配的各项任务；

（四）团结互助，尊老爱幼，维护集体利益，自觉参加移风易俗和争创“道德建设示范户”“学习型家庭”的活动，并同一切破坏集体和危害村民利益的行为作坚决的斗争。

第五节 村干部

第十八条 村干部必须牢固树立全心全意为村民服务的宗旨，立足本职工作，努力为村民谋利造福。

（一）政治坚定。认真贯彻党的路线、方针和政策，坚持四项基本原则；

（二）开拓创新。积极带领群众深化农村改革，完善农业社会化服务体系，大力发展村级经济；

（三）廉洁奉公。以身作则，坚持原则，带头清正廉洁，一心为公，不以权谋私，敢于同不良倾向作斗争；履行公务必须坚持公平、公正、公开、合理；

（四）团结协作。维护集体利益，执行村民会议和村民代表会议的决定、决议，齐心协力共同开展好工作；

（五）联系群众。坚持群众路线，维护群众的政治权益，关心群众疾苦。发扬民主作风，尊重村民意愿。

第三章 经济管理

第一节 土地管理

第十九条 本村的土地，包括集体用地和村民的承包地、自留地、宅基地等均属村集体所有，由村民委员会统一管理，土地承包者和依法使用者只有使用权，没有所有权，不得侵占、买卖或者以其他形式非法转让土地。

第二十条 村民必须服从村民委员会关于镇村建设的统一规划，包括村庄、厂房、道路、环卫、公共设施的规划以及对承包田的统一调整，任何人不得以任何理由阻挠。

第二十一条 村民翻建或新建房屋，应向村民委员会提出书面申请，经报上级人民政府批准，领取批复后方可建造。若另行安排土地建造的，原宅基地归还集体。村民在建房动工前应主动告知村民委员会，并经土地管理部门验证、敲桩定位。任何人不得任意换位和超面积建造，违者村民委员会协助上级土地管理部门查处，责令其拆除。

第二十二条 国家和集体依法征用土地，村民不得阻挠。土地补偿费等安排按国家有关政策办理。

第二节 农业管理

第二十三条 本村土地实行家庭承包经营。土地承包者要认真保护土地资源，合理使用土地，不断增加土地肥料，严禁掠夺经营和挖土建房。

第二十四条 土地承包者在承包期内，土地不得弃耕撂荒，不得退还，但可流转或有偿流转他人，但必须报村民委员会批准。

第二十五条 村设立农业服务队，做好产前、产中、产后服务。帮助村民培养引进良种，确保农业丰收。

第二十六条 进一步推进农业产业结构调整，做好稳粮增产工作。

第三节 企业管理

第二十七条 村办企业的集体财产属全体村民所有，任何人不得擅自变卖。但经村民委员会或村民代表会议讨论后按有关合法手续可以出租，出租租金归村集体所有。

第二十八条 村民营企业使用集体土地，每年按合同将土地使用费收交村集体。

第二十九条 民营企业的经营决策由各企业自主研究决定，村民委员会作好扶持、协调和服务工作。

第三十条 企业应依法纳税，教育职工履行公民义务，支持和配合村民委员会做好各项工作。

第三十一条 凡经村集体出资培养和有关专业技术人员未经村民委员会同意不得外流，私自外流应按村民委员会的有关规定交纳培养金。

第三十二条 落户在本村的实业型企业应建立健全职工代表会议制度，组建工会组织，切实保障职工民主管理的权利，保护职工的合法权益。

第四节 财务管理

第三十三条 村设财务室，由主管会计、出纳等人员组成。财务人员在上级业务部门指导和村民委员会领导下进行工作。财务工作必须实事求是，禁止弄虚作假。

第三十四条 会计人员要按照《中华人民共和国会计法》的规定和会计工作指标升级的要求，认真做好核算，积极参加经营管理。会计人员有权参加本单位拟定生产计划、财务计划、经营决策的会议。

第三十五条 本村实行村民民主理财制度，由民主理财小组每月定期对村的所有财务活动情况进行民主理财，各项收支均需经民主理财小组审核通过。村民委员会应当重视民主理财小组的意见和建议，村民委员会采纳的意见涉及重大事项的提请村民代表会议讨论决定。由村民委员会负责执行。

第三十六条 严格财务审批制度。村级的财务支出要控制在年初村民代表会议通过的经济预算之内。1 万元以内（不包 1 万元）的开支由村民委员会主任审批，1 万元以上（含 1 万元）的开支由村民委员会集体讨论通过，村主任签批。村级的一切开支由村主任审批。

第三十七条 建立健全审计监督制度。村的财务活动情况每年请上级审计部门进行年审，审计结果向村民公开。村民委员会主任在任期内如有工作变动，需及时进行审计，未经审计不得离任。村民委员会换届前必须进行审计。本村所属集体经济单位由村民委员会组织财务人员进行年度审核。对承包经营合同期满的企业，必须进行审计。未经审计，承包者不得离任。

本村财务情况作为村务公开重要内容，定期向村民公开，接受村民监督。

第三十八条 村级各企业单位的会计凭证、账簿、统计报表和其他资料应保持完整，并按年度及时归档。借阅资料必须办理借阅手续，以防损坏丢失。

第四章 社会秩序

第一节 村风民俗

第三十九条 加强社会主义精神文明建设，积极开展争创“文明村”和争创“文明家庭”的活动。移风易俗，遵纪守法，树立良好的社会风尚。

第四十条 大力提倡婚事简办、新办，自觉抵制旧风俗、旧习惯。提倡厚养薄葬的原则，丧事简办，实行火化。在本村土地上不留坟头，不树碑。

第四十一条 尊重村民宗教信仰自由，但反对一切邪教和封建迷信活动，不装神弄鬼，不看风水，不做道场，不攀鬼亲。

第四十二条 保护生态环境，增强环保意识，禁止把生活垃圾、牲畜粪便等倒入河浜污染水资源，维护公共卫生和村容整洁。

第四十三条 尊师重教，科技兴农，科技兴村，树立尊重知识、尊重人才的良好的氛围。

第四十四条 履行公民义务，参加义务献血，报名应征入伍，参加民兵组织活动。

第二节 邻里关系

第四十五条 维护社会公德，互敬互爱，互谅互让，和睦团结，建立良好的邻里关系。

第四十六条 在生产、经营、借贷交往中，应遵循平等、自愿、互利、合法的原则。讲究信用，处理好经济往来关系。

第四十七条 村民饲养的动物，损害他人利益的，动物饲养人或管理人应负相应的责任。未经批准，任何单位和个人一律禁止养犬，对准养犬必须按时接种疫苗，对无证犬坚决予以捕杀。

第四十八条 加强对无民事行为和限制民事行为能力的人的监护和管理，不得歧视；被监护人给他人造成损害的，由监护人承担经济赔偿责任。

第四十九条 村民之间发生纠纷，由所在村民小组组长解决，在不能解决时，由村人民调解委员会调处。严禁打架斗殴，扩大事态。

第三节 婚姻家庭

第五十条 村民要执行《中华人民共和国婚姻法》，遵循婚姻自由，男女平等，一夫一妻，尊老爱幼的原则，争创“学习型家庭”。夫妻在家庭中地位平等，都有参加生产、工作、学习和社会活动的自由，共同承担家务劳动，共同管理家庭财产。

第五十一条 提倡晚婚晚育。结婚必须依法登记，禁止违法婚姻。

第五十二条 坚持有计划生育。持有生育证的夫妇允许生育子女，严禁计划外生育。违反规定生育的，由村民委员会协助上级计划生育部门依法处罚。

第五十三条 父母有责任保障子女接受九年制义务教育。任何单位和个人不得招用未满十六周岁的未成年人就业。

第五十四条 子女对父母必须履行赡养义务。对丧失劳动能力的老人，有赡养义务的晚辈必须使老人的基本生活不低于其家庭的平均生活水平。对患病或生活自理有困难的老人，负有治疗照顾的义务。

第四节 社会治安

第五十五条 每个村民都要学法、知法、守法，执法，不断增强法制观念。

第五十六条 村民之间要团结友爱，和睦相处，不打架斗殴，不酗酒闹事，严禁侮辱诽谤他人，严禁造谣惑众、搬弄是非。

第五十七条 严禁偷盗、敲诈、哄抢公私财物；严禁赌博；严禁种植罂粟；严禁非法限制他人人身自由；不调戏妇女，树立良好的社会风尚。

第五十八条 爱护公共财物，不得损坏水利、交通、供电、通信等公共设施，严禁损坏农作物，严禁破坏绿化。

第五十九条 严格用水用电管理和易燃易爆物品管理，严禁偷电、偷水，严禁在仓库场地、道路、田野和村民宅基地内焚烧秸秆等物品。

第六十条 不乱搭建，不在公共场所乱堆物，杜绝影响公共秩序的行为。

第六十一条 不得阻碍国家公务人员执行公务。不得干扰村民委员会的正常工作。

第六十二条 配合派出所报警点夜间值班巡逻，认真做好治安防范工作。对身份不明的人员要主动询问，发现形迹可疑人员要及时报告，发现违法犯罪人员应立即送公安机关。对敢于同违法犯罪人员作斗争的有功人员给予奖励。

第六十三条 遵守户口管理规定，出生、死亡要及时申报或注销。

第六十四条 对违反本节条款者，按以下办法处理：

（一）违反治安管理条例或构成犯罪的由公安、司法部门处理；

（二）不够治安管理条例处罚的，由村民委员会给予批评、教育，限期改正。

第五节 外来人口管理

第六十五条 本村企业单位使用外来人员，必须将外来人员的计划生育、纠纷调解和社会治安纳入本单位的管理渠道和考核范围。

第六十六条 村民或集体单位出租私房或集体房，须在出租前向公安派出所提出申请，经批准领取“私房、集体房出租安全许可证”，并交纳保证金，方可出租。

第六十七条 在本村暂寄住的外来人员，必须持有以下证件：

（一）本人身份证；

（二）从事个体经营者须持有户籍所在地县以上工商行政部门颁发的营业执照和外出经营证明；

（三）育龄人员须持有户籍所在地乡、镇以上计划生育部门的婚育情况和节育措施证明。

第六十八条 在外来人员到达 3 日内，出租房主或使用单位有责任督促并会同外来人员持以上有关证件，到村治保委员处登记。

第五章　附　则

第六十九条　本章程自村民会议通过之日起执行。

第七十条　本章程由村民委员会负责解释。

第七十一条　本章程如有与法律、法规、规章相抵触之处，执行法律、法规、规章的规定。

中洪村村民代表会议制度

（2012 年 8 月 12 日村民代表会议通过）

为保障村民依法行使当家做主的公民权利，确保村民代表会议的规范化、程序化、法制化，促进农村基层群众性自治组织建设，依据《中华人民共和国村民委员会组织法》制定本村村民代表会议制度。

一、村民代表的条件

1. 拥护党的领导、拥护社会主义制度。

2. 本村有选举权和被选举权的村民。

3. 与时俱进，有一定的参政、议政能力。

4. 遵纪守法、以身作则。

5. 关心集体，联系群众，作风正派，办事公道，热心为村民服务，在群众中有较高的威信。

二、村民代表的产生

1. 村民代表以村民小组为单位，由村民民主推荐产生。确定代表人选应当注意代表性，村民代表应当有一定数量的妇女人选。

2. 村民代表每届任期 3 年，可连选连任。

三、村民代表的更换

村民代表发生以下情况，应按有关程序予以调整和更换：

1. 不遵守《中洪村村规民约》，不履行村民代表义务。

2. 受过刑事处罚。

3. 无特殊原因，两次以上无故不参加代表活动。

4. 因长期患病不能正常参加代表活动或不能发挥代表作用。

村民代表的更换、补选按原推选方式进行。任何组织和个人不得指定、委派或者随意更换村民代表。

四、村民代表会议的职权

村民代表会议可由村民会议授权行使下列职权：

1. 讨论决定本村的经济和社会发展规划及年度工作计划；

2. 讨论决定新建、扩建工程项目和公益事业；

3. 修订村民自治章程和村规民约；

4. 听取并审议村民委员会的工作报告和财务收支情况的报告；

5. 讨论决定从事村务人员的报酬或者补贴的方案；

6. 推选村务监督小组成员；

7. 讨论决定涉及村民利益的其他重要事项。

五、村民代表会议的决策原则

1. 必须符合党的方针政策的决策原则。

2. 遵守国家的法律、法规、规章的原则。

3. 必须坚持实事求是的原则。

4. 必须坚持民主集中制的原则。

5. 少数服从多数的原则。

6. 不能违背村民会议或村民代表会议决议、决定。

六、村民代表会议议事程序

1. 村民代表会议由村民委员会召集，至少每 6 个月召开一次，遇重大事项或有 2/5 以上代表提议可临时召开。

2. 村民委员会应当在村民代表会议召开五日前公布会议议题和议程，并通知村民代表。村民代表应当在会前就有关事项征求村民的意见和建议，并在村民代表会议上如实反映。

3. 村民代表会议必须有三分之二以上的村民代表出席才能举行。所作的决议、决定应当以全体村民代表过半数通过，采用举手表决或无记名投票表决的方式。

4. 村民代表会议的决定、决议，由村民委员会负责组织实施。

5. 村民代表会议应做好记录，并及时整理归档。

七、村民代表的权利

1. 讨论决定本村重大工作事项。

2. 及时反映村民的意愿和要求，提出合理化意见和建议。

3. 听取和审议村委会工作报告。

4. 民主监督村委会工作，评议村干部。

八、村民代表的义务

1. 执行党的路线、方针、政策，遵守国家法律法规。

2. 积极参加村民代表各项活动。

3. 带头执行村民代表会议的决议、决定和《中洪村村规民约》，支持协助村党总支、村民委员会做好各项工作。

4. 密切联系村民群众，建立村民代表联系村民户的制度，广泛收集群众的意见和建议。

中洪村村规民约

（2012 年 8 月 12 日村民代表会议通过）

一、树立和坚持社会主义荣辱观，热爱中国共产党，热爱社会主义，热爱集体。

二、自觉接受村党组织的领导，积极参加村务活动，执行村民会议和村民代表会议的决定。

三、正确处理国家、集体、个人三者关系，提倡科学种田，积极完成国家的各项义务。

四、遵纪守法，合法经营，勤劳致富，在经济交往过程中坚持平等、自愿、互利、讲究信用。

五、学法、知法、守法，增强法制观念，爱护公物，严禁赌博、偷窃等违法犯罪行为，遵守水、电管理条例，自觉维护本村社会秩序。

六、保护土地资源，保护旅游资源。住房建造或动迁服从村镇建设统一规划，严禁在承包田上任意挖掘取土。

七、响应党和国家号召，坚决执行《中华人民共和国兵役法》和《中华人民共和国婚姻法》，有计划生育，积极参与各项义务活动。

八、敬老爱幼，家庭团结，邻居和睦，依法保护妇女、儿童及老年人的合法权益，争创“道德建设示范户”“文明家庭”。

九、学习科学文化，提倡移风易俗，反对封建迷信、铺张浪费及其他不文明行为，树立良好的社会风尚。

十、开展健康的业余精神活动，传承农民画的文化产业。

十一、管好粪便、垃圾，讲究卫生，美化、绿化环境，维护村容、村貌整洁。

十二、参与社会主义农村建设，积极拥护和支持政府对新农村建设规划，做到认清形势、顾全大局，为新农村建设和构建和谐社会添砖加瓦。

◉ 主要参考文献

1. 上海市金山县枫围乡人民政府编：《枫围乡志》，上海科学普及出版社，1993 年 12 月。

2. 上海市地方志办公室编：《上海乡镇旧志丛书·（清）重辑枫泾小志》，上海社会科学院出版社，2003 年 12 月。

3. 上海市地方志办公室编：《上海乡镇旧志丛书·（清）续修枫泾小志》，上海社会科学院出版社，2003 年 12 月。

4.〔清〕江峰青重修，嘉善县史志办公室重刊：《嘉善县志》，线装书局，2008 年 1 月。

5. 许江主编：《来自画乡的报告·全国农民绘画展（文献集）》，中国美术学院出版社，2010 年 10 月。

6. 上海市金山区档案局（馆）编：《金山书画集·枫泾卷》，上海人民美术出版社，2012 年 6 月。

7. 郑士有、奚吉平主编：《中国农民画考察》，上海人民出版社，2014 年 7 月。

8. 傅慧敏著：《上美·足迹韩和平》，上海大学出版社，2016 年 1 月。

9. 上海市金山区枫泾镇志编纂委员会编：《中国名镇志丛书·枫泾镇志》，方志出版社，2016 年 2 月。

10. 吴彤章口述，唐葆祥撰稿：《吴彤章口述历史》，上海书店出版社，2016 年 7 月。

◉ 编纂始末

2016年10月，正值金山区掀起“村村编志”热潮之际，中国地方志指导小组办公室（以下简称中指办）启动了中国名村志文化工程。承蒙上海市地方志办公室和金山区地方志办公室的指荐，枫泾镇中洪村有幸被列入首批中国名村志丛书的编纂出版计划，枫泾镇人民政府成立了《中洪村志》编辑委员会，中洪村村民委员会聘请了戴桂云、叶尔明、郁伟新、张京林、赵炎华、李萍等为编纂人员，并颁发了聘书，同时落实了编务人员。委派戴桂云、叶尔明参加中指办在安徽省绩溪县举办的中国名村志文化工程启动会暨业务培训会。

中洪村地处沪浙交界处，是中国历史文化名镇枫泾镇的一个村。千百年来，依偎着枫泾古镇，人杰地灵，历史底蕴深厚，是蜚声中外的金山农民画发源地。解放后，特别是改革开放以来，中洪村获得了众多的荣誉：“中国十大书画村”“中国绿色村庄”“中国特色村”“中国十大魅力乡村文化产业奖”“全国农业旅游示范点”“中国美丽休闲乡村”“上海市文明村”等。编纂人员皆是《中国名镇志丛书·枫泾镇志》的编写骨干，对于名村志的编纂思路基本熟悉，但由于时间紧，又不能囿于原来的编写方法，必须有所创新突破。在编纂人员请求下，中指办、方志出版社的专家同步加入《中洪村志》的编纂指导工作，使编纂工作少走弯路。在较短的时间内就形成了“眉清目秀”的写作提纲。提纲分为：梦里画乡，金山农民画的发源地；中洪览要；农民画村；农民画家；乡村旅游；美丽乡村建设；村务管理；特色农家；现代农场；村民生活；风物风情；乡土文化；乡贤名人；大事纪略；附录等，大家分工负责编纂。

在编纂中，全体人员齐心协力、有条不紊，以国家级平台为衡量标准，以中洪村农民画起源、发展为特色，以美丽乡村建设为主线，突出“名”和“特”，力求观点正确，体例完备，行文规范，内容丰富，略古详今；直笔著信史，彰善引风气，留住一村之乡愁。查阅文档，考证掌故，缀录旧闻，走村串户，采访村干部、农户、农民画家、农场等，掌握第一手资料，悉心编辑。在编纂过程中碰到难题，对照中指办《中国名村志文化工程实施方案》反复研讨，并调整有关篇目，将美丽乡村建设并入中洪览要。形成初稿后交换补正修改，并征求当事人的意见，同时，赴南京请教专家陈华，再进行修改完善。拍摄并征集了大量珍贵的照片。难能可贵的是，全体编纂人员分工不分家，精诚合作，一些同仁完成了自己撰写的章节，就主动协助其他人员完成任务。正当我们编纂进入关键时刻，2017 年 3 月 7—11 日，中国名村志文化工程篇目论证会暨编纂业务培训班在中洪村举行，这无疑给我们全体编纂人员以莫大的鼓舞。我们借此东风，按照论证会和培训班的精神，一鼓作气对《中洪村志》进行全面认真地编纂，直至付梓。

《中洪村志》的修编，得到中指办、上海市地方志办公室、金山区地方志办公室领导、专家的指导和支持，特别是中指办方志处陈旭处长、方志出版社副总编辑李江和方志界专家陈华从列提纲开始就悉心指导，直至定稿；枫泾镇、中洪村的领导和老同志也提出了许多宝贵意见；枫泾镇规划和环境保护办公室、文化体育服务中心、信息中心、枫泾古镇旅游发展有限公司、华东师范大学附属枫泾中学和职业摄影者陈兴龙、信息中心车健、北京大学学生许有为等热心人士为志书提供了大量珍贵的历史图片、文稿，在此一并表示衷心感谢。因本书中所选照片及诗词文章众多，部分作品未能在出版前及时联系到著作权人，请著作权人看到后与我们联系，我们将奉上稿酬。

由于成书时间仓促，又限于水平，难免差错，恳请方志界专家学者和读者批评指正。

编　者

2017 年 6 月

灶壁画